Caro aluno, seja bem-vindo!

A partir de agora, você tem a oportunidade de estudar com uma coleção didática da SM que integra um conjunto de recursos educacionais impressos e digitais desenhados especialmente para auxiliar os seus estudos.

Para acessar os recursos digitais integrantes deste projeto, cadastre-se no *site* da SM e ative sua conta.

Veja como ativar sua conta SM:

1. Acesse o *site* <www.edicoessm.com.br>.
2. Se você não possui um cadastro, basta clicar em "Login/Cadastre-se" e, depois, clicar em "Quero me cadastrar" e seguir as instruções.
3. Se você já possui um cadastro, digite seu *e-mail* e sua senha para acessar.
4. Após acessar o *site* da SM, entre na área "Ativar recursos digitais" e insira o código indicado abaixo:

M4C6Q - Y3VX8 - 4UXPU - MJ8KZ

Você terá acesso aos recursos digitais por 12 meses, a partir da data de ativação desse código.

Ressaltamos que o código de ativação somente poderá ser utilizado uma vez, conforme descrito no "Termo de Responsabilidade do Usuário dos Recursos Digitais SM", localizado na área de ativação do código no *site* da SM.

Em caso de dúvida, entre em contato com nosso **Atendimento**, pelo telefone 0800 72 54876 ou pelo *e-mail* atendimento@grupo-sm.com ou pela internet <www.edicoessm.com.br>.

Desejamos muito sucesso nos seus estudos!

Requisitos mínimos recomendados para uso dos conteúdos digitais SM

Computador	Tablet	Navegador
PC Windows • Windows XP ou superior • Processador dual-core • 1 GB de memória RAM **PC Linux** • Ubuntu 9.x, Fedora Core 12 ou OpenSUSE 11.x • 1 GB de memória RAM **Macintosh** • MAC OS 10.x • Processador dual-core • 1 GB de memória RAM	**Tablet IPAD IOS** • IOS versão 7.x ou mais recente • Armazenamento mínimo: 8GB • Tela com tamanho de 10" **Outros fabricantes** • Sistema operacional Android versão 3.0 (Honeycomb) ou mais recente • Armazenamento mínimo: 8GB • 512 MB de memória RAM • Processador dual-core	*Internet Explorer 10* *Google Chrome 20* ou mais recente *Mozilla Firefox 20* ou mais recente Recomendado o uso do Google Chrome Você precisará ter o programa Adobe Acrobat instalado, *kit* multimídia e conexão à internet com, no mínimo, 1Mb

Para Viver Juntos

HISTÓRIA

ENSINO FUNDAMENTAL 8º ANO

8

Anderson Roberti dos Reis
Bacharel e Licenciado em História pelas Faculdades Metropolitanas Unidas (FMU).
Mestre em História Cultural pela Universidade Estadual de Campinas (Unicamp).
Professor de História em faculdades e escolas das redes pública e particular.

Débora Yumi Motooka
Bacharela e Licenciada em História pela Universidade de São Paulo (USP).
Professora de História em escolas da rede particular.

São Paulo,
3ª edição
2014

Para Viver Juntos – **História 8**
© Edições SM Ltda.
Todos os direitos reservados

Direção editorial	Juliane Matsubara Barroso
Gerência editorial	Angelo Stefanovits
Gerência de processos editoriais	Rosimeire Tada da Cunha
Coordenação de área	Valéria Vaz
Edição	Maria Cristina Frota, Olívia Pavani Naveira, Lizete Mercadante
Assistência de produção editorial	Alzira Aparecida Bertholim Meana, Flávia R. R. Chaluppe, Silvana Siqueira
Preparação e revisão	Cláudia Rodrigues do Espírito Santo (Coord.), Eliana Vila Nova de Souza, Fátima Cezare Pasculli, Fernanda Oliveira Souza, Izilda de Oliveira Pereira, Maíra de Freitas Cammarano, Rosinei Aparecida Rodrigues Araujo, Valéria Cristina Borsanelli, Marco Aurélio Feltran (apoio de equipe)
Coordenação de *design*	Erika Tiemi Yamauchi Asato
Coordenação de arte	Ulisses Pires
Edição de arte	Alexandre Pereira, Angelice Moreira, Elizabeth Kamazuka Santos, Felipe Repiso, Luis Frederico Lida Kinoshita, Melissa Steiner Rocha Antunes, Ulisses Pires
Projeto gráfico	Erika Tiemi Yamauchi Asato, Aurélio Camilo
Capa	Erika Tiemi Yamauchi Asato, Aurélio Camilo sobre ilustração de Estúdio Colletivo
Iconografia	Jaime Yamane, Karina Tengan, Pamela Rosa, Priscila Ferraz, Rosa André, Sara Alencar, Tempo Composto Ltda.
Tratamento de imagem	Claudia Fidelis, Robson Mereu
Editoração eletrônica	Adriana Domingues de Farias, Editorial BM
Fabricação	Alexander Maeda
Impressão	Eskenazi Indústria Gráfica Ltda.

Dados Internacionais de Catalogação na Publicação (CIP)
(Câmara Brasileira do Livro, SP, Brasil)

Reis, Anderson Roberti dos
 Para viver juntos : história, 8º ano : ensino fundamental / Anderson Roberti dos Reis, Débora Yumi Motooka. — 3. ed. — São Paulo : Edições SM, 2014. — (Para viver juntos ; v. 8)

 Bibliografia.
 ISBN 978-85-418-0616-9 (aluno)
 ISBN 978-85-418-0617-6 (professor)

 1. História (Ensino fundamental) I. Motooka, Débora Yumi. II. Título. III. Série.

14-06755   CDD-372.89

Índices para catálogo sistemático:
1. História : Ensino fundamental 372.89

3ª edição, 2014

Edições SM Ltda.
Rua Tenente Lycurgo Lopes da Cruz, 55
Água Branca 05036-120 São Paulo SP Brasil
Tel. 11 2111-7400
edicoessm@grupo-sm.com
www.edicoessm.com.br

APRESENTAÇÃO

Muitas pessoas associam História a objetos que podem ser apreciados em museus, a grandes construções da Antiguidade ou a acontecimentos distantes e sem nenhuma relação com o mundo contemporâneo. Apesar da importância dos museus e das informações que temos sobre diferentes povos, o estudo dessa ciência também está relacionado ao nosso tempo.

Para entender o mundo atual, é fundamental conhecer a História da humanidade, suas diferentes sociedades e o modo como elas se relacionavam e se relacionam – aquelas que não mais existem, bem como aquelas das quais herdamos conhecimentos, valores e crenças.

O que motivou determinada sociedade e seus agentes a impor o seu modo de vida e a sua visão de mundo a outros povos? Quem se beneficiou dessas mudanças? Nesta coleção, você vai perceber como ações de diferentes pessoas e povos, em diferentes lugares e tempo, influenciaram e continuam influenciando o presente.

Mais do que isso, você vai compreender que cada um de nós constrói a sua própria história e a história de seu tempo. Todos podem e devem atuar na sociedade de forma crítica e responsável.

Você vai se surpreender com os conteúdos de cada capítulo e, além das consultas ao livro, poderá encontrar mais informações acessando a página desta coleção na internet.

Cada página é um convite à sua participação e ao seu envolvimento na busca por um conhecimento inclusivo, voltado para a construção de uma sociedade sustentável, justa e democrática.

Os autores

CONHEÇA SEU LIVRO

Um breve texto trata dos elementos centrais dos conteúdos que serão estudados no capítulo, mostrando a articulação entre eles.

Cada capítulo é iniciado com uma grande imagem que motiva o debate sobre assuntos relacionados aos conteúdos que serão estudados.

O que você vai aprender

Apresenta, de forma resumida, os principais conteúdos do capítulo.

Converse com os colegas

Traz questões para você e seus colegas conversarem, com base na imagem, sobre assuntos atuais que podem ser pensados historicamente.

Os capítulos estão divididos em módulos. Em cada módulo, além do texto principal, há imagens variadas relacionadas aos conteúdos.

Há, ainda, boxes que trazem assuntos complementares e interessantes sobre os conteúdos desenvolvidos no texto.

Boxe de valor

Nessa seção são apresentados temas para você discutir com os colegas. Esses temas visam relacionar o assunto tratado no texto principal à realidade em que você vive.

Ao final de cada módulo, na seção **Verifique o que aprendeu**, são propostas algumas perguntas que retomam os principais conteúdos estudados.

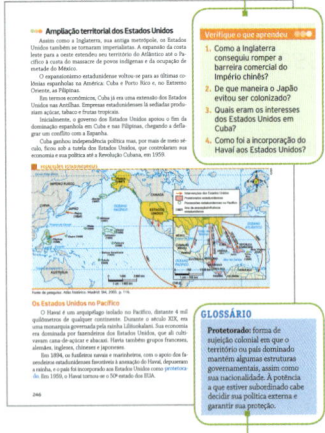

Aprender a...

Apresenta técnicas e procedimentos para que você possa realizar atividades práticas, como interpretar letras de música, analisar uma obra cinematográfica, ler uma linha do tempo, analisar mapas e gráficos, entre outras.

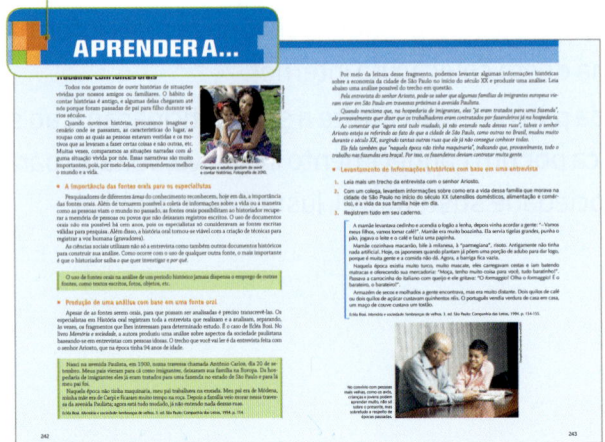

Glossário

Palavras de compreensão mais difícil e termos incomuns estão destacados e são esclarecidos no **glossário**.

Dossiê
Aprofunda um tema tratado no capítulo de forma interessante e instigante.

Arte e Cultura
Aqui você vai apreciar e interpretar imagens de produções artísticas do período histórico estudado no capítulo ou que esteja relacionado a ele.

Fazendo História
Um momento para ler, interpretar e analisar diferentes fontes históricas.

Lendo História
Aqui você é convidado a ler e interpretar textos retirados de diferentes fontes, como jornais, revistas, livros, sites, depoimentos e memórias.

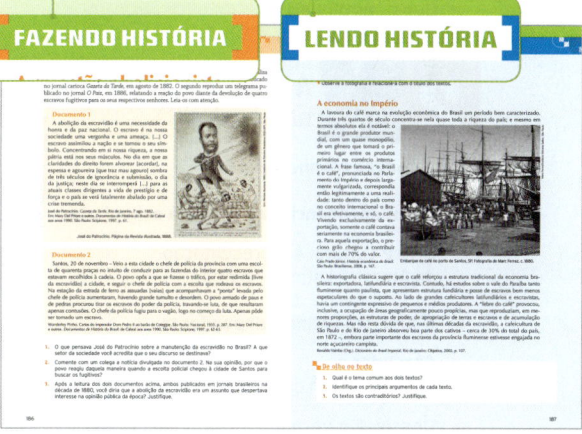

Questões globais
O capítulo é encerrado com novas atividades, que possibilitam aprofundar seus conhecimentos sobre os temas estudados nos diferentes módulos.

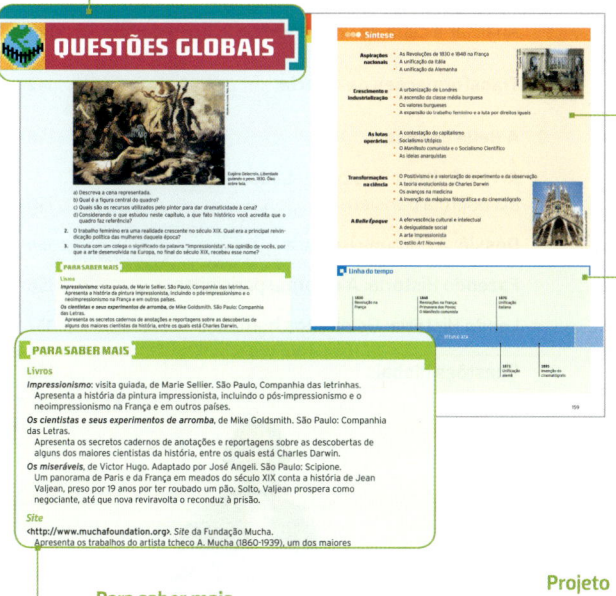

Síntese
Relaciona os principais conceitos vistos, compondo um resumo do capítulo.

Linha do tempo
Apresenta as datas e os fatos mais importantes abordados no capítulo, possibilitando uma visão geral do período estudado.

Para saber mais
Aqui você encontra sugestões de leitura de livros e de sites para aprofundar os conhecimentos sobre os temas estudados.

Projeto
Nessa seção, você vai trabalhar em grupo com os colegas para desenvolver projetos relacionados aos assuntos estudados.

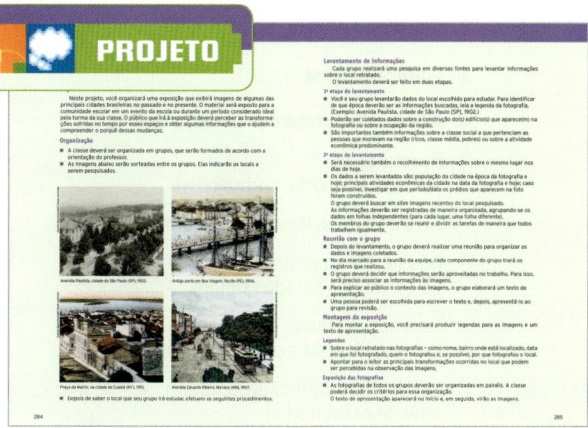

5

SUMÁRIO

1. As tensões na Colônia — 9
1. O governo de Pombal — 10
2. Conjurações Mineira e Baiana — 14
- Aprender a...: Analisar uma pintura em tela — 18
3. A Corte portuguesa no Brasil — 20
- Arte e Cultura: A Missão Artística Francesa — 24
4. A crise política luso-brasileira — 28
5. A Independência do Brasil — 32
- Dossiê: O Rio de Janeiro no período joanino — 36
- Fazendo História: A imperatriz do Brasil — 38
- Lendo História: Joaquim José da Silva Xavier era um simples alferes sem posses? — 39
- Questões globais — 40

2. A América Latina no século XIX — 43
1. O poder espanhol abalado — 44
2. As independências na América espanhola — 48
- Arte e Cultura: A representação da América Latina na pintura — 52
3. A América Latina independente — 54
- Aprender a...: Interpretar um documento oficial — 58
- Dossiê: A participação das mulheres nas lutas pela independência da América Latina — 60
- Fazendo História: A Carta da Jamaica — 62
- Lendo História: A longa marcha pela liberdade — 63
- Questões globais — 64

3. Os Estados Unidos no século XIX — 67
1. A marcha para o Oeste — 68
2. A Guerra de Secessão — 72
3. Política externa — 76
4. A industrialização dos Estados Unidos — 80
- Aprender a...: Montar um quadro comparativo — 86
- Arte e Cultura: Publicidade e industrialização — 88
- Dossiê: Os *cowboys* do Oeste dos Estados Unidos — 90
- Fazendo História: Industrialização a um alto preço — 92
- Lendo História: Índios compram rede de cassinos [...] — 93
- Questões globais — 94

4. O Brasil é uma nação — 97
1. A consolidação da Independência — 98
2. Tensões no Império — 102
- Aprender a...: Visitar um museu — 106
3. O Período Regencial — 108
- Arte e Cultura: Debret e Rugendas: o olhar estrangeiro — 112
4. As revoltas do Período Regencial — 116
- Dossiê: Heróis de dois mundos: a história de Giuseppe e Anita Garibaldi — 120
- Fazendo História: A abdicação de dom Pedro I — 122
- Lendo História: Frei Caneca — 123
- Questões globais — 124

5. A Europa no século XIX — 127
1. Aspirações nacionais — 128
2. Crescimento e industrialização — 132
3. As lutas operárias — 136
- Aprender a...: Analisar a capa de um periódico — 140
4. Transformações na ciência — 142
5. A Belle Époque — 146
- Arte e Cultura: Toulouse-Lautrec e a boemia parisiense — 150
- Dossiê: A Comuna de Paris — 154
- Fazendo História: A reforma parisiense — 156
- Lendo História: Os direitos humanos — 157
- Questões globais — 158

6 — O Segundo Reinado — 161

1. **Dom Pedro II, imperador do Brasil** 162
- **Arte e Cultura:** A fotografia no Segundo Reinado 166
2. **A expansão cafeeira** 168
3. **A imigração europeia** 172
4. **A escravidão repensada** 176
5. **O enfraquecimento do Império** 180
- **Dossiê:** A literatura brasileira no Império 184
- **Fazendo História:** A questão abolicionista 186
- **Lendo História:** A economia no Império 187
- **Questões globais** 188

Projeto
  Artigo de opinião: as emancipações políticas latino-americanas 190

7 — A República no Brasil — 193

1. **Os militares no poder** 194
2. **O sertão e Canudos** 198
3. **A República dos coronéis** 202
- **Aprender a...:** Interpretar hinos oficiais 206
4. **Novos tempos, velhas ideias** 208
5. **A supremacia do café** 212
- **Arte e Cultura:** A cafeicultura representada na arte 216
- **Dossiê:** A borracha e seu curto reinado 218
- **Fazendo História:** Lampião, uma viagem pelo cangaço 220
- **Lendo História:** As riquezas da Bruzundanga 221
- **Questões globais** 222

8 — O imperialismo no século XIX — 225

1. **O Neocolonialismo europeu** 226
- **Arte e Cultura:** Máscaras africanas 230
2. **O imperialismo inglês** 234
3. **Outras potências coloniais na África** 238
- **Aprender a...:** Trabalhar com fontes orais 242
4. **A expansão imperialista** 244
- **Dossiê:** Os samurais 248
- **Fazendo História:** O imperialismo dos Estados Unidos 250
- **Lendo História:** Apogeu e colapso do sistema internacional europeu 251
- **Questões globais** 252

9 — As cidades e as fábricas — 255

1. **O crescimento urbano** 256
2. **A capital federal** 260
3. **A difícil vida dos trabalhadores** 264
4. **A oligarquia contestada** 268
5. **O fim da República oligárquica** 272
- **Arte e Cultura:** Expoentes do Modernismo no Brasil 276
- **Dossiê:** O Modernismo no Brasil 278
- **Fazendo História:** Música e sociedade 280
- **Lendo História:** O conceito de oligarquia 281
- **Questões globais** 282

Projeto
  Exposição fotográfica: paisagens urbanas no passado e no presente 284

Referências bibliográficas 286

Os eventos políticos que ocorriam no Ocidente, como a independência das colônias inglesas da América do Norte e a Revolução Francesa, levaram os habitantes do Brasil a contestar a ordem estabelecida na Colônia. A Independência do Brasil em 1822 é o resultado de um processo que se iniciou ainda no século XVIII, envolvendo brasileiros e portugueses.

As tensões na Colônia

CAPÍTULO 1

O QUE VOCÊ VAI APRENDER

- A política modernizadora do marquês de Pombal
- As ideias que inspiraram as rebeliões na América portuguesa
- A transferência da Corte portuguesa para a América
- O processo de Independência do Brasil

CONVERSE COM OS COLEGAS

1. A imagem ao lado mostra o Real Forte Príncipe da Beira, construído na segunda metade do século XVIII. Você conhece algum outro forte colonial existente no Brasil?

2. A função de um forte era proteger uma determinada região. O forte da imagem ao lado foi construído pela Coroa portuguesa às margens do rio Guaporé, próximo à atual cidade de Costa Marques, no estado de Rondônia. Você pode imaginar o que motivou a construção desse edifício naquele local?

3. A imagem ao lado foi obtida por meio de satélites e, atualmente, pode ser conseguida por qualquer pessoa em sites especializados na internet. Por meio dessa tecnologia podemos visualizar diversos lugares do mundo de maneira rápida e fácil. Que tipo de informações você imagina que a Coroa portuguesa tinha dessa região durante o século XVIII e como elas eram obtidas?

Real Forte Príncipe da Beira em Rondônia, em imagem de 2010, obtida por meio de satélites.

MÓDULO 1 — O governo de Pombal

Na primeira metade do século XVIII, a agricultura de Portugal era incipiente e não havia manufaturas. A renda obtida nas colônias, principalmente no Brasil, era gasta na construção de palácios e igrejas. Muitos portugueses discordavam dessa situação, defendendo a adoção de reformas modernizadoras.

A modernização de Portugal

O principal responsável pela modernização de Portugal foi Sebastião José de Carvalho e Melo, o **marquês de Pombal**. Ele foi ministro de dom José I entre 1750 e 1777, época que ficou conhecida como **período pombalino**. Seu poder no governo cresceu após o terremoto de Lisboa (1755), que praticamente destruiu a capital portuguesa. Pombal acalmou a população e foi o responsável pela reconstrução da cidade, ganhando a confiança do rei.

Com o apoio de dom José I, Pombal confiou os cargos públicos à burguesia, aboliu a distinção entre cristãos-novos (judeus ou descendentes de judeus convertidos) e cristãos-velhos, e diminuiu o poder da Inquisição.

Pombal via nas ordens religiosas, principalmente a Companhia de Jesus, uma ameaça ao poder do Estado; por isso expulsou os jesuítas (1759) do reino e das colônias. Para suprir a lacuna deixada na educação oferecida pelos jesuítas tanto em Portugal quanto nas colônias, o marquês de Pombal instituiu as aulas régias e reorganizou a Universidade de Coimbra (veja boxe da página 11, *As aulas régias na Colônia*).

Na economia, o ministro incentivou a criação de manufaturas, facilitando a importação de matérias-primas e cobrando impostos sobre os produtos estrangeiros. Além disso, incentivou o comércio, organizou a pesca e a produção de vinho.

Para viabilizar as reformas modernizantes em Portugal, o marquês de Pombal fortaleceu o Absolutismo e governou segundo os princípios do **despotismo esclarecido**.

Despotismo esclarecido

O Iluminismo surgiu na Europa defendendo ideais contrários aos do Absolutismo. Contudo, o **racionalismo** defendido por esse movimento foi adotado por alguns governantes absolutistas, que passaram a ser conhecidos como "déspotas esclarecidos". Os mais famosos foram Frederico II, da Prússia, José II, da Áustria, e Catarina II, da Rússia, além do português marquês de Pombal.

Catarina II, a Grande, foi imperatriz da Rússia de 1762 a 1796. Alexey Petrovich Andropov, século XVIII. Óleo sobre tela.

Louis-Michel van Loo e Claude-Joseph Vernet. *O marquês de Pombal*, 1767. Óleo sobre tela.

●●● As reformas pombalinas

No Brasil, as reformas propostas pelo marquês de Pombal visavam aumentar o controle do rei sobre o território, incrementar a atividade econômica e aperfeiçoar a arrecadação dos impostos.

Para aumentar esse controle da Metrópole sobre a Colônia, Pombal adquiriu as capitanias que ainda pertenciam a donatários, em 1759. Enviou membros da alta nobreza dotados de experiência administrativa para governá-las e reforçou as tropas que defendiam as fronteiras coloniais.

A sede do governo foi transferida de Salvador para o Rio de Janeiro, em 1763, no intuito de melhorar a fiscalização da atividade mineradora e facilitar o controle das fronteiras do sul da Colônia.

Fortalecimento da economia colonial

Para desenvolver as regiões que passavam por dificuldades, Pombal criou as companhias de comércio do Grão-Pará e Maranhão (1755) e de Pernambuco-Paraíba (1759). As companhias exerciam o **monopólio do comércio**, garantindo preços mínimos às mercadorias produzidas na Colônia e navios para o seu transporte à Europa. Procurando diversificar a agricultura colonial, até então concentrada no açúcar e no tabaco, Pombal incentivou o cultivo de algodão, cacau, arroz e café.

A escravidão dos indígenas foi proibida (1755), tornando o tráfico de africanos mais rentável, pois passaram a ser a única fonte de mão de obra escrava na Colônia.

As minas começavam a dar sinal de exaustão. Pombal determinou, então, a volta do **quinto**, imposto que arrecadava 20% do total do ouro extraído, tornando obrigatório o recolhimento mínimo anual de 100 arrobas (cerca de 1500 quilogramas) do metal.

As aulas régias na Colônia

A expulsão dos jesuítas de Portugal e de suas colônias, em 1759, causou problemas principalmente no Brasil, onde a Companhia de Jesus era a principal responsável pela educação dos filhos dos colonos.

Para substituir os colégios jesuítas, Pombal criou as aulas régias e a figura do Diretor-Geral dos Estudos, que deveria fiscalizar os professores.

Depois de dois séculos de ensino jesuítico, muitos colonos resistiram à mudança, resultando em classes vazias e professores régios sem emprego.

Na segunda metade do século XVIII, a cidade do Rio de Janeiro, que já era um importante centro econômico e comercial, ganhou também importância política. Muitas reformas foram realizadas na cidade, que passou a sediar a capital do país. João Francisco Muzzi. *Feliz e pronta reedificação da igreja do antigo recolhimento de N. S. do Parto*, s/d. Óleo sobre tela.

A "viradeira"

As mudanças impostas pelo marquês de Pombal não foram bem recebidas por todos. Para fortalecer o poder real, além de expulsar os jesuítas, o ministro perseguiu a nobreza portuguesa e desagradou muitos comerciantes que não lucraram com as companhias de comércio monopolistas.

Com a morte de dom José I, em 1777, subiu ao trono dona Maria I, que apoiava os opositores do ministro de seu pai. Pombal perdeu então seu poder político e foi afastado.

No reinado de dona Maria I, algumas das iniciativas determinadas por Pombal foram revogadas, como a existência das companhias de comércio; outras foram mantidas, como o incentivo às atividades agrícolas, em especial o cultivo do algodão, iniciado no período de atuação das companhias de comércio. Mesmo com a continuidade das reformas absolutistas em diferentes áreas, esse período, por conta das mudanças, ficou conhecido como "viradeira".

Museu Nacional dos Coches, Lisboa (em depósito no Palácio Nacional de Queluz), Portugal. Fotografia: ID/BR

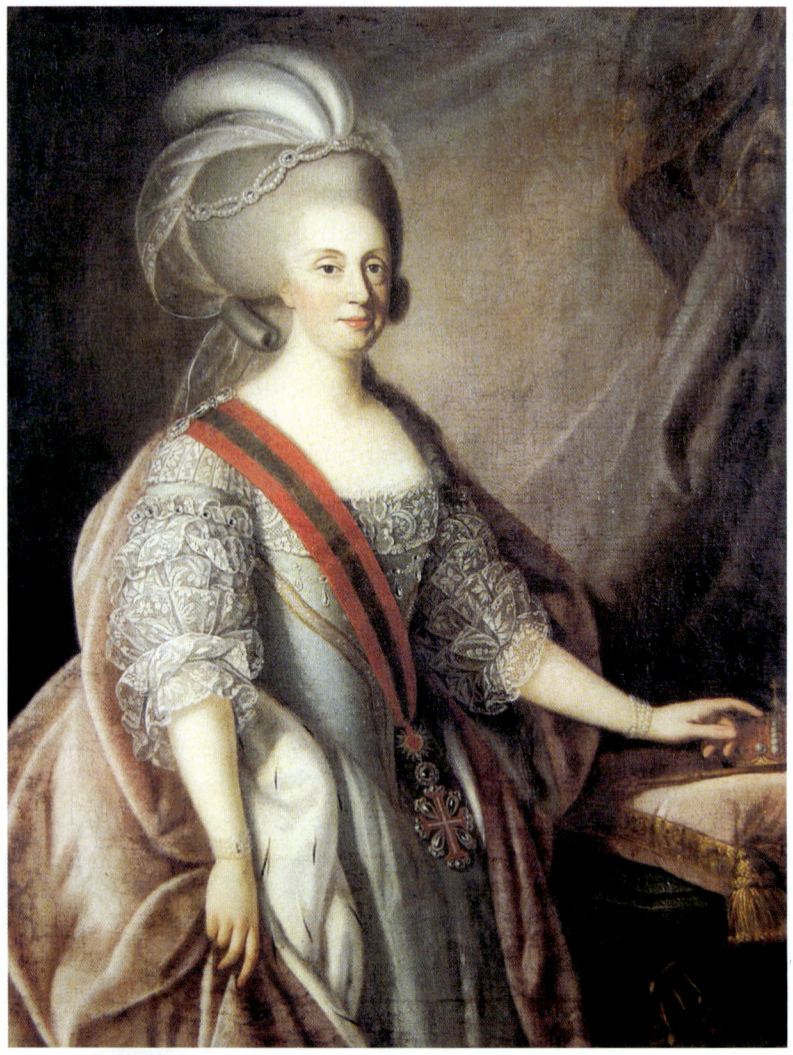

Retrato de dona Maria I, rainha de Portugal, atribuído a Giuseppe Troni. Óleo sobre tela, c. 1790.

O fim das companhias de comércio

Uma das primeiras medidas de dona Maria I foi a extinção das companhias de comércio, por gerarem grande descontentamento entre os colonos. Eles sentiam-se prejudicados pelo monopólio exercido pelas companhias, que impunham preços baixos aos produtos brasileiros e vendiam caro os produtos importados.

Contudo, a política pombalina de fortalecimento do poder real e aumento da arrecadação de impostos continuou a ser defendida pela Coroa. Tal política atingia diretamente o Brasil, que havia se tornado a maior fonte de recursos para Portugal. Além dos altos impostos cobrados dos colonos, a Coroa proibiu as manufaturas, para proteger a industrialização do reino.

O governo autoritário de Lisboa fazia, assim, crescer a tensão na Colônia.

Verifique o que aprendeu

1. O que foi o período pombalino?
2. Cite três medidas tomadas pelo marquês de Pombal que visavam tornar mais eficiente o controle da Coroa sobre a administração do Brasil.
3. O que foi a "viradeira"?

ATIVIDADES

1. Em 1755, a cidade de Lisboa foi praticamente destruída por um terremoto. Em que medida esse fenômeno natural acabou fortalecendo o poder do marquês de Pombal, então ministro do rei dom José I? Justifique sua resposta.

2. Sobre as companhias de comércio, instituídas pelo marquês de Pombal, responda.
   a) Como essas companhias atuavam no Brasil?
   b) Quais eram as vantagens e as desvantagens que elas traziam para a economia da Colônia?
   c) Reúna-se com um colega. Considerando os conteúdos estudados no capítulo, conversem sobre os motivos que levaram as companhias de comércio instituídas pelo marquês de Pombal a provocarem descontentamento entre os colonos do Brasil.

3. Explique por que o marquês de Pombal tinha muitos inimigos, e como esse fato levou ao seu afastamento em 1777.

4. O período em que dona Maria I governou Portugal e suas colônias ficou conhecido como a "viradeira".
   a) Por que a rainha mudou os rumos do governo português?
   b) Qual foi a principal medida tomada pela rainha?
   c) É correto afirmar que dona Maria I alterou completamente a política econômica implementada pelo governo anterior ao seu reinado? Justifique.

5. O texto abaixo reproduz um trecho do alvará promulgado pela rainha de Portugal, dona Maria I, em 1785, proibindo as manufaturas no Brasil. Após a leitura, responda às questões propostas.

   > Eu a Rainha faço saber aos que este Alvará virem: Que sendo-me presente o grande número de Fábricas e Manufaturas, que de alguns anos a esta parte se tem difundido em diferentes capitanias do Brasil, com grave prejuízo da Cultura, e da Lavoura, e da exploração das Terras Minerais daquele vasto Continente; porque havendo nele uma grande, e conhecida falta de População, é evidente, que quanto mais se multiplicar o número dos Fabricantes, mais diminuirá o dos Cultivadores; e menos Braços haverá, que se possam empregar no descobrimento, e rompimento de uma grande parte daqueles extensos Domínios, que ainda se acha inculta, e desconhecida: [...]: Hei por bem Ordenar, que todas as Fábricas, Manufaturas, ou Teares [...] sejam extintas e abolidas em qualquer parte onde se acharem nos Meus Domínios do Brasil [...].
   >
   > Antonio Mendes Junior; Luiz Roncari; Ricardo Maranhão. *Brasil história*: texto e consulta. São Paulo: Brasiliense, 1977. v. 2: Império. p. 54-55.

   a) Retire do texto o trecho em que a rainha explicita a necessidade de se proibir o funcionamento de fábricas, manufaturas ou teares no Brasil. Explique com suas palavras qual foi o raciocínio da rainha para justificar sua decisão.
   b) Após refletir sobre os argumentos usados por dona Maria I para proibir as manufaturas, analise o assunto com um colega. Na opinião de vocês, o argumento da rainha é válido ou não? Justifiquem sua resposta.
   c) Na opinião da dupla, quais seriam as consequências de uma medida como essa para a economia colonial brasileira?
   d) Além daqueles que detinham o monopólio para exploração de minas e de terras cultiváveis no Brasil, quem mais se beneficiaria com essa medida da rainha? Por quê?
   e) Após a leitura atenta do texto, escrevam no caderno um parágrafo com as conclusões a que vocês chegaram sobre a proibição das manufaturas no Brasil Colônia.

MÓDULO 2

Conjurações Mineira e Baiana

O aumento do controle português sobre a Colônia e a intensificação da cobrança de impostos estão entre os principais fatores que explicam o surgimento, no final do século XVIII, de movimentos de contestação ao domínio lusitano no Brasil, como as conjurações Mineira e Baiana.

••• A Conjuração Mineira

A insatisfação da sociedade mineira em relação a Portugal vinha se agravando. Quando a atividade mineradora entrou em declínio, o governo metropolitano alegou que a causa da queda da arrecadação era o contrabando e passou a exigir o pagamento do quinto. Para garantir o recebimento do quinto do ouro extraído, Portugal decretou a **derrama**: o confisco de bens e de objetos de ouro para completar a cota do imposto devido. Em 1788, o total de ouro em atraso era de 596 arrobas, quase 9 mil quilos. Os habitantes de Minas Gerais temiam perder tudo o que possuíam no dia em que fosse cobrada a derrama.

Em fins de 1788, membros da elite de Minas Gerais reuniram-se para promover um movimento contra a Coroa portuguesa. A notícia da independência das colônias inglesas na América do Norte, em 1776, e os ideais iluministas difundidos na Europa serviram de exemplo e estímulo aos cidadãos mineiros insatisfeitos com o governo colonial. Porém, a eliminação do sistema escravista não estava em pauta naquele momento.

O ouro das Minas Gerais

A exploração sistemática de ouro teve início em meados dos anos 1700, quando uma grande quantidade de metal foi encontrada aos pés do pico do Itacolomi, atual estado de Minas Gerais, dando origem ao povoado de Vila Rica, mais tarde chamada Ouro Preto.

Estima-se que em 1739 a produção de ouro tenha sido de 14 toneladas, e, em 1754, de 16 toneladas. Mas o esgotamento das jazidas e as técnicas rudimentares de extração fizeram cair a quantidade produzida: 10,5 toneladas em 1764, 8 toneladas em 1779, e menos de 5 toneladas em 1789.

Vista da cidade de Ouro Preto (MG), antiga Vila Rica, onde se deu a Conjuração Mineira. Em destaque, a Igreja Nossa Senhora do Carmo e o Museu da Inconfidência. Fotografia de 2010.

A rebelião traída

Contando com a insatisfação geral do povo mineiro e com o apoio de parte dos militares, o início do movimento foi marcado para quando começasse a derrama, prevista para fevereiro de 1789. O alferes (segundo-tenente) Joaquim José da Silva Xavier, apelidado **Tiradentes**, ficou encarregado de prender o governador e dar início ao levante.

Os planos da Conjuração, entretanto, não chegaram a ser colocados em prática. O movimento foi denunciado por Joaquim Silvério dos Reis, que contou ao governador os planos dos conspiradores em troca do perdão de suas dívidas com a Coroa portuguesa.

As aspirações dos conjurados

A denúncia feita às autoridades revelava as medidas que os conjurados pretendiam implantar, caso conseguissem tomar o poder e expulsar as autoridades coloniais. Entre as medidas estavam: proclamar a independência; instaurar um governo republicano, sediado em São João del Rei; criar uma universidade em Vila Rica; incentivar as manufaturas; explorar jazidas de ferro e de salitre; instalar uma fábrica de pólvora; incentivar o aumento da população, mediante prêmios oferecidos pelo Estado às mulheres que tivessem certo número de filhos; criar um parlamento em cada cidade, subordinado ao parlamento central localizado na capital.

Essas medidas, altamente subversivas aos olhos das autoridades portuguesas, provocaram a prisão de aproximadamente 34 pessoas, a maioria membros da elite. Os prisioneiros seguiram para o Rio de Janeiro, sede do vice-reino, onde foram julgados pelo **crime de inconfidência** à autoridade da rainha.

O julgamento durou três anos. Onze dos acusados foram condenados à morte na forca. Entretanto, dona Maria I anulou a pena de morte de dez dos conjurados em troca do degredo na África. Tiradentes, que não era um dos líderes do movimento, foi o único a ter sua sentença mantida. Foi enforcado em 21 de abril de 1792, no Rio de Janeiro. Seu corpo foi esquartejado, e os pedaços expostos em Vila Rica. Com isso a Coroa pretendia mostrar aos colonos o que aconteceria àqueles que se rebelassem contra Portugal.

Conjuração ou Inconfidência?

A Coroa portuguesa considerou a conspiração ocorrida na região de Minas Gerais em 1789 uma "inconfidência", isto é, uma infidelidade à rainha, uma traição.

Isso faz sentido do ponto de vista metropolitano. Contudo, para os defensores do Brasil independente, o uso desse termo não é adequado. Afinal, chamar os conspiradores de "inconfidentes" corresponde a chamá-los de traidores.

Por esse motivo, tem-se utilizado o termo "conjuração" – união de pessoas em torno de um juramento – para designar o movimento mineiro.

Na bandeira dos conjurados, o triângulo representava a Santíssima Trindade, cercado por uma frase do poeta romano Virgílio: "Liberdade ainda que tardia". É a atual bandeira do estado de Minas Gerais.

O artista retratou a passagem dos condenados pela cidade mineira de Matias Barbosa. Antonio Parreiras. *Jornada de mártires*, c. 1928. Óleo sobre tela.

••• A Conjuração Baiana

Outro movimento de contestação ao domínio português no Brasil foi a **Conjuração Baiana**, ocorrida em 1798 na Bahia. Era também chamada de **Conjuração dos Alfaiates** por contar com a participação de vários alfaiates, entre outros artesãos, oficiais militares de baixa patente, soldados, pequenos comerciantes, negros libertos e escravizados. Além da insatisfação em relação à Coroa, a maior parte dos conjurados tinha em comum a condição social: eram pobres.

Nos anos anteriores ao movimento houve um rápido aumento dos preços do açúcar no mercado internacional. Muitas lavouras destinadas à produção de gêneros alimentícios foram substituídas pela cana-de-açúcar. Isso provocou a escassez de alimentos e o consequente aumento dos preços, gerando profunda insatisfação entre a população, sobretudo das camadas menos favorecidas.

Nessa mesma época, as **ideias iluministas** eram cada vez mais difundidas entre os intelectuais da região. A independência dos Estados Unidos, a Revolução Francesa (a partir de 1789) e a rebelião escrava ocorrida no Haiti em 1791 – quando os negros expulsaram os brancos, aboliram a escravidão e libertaram a colônia do jugo francês – serviram de exemplo e de inspiração. Esses intelectuais promoviam reuniões abertas para debater tais temas e pessoas do povo passaram a frequentá-las. Desse modo, os ideais de liberdade se incorporaram também ao universo popular.

Entre os conjurados estava o médico Cipriano Barata (acima, em imagem do século XIX, autor desconhecido, óleo sobre tela).

A punição aos mais pobres

Em 12 de agosto de 1798, as ruas de Salvador amanheceram repletas de panfletos com dizeres que incitavam à luta, defendendo ideias revolucionárias como a instauração de uma república democrática, o fim da escravidão, a abertura do porto de Salvador a todas as nações, o aumento do salário dos militares e a diminuição dos impostos.

O governo baiano agiu rapidamente, colhendo denúncias que resultaram na prisão de 36 pessoas, principalmente aquelas pertencentes às camadas mais pobres da sociedade. Os conspiradores da elite baiana foram poupados. Todos os conjurados que foram presos eram negros ou filhos de negros. A maioria deles não possuía bens; dispunham, apenas, das roupas do corpo. Nove deles, ainda, eram cativos.

No final do processo judicial, quatro líderes populares foram condenados à morte por enforcamento: dois alfaiates e dois soldados. Eles tiveram seus corpos esquartejados e expostos em locais públicos de Salvador. Os demais foram condenados à prisão ou ao banimento para a África. Os negros escravizados envolvidos foram açoitados e seus senhores foram obrigados a vendê-los para regiões distantes dali.

> **Verifique o que aprendeu** •••
> 1. O que era a derrama?
> 2. Por que a Conjuração Mineira fracassou?
> 3. Por que a Conjuração Baiana também foi chamada de Conjuração dos Alfaiates? O que os conspiradores que receberam punição tinham em comum?

ATIVIDADES

1. Compare as conjurações Mineira e Baiana, identificando as semelhanças e diferenças existentes entre elas.

2. Os textos abaixo são trechos que descrevem as punições judiciais proferidas no Brasil nos anos de 1792 (texto 1) e 1799 (texto 2). Analise os dois textos e responda às questões.

   ### Texto 1

   Portanto condenam ao Réu Joaquim José da Silva Xavier por alcunha o Tiradentes Alferes que foi da tropa paga da Capitania de Minas a que [...] seja conduzido pelas ruas públicas [do Rio de Janeiro] ao lugar da forca e nella morra morte natural para sempre, e que depois de morto lhe seja cortada a cabeça e levada a Villa Rica aonde em lugar mais público della será pregada, em um poste alto até que o tempo a consuma, e o seu corpo será dividido em quatro quartos, e pregados em postes pelo caminho de Minas no sítio da Varginha e das Sebolas aonde o Réu teve as suas infames práticas e os mais nos sítios [...] de maiores povoações até que o tempo também os consuma [...].

   Sentença de Tiradentes. *Accordão em relação os da Alçada etc*. Disponível em: <http://www.historianet.com.br/conteudo/default.aspx?codigo=612>. Acesso em: 12 set. 2014.

   ### Texto 2

   Às nove da manhã de 8 de novembro de 1799 formou-se o triste cortejo. [...] Acorrentados nos pés e mãos, Manuel Faustino e Lucas Dantas surgiram caminhando, enquanto Luís Gonzaga e João de Deus apareceram amarrados a cadeiras. [...]

   O governador da capitania decidira marcar o acontecimento com pompa e solenidade. Mandou construir na praça da Piedade uma nova forca, mais alta e imponente que a anterior, incendiada dois anos antes por desconhecidos. Mandou também reforçar a segurança, para prevenir qualquer manifestação ou distúrbio. E logo que o cortejo chegou, a tropa formou um grande quadrado em torno da forca e afastou a multidão de armas em punho. Além de cumprir uma determinação da Justiça, o governador dom Fernando José de Portugal queria dar uma demonstração de poder e intimidar os assistentes.

   Luís Henrique Dias Tavares. *Bahia 1798*. São Paulo: Ática, 1995. p. 4-5 (Guerras e Revoluções Brasileiras).

   a) A quais movimentos de rebelião contra a Coroa os textos se referem?
   b) Os juízes determinaram que a execução dos condenados fosse um evento público. Identifique nos dois textos os trechos que justificam essa afirmação.
   c) Por que os juízes determinaram a exposição máxima da aplicação da pena aos condenados?

3. A imagem retrata um momento específico da vida de Tiradentes. Junte-se com um colega e respondam.
   a) A cena representada se refere a que momento?
   b) O que mais chamou a sua atenção nesta obra? Expliquem.

   Candido Portinari. *Tiradentes*, 1948-1949. Detalhe do painel a têmpera sobre tela.

4. Que movimentos internacionais inspiraram os conjurados da Bahia? Por que o Haiti foi particularmente importante?

APRENDER A...

Analisar uma pintura em tela

Por meio da pintura podemos conhecer fatos da história recente ou antiga do Brasil e do mundo. Diversos artistas, em diferentes épocas, retrataram eventos e personagens. Algumas dessas pinturas foram feitas na mesma época dos eventos retratados; outras, posteriormente. Todas, no entanto, divulgam ideias, pontos de vista e sentimentos de seu autor.

No século XIX a pintura foi muito utilizada para promover imagens de governantes ou das "verdades" que estes pretendiam difundir para a sociedade. No início da República brasileira, por exemplo, alguns governantes acreditavam que era importante eleger heróis nacionais que se tornassem símbolos dos novos tempos. Dessa forma, a figura de Tiradentes foi uma das escolhidas. Inicialmente associado aos republicanos, tornou-se, no decorrer do século XX, uma das personagens mais conhecidas da história brasileira.

Nesta atividade você vai aprender a analisar uma tela refletindo sobre as várias formas pelas quais a figura de Tiradentes foi representada.

■ Identificação da obra

O passo inicial para o estudo de uma tela é identificar os aspectos externos à sua produção.

Observe a pintura e a respectiva legenda. Responda às questões propostas.

1. Quem é o autor dessa pintura?
2. Em que data a obra foi concluída?
3. Quem é a personagem representada?
4. Qual é o fato histórico representado?

Pedro Américo. *Tiradentes esquartejado*, 1893. Óleo sobre tela.

- **Estudo da composição da tela**

  Depois de levantar alguns dados externos à obra, é necessário identificar seus elementos internos.

  5. Descreva a composição da cena.
  6. Como a personagem está representada?
  7. Quais estratégias técnicas o pintor utilizou para destacar a personagem representada?
  8. Que impressões você acha que o artista quis provocar no observador da obra?

- **Contextualização histórica e artística**

  Para compreender uma obra de arte mais profundamente, é preciso verificar que dados são fornecidos a respeito de um fato histórico e buscar informações sobre o contexto no qual ela foi produzida.

  No que se refere ao quadro de Pedro Américo, responda às questões a seguir.

  9. O que essa obra nos informa sobre o fato histórico abordado?
  10. Em que personagem o artista se inspirou para criar a imagem de Tiradentes?
  11. Quais associações você acha possível fazer a partir da observação dos elementos que compõem a pintura?

- **Análise de outras obras**

  Observe a maneira como Tiradentes foi representado nas duas pinturas abaixo.

  12. Retome o roteiro fornecido anteriormente e produza, em seu caderno, uma análise de cada pintura.

Décio Villares. *Tiradentes*, 1928. Óleo sobre tela.

José Wasth Rodrigues. *O alferes Tiradentes*, 1940. Óleo sobre tela.

Depois de analisar as pinturas, escreva em seu caderno um texto comparando as duas obras com a pintura *Tiradentes esquartejado*, de Pedro Américo.

MÓDULO 3
A Corte portuguesa no Brasil

Em 1808, ocorreu um fato único na História: a transferência de um governo metropolitano europeu para sua colônia. Por 14 anos, a cidade do Rio de Janeiro se transformou na sede do Império português, mudando os rumos do processo político, cultural e econômico do Brasil.

Portugal luta para sobreviver

Nos primeiros anos do século XIX, Portugal era um Estado atrasado em relação às grandes potências europeias. O país tentava manter sua independência e a integridade de seu vasto império colonial em meio à guerra que opunha França e Inglaterra. Os franceses pressionavam a Coroa portuguesa para que aderisse ao **Bloqueio Continental** imposto por Napoleão Bonaparte, ou seja, que fechasse seus portos aos navios ingleses. A Inglaterra, com quem Portugal mantinha uma tradicional aliança, exigia que Lisboa ignorasse as ameaças de Napoleão e liberasse o comércio colonial aos navios ingleses.

Para Portugal, o eficiente exército francês representava uma ameaça real de invasão ao seu território, enquanto a poderosa marinha inglesa ameaçava a integridade de seu Império colonial, incluindo a mais rica e lucrativa das colônias, o Brasil.

Em meados de 1807, Napoleão deu um ultimato ao governante português, o príncipe regente dom João: ou Portugal aumentava sua participação na liga anti-inglesa ou o reino seria invadido.

Entre ver o reino invadido e perder as colônias, a Coroa portuguesa optou por salvar o Império, aliando-se aos ingleses. Napoleão cumpriu a ameaça de invadir Portugal. Incapaz de resistir ao invasor, e antes que as tropas francesas ocupassem Lisboa, dom João fugiu de Portugal, transferindo a Corte para o Brasil.

Jean-Baptiste Debret. *Retrato de dom João VI*, regente de Portugal, aos 53 anos, 1816. Óleo sobre tela.

A transferência da Corte para o Brasil

Entre 25 e 27 de novembro de 1807, a família real, grande parte dos funcionários do Estado e uma imensa comitiva, composta de cerca de 10 mil pessoas, embarcaram em 36 navios portugueses rumo ao **Rio de Janeiro**. Sob a proteção da frota inglesa, depois de uma breve estada em Salvador, dom João chegou ao Rio de Janeiro em 7 de março de 1808.

Geoff Hunt. *Chegada da Família Real de Portugal*, 1999. Óleo sobre tela.

O Rio de Janeiro se adapta à Corte

Capital colonial de um vice-reino português, a cidade do Rio de Janeiro não estava preparada para as necessidades da Corte. Isso levou o príncipe regente a criar diversas novas instituições, como o Real Teatro São João; a Escola Real de Ciências, Artes e Ofícios; a Real Biblioteca e o Museu Real.

Outra grande contribuição para o Brasil foi a instituição da Imprensa Régia. Até então não eram publicados jornais nem livros na Colônia.

A imagem reproduz a fachada do Real Teatro São João, inaugurado em 1813, no Rio de Janeiro. Reconstruído diversas vezes, hoje a antiga construção abriga o Teatro João Caetano. Jean-Baptiste Debret. *Aceitação provisória da Constituição de Lisboa*. Litografia publicada em 1839.

O reino do Brasil

Para administrar o império a partir do Brasil, a Monarquia portuguesa necessitou implantar alguns órgãos de Estado na cidade do Rio de Janeiro, como os tribunais superiores e a Intendência Geral da Polícia, que cuidava da segurança pública.

Em 1815 o Brasil foi elevado à condição de Reino Unido a Portugal. Em 1818 – dois anos após a morte de sua mãe, a rainha dona Maria I, afastada do governo desde 1792 – dom João foi aclamado rei de Portugal, do Brasil e de Algarves, com o título de **dom João VI**.

A Real Biblioteca foi fundada em 1810. Em 1910 foi transferida para este prédio, no centro da cidade do Rio de Janeiro, hoje Fundação Biblioteca Nacional. Fotografia de 2010.

As mudanças na economia brasileira

O estabelecimento da Corte portuguesa no Rio de Janeiro e a ocupação de Portugal pelo exército francês mudaram radicalmente as relações entre o Brasil e o Império português. Não havia mais Metrópole para a qual vender os produtos coloniais nem era mais viável comprar produtos europeus no porto de Lisboa.

Ao mesmo tempo, a aliada Inglaterra, incapacitada de vender seus produtos para a Europa em função do Bloqueio Continental, exigia acesso livre ao mercado brasileiro.

Diante disso, dom João decretou, em 28 de janeiro de 1808, a **abertura dos portos** brasileiros a todas as nações amigas, isto é, àquelas que não fossem aliadas à França. O comércio brasileiro passava, então, a funcionar independentemente de Portugal. No mesmo ano, dom João criou o Banco do Brasil, para administrar as contas do governo e oferecer crédito aos empreendedores.

Jean-Baptiste Debret. *Real Fábrica de Ferro de S. João de Ipanema*, 1827. Gravura. Sorocaba, SP.

Adotou-se uma política de incentivo à industrialização, com a revogação do alvará de 1785, que proibia as manufaturas na Colônia. A própria Coroa introduziu a siderurgia, com a criação, em 1810, da Real Fábrica de Ferro de São João de Ipanema, nas proximidades de Sorocaba (SP).

Mas a dependência em relação à indústria inglesa aumentou com a assinatura do **Tratado de Comércio e Navegação**, em 1810. Ao estabelecer uma tarifa de 15% para os produtos ingleses desembarcados nos portos brasileiros, o tratado beneficiava a Inglaterra, pois os produtos dos demais países eram taxados em 24%.

Verifique o que aprendeu

1. O que foi o Bloqueio Continental?
2. Quais eram as forças mais poderosas da França e da Inglaterra, respectivamente?
3. Qual o significado para o Brasil da abertura dos portos em 1808?

UM MERCADO ABARROTADO

O viajante inglês John Mawe (1764-1829) descreveu o impacto da abertura dos portos sobre a vida e os hábitos dos brasileiros:

"Em virtude da concorrência inacreditável [...] é natural presumir-se [que] ficasse o mercado quase imediatamente abarrotado. Tão grande e inesperado foi o fluxo de manufaturas inglesas ao Rio de Janeiro [...] que o aluguel das casas para guardá-las elevou-se extraordinariamente. A baía cobriu-se de navios e a alfândega não tardou a transbordar de mercadorias; mesmo o sal, barris de ferragem e pregos, peixe salgado, barris de queijo, chapéus, [...] cestos e barris de louça de barro e de vidro, cordame, barris e garrafas de cerveja, tintas, armas, resina, alcatrão, etc. ficavam expostos não só ao sol e à chuva, mas à depredação geral."

John Mawe. *Viagens ao interior do Brasil*. Belo Horizonte-São Paulo: Itatiaia-Edusp, 1978. p. 216 (Reconquista do Brasil, v. 33).

Johann Moritz Rugendas. *Rua Direita*, século XIX. Gravura.

ATIVIDADES

1. A imagem ao lado mostra a Corte portuguesa às margens do rio Tejo, em Lisboa, prestes a embarcar para o Brasil, no final de 1807. Observe-a e responda às questões propostas.

   a) A principal figura histórica que participou da vinda da Corte portuguesa para o Brasil foi o príncipe regente dom João. Qual das personagens retratadas representa dom João? Justifique.

   b) E o que mais chamou a sua atenção na imagem? Por quê?

Embarque de dom João para o Brasil, século XIX. Óleo sobre tela de pintor anônimo.

2. Escreva em seu caderno um texto relacionando os conflitos políticos europeus do início do século XIX com a vinda da Corte portuguesa para o Brasil em 1807.

3. Leia o texto abaixo e responda às questões a seguir.

   > Transplantar o rei de Portugal para o Brasil e fundar aqui um "poderoso império" foi um plano cogitado em momentos de instabilidade política do governo português. Pelo menos uma vez em cada século, desde o Descobrimento, essa hipótese foi imaginada.
   >
   > Em 1580, na época da União Ibérica (quando a Espanha incorporou Portugal ao seu domínio), um postulante do trono [...], o prior do Crato, foi encorajado a viajar para o Brasil e constituir um Império. Durante a restauração da independência portuguesa frente à Espanha (1640), o padre Antonio Vieira (1608-1697) também sugeriu a D. João IV a retirada para as colônias da América.
   >
   > A instabilidade continental europeia, que atravessou todo o século XVIII, fez com que o mesmo plano fosse arquitetado pelo menos duas vezes [...]: durante o reinado de D. João V (1706-1750), pelo seu ministro D. Luís da Cunha, e no reinado de D. José [I] (1750-1777), diante do risco de invasão pela França e pela Espanha [...].
   >
   > Marieta Pinheiro de Carvalho. Saída pelo Mar. *Revista de História da Biblioteca Nacional*, n. 28, p. 20, jan. 2008.

   a) Segundo a autora, a ideia de trazer a Corte para o Brasil, concretizada em 1807-1808, representa um projeto inédito na história portuguesa? Justifique sua resposta.

   b) As afirmações da autora revelam como os portugueses dos séculos XVI, XVII e XVIII perceberam o potencial de sua colônia na América para abrigar a Corte portuguesa em momentos de crise. Por que você acha que o Brasil tinha esse potencial?

4. Explique o que levou dom João a promover a abertura dos portos brasileiros em 1808.

5. Imagine que você é um jornalista e vai escrever um texto para a *Gazeta do Rio de Janeiro*, o primeiro jornal publicado no Brasil. Narre algum evento relacionado à vida da Corte portuguesa na cidade do Rio de Janeiro entre os anos de 1808 e 1821. Para isso, faça uma pequena pesquisa em enciclopédias, livros, revistas, jornais ou na internet.

ARTE e CULTURA

A Missão Artística Francesa

Desde os tempos de Luís XIV, as cortes e cidades importantes de todo o Ocidente acompanhavam atentamente os usos e costumes da capital francesa, Paris. As pinturas e os edifícios da cidade-luz eram admirados, o francês era considerado língua culta.

Com a queda de Napoleão, em 1815, inúmeros artistas ligados ao imperador temeram ser perseguidos pelos partidários do novo rei, Luís XVIII.

Nessa mesma época, do outro lado do oceano Atlântico, a monarquia portuguesa criava o reino do Brasil e necessitava de artistas que servissem à Corte do Rio de Janeiro: pintores para fazer retratos, registrar na tela acontecimentos importantes e criar cenários para cerimônias públicas; arquitetos para projetar os palácios e também as estruturas frágeis, feitas de madeira e gesso, que imitavam grandes edifícios e duravam apenas o tempo da cerimônia a que eram destinados; escultores para elaborar relevos e estátuas para palácios, etc.

A repentina oferta de artistas franceses desempregados foi mais que conveniente para a Corte tropical de dom João, que acolheu um grupo de pintores, arquitetos, escultores e artesãos vindos de Paris e desembarcados no Rio de Janeiro em 26 de março de 1816.

Esse grupo ficou conhecido como Missão Artística Francesa. Hoje, muitos historiadores discutem se essa missão foi oficial, convidada pela Corte, ou se resultou apenas da fuga de alguns artistas que vieram tentar a sorte longe dos conflitos europeus.

Missão oficial ou simples fuga, nada tira o brilho das realizações desses artistas.

O arquiteto Grandjean de Montigny projetou o edifício da praça do Comércio, inaugurado em 1819, destinado a abrigar os comerciantes que negociavam grandes quantidades de mercadorias, fechando seus negócios na rua ou em locais públicos. Desativado em 1821, o local se tornou sede da alfândega do Rio de Janeiro. Em 1990 foi restaurado e passou a abrigar o centro cultural Casa França-Brasil. Fotografia de 2010.

No grupo de artistas franceses que desembarcaram no Brasil em 1816, destacava-se a família Taunay. Acompanhando Nicolas-Antoine Taunay, vieram seus filhos Félix-Émile (pintor) e Adrien-Aimé (desenhista), e seu irmão Auguste-Marie Taunay (escultor). Nicolas-Antoine é considerado o mais talentoso pintor entre os franceses emigrados para os trópicos; retratou, entre outras, belas paisagens do Rio de Janeiro. *Largo da Carioca*, 1816. Óleo sobre tela.

■ Atividades

1. Observe a imagem desta página e a da página anterior. Descreva cada uma delas, atentando para:
   a) a cena retratada;
   b) os elementos observados em cada uma delas;
   c) a geografia presente nessas imagens.

2. Quando cada uma delas foi realizada?

3. Que elementos contidos nas duas imagens existem nos dias de hoje? Para responder a essa questão, pesquise imagens atuais do Largo da Carioca, em livros ou na internet, e discuta com seus colegas.

ARTE e CULTURA

O pintor e desenhista Jean-Baptiste Debret, um dos artistas franceses mais famosos no Brasil, retratou paisagens e cenas do cotidiano da Corte do Rio de Janeiro e de algumas províncias brasileiras. Foi um dos principais idealizadores da Academia Imperial de Belas Artes, onde ensinou pintura histórica até retornar para a França, em 1831. Abaixo, *Vista da vila de Guaratuba* (PR), 1827. Aquarela sobre papel.

Debret servia também à Coroa, decorando espaços para solenidades oficiais. Acima, pintura em pano de boca do Real Teatro, especialmente confeccionado para as cerimônias de coroação de dom Pedro como imperador do Brasil em 1822.

Seis meses após a vinda dos primeiros artistas franceses, chegaram ao Brasil os irmãos Ferrez: Marc, escultor e gravurista, e Zéphyrin, escultor e gravador de medalhas. Ao lado, busto de dom Pedro I, realizado em *biscuit* (porcelana fria), por Marc Ferrez em 1826. Seu sobrinho, filho de seu irmão Zéphyrin e batizado Marc em sua homenagem, foi um dos principais fotógrafos de seu tempo.

Zéphyrin Ferrez se distinguiu como medalhista e coube a ele gravar e cunhar as primeiras medalhas brasileiras, entre elas a aclamação de dom João VI, feita em bronze, em 1820.

▪ Atividades

1. As obras de arte retratadas nas páginas desta seção utilizam técnicas artísticas diferentes. Quais são elas?
2. Qual dessas técnicas você escolheria para reproduzir um evento histórico? Por quê?
3. Que outras técnicas artísticas você conhece?

27

MÓDULO 4
A crise política luso-brasileira

Os atos de dom João VI, instalado com sua Corte no Brasil, causaram descontentamento nos dois lados do oceano Atlântico, gerando tensões que provocaram revoltas e revoluções no Reino Unido de Portugal, Brasil e Algarves.

Insatisfação no reino sem rei

A ausência do rei, símbolo da perda de importância política de Portugal, e o fim do monopólio do comércio com o Brasil representaram a ruína da economia portuguesa. Muitas pessoas acreditavam, porém, que a abertura dos portos era consequência provisória, em razão da ocupação de Portugal por Napoleão. Terminada a guerra com a França, tudo ficaria como era antes: a Corte retornaria para Lisboa e o Brasil voltaria à condição de colônia.

Napoleão foi deposto definitivamente em 1815, e Portugal se mantinha governado por um conselho de regência. Dom João não dava sinais de que iria retornar a Portugal nem de que a abertura dos portos brasileiros, exigida pela Inglaterra, seria revogada. A elevação do Brasil à categoria de Reino Unido alarmou mais ainda os portugueses da Europa, que viram, a partir de então, a autonomia brasileira juridicamente consolidada.

Descontentamento no reino americano

No Brasil, os atos de dom João também causaram descontentamento. Os brasileiros natos tinham dificuldades para ocupar cargos públicos e obter licenças de comércio, funções e direitos reservados pelo governo aos portugueses. Como resultado, quase toda a atividade comercial das grandes cidades brasileiras estava nas mãos de pessoas nascidas em Portugal, gerando sentimentos antilusitanos entre a população local.

Os portugueses residentes no Brasil também se sentiam prejudicados pelas ações da Corte: a abertura dos portos e a maior autonomia das instituições locais beneficiaram em muitos aspectos os produtores agrícolas brasileiros, em prejuízo de interesses lusitanos.

As concessões tarifárias feitas à Inglaterra pelo Tratado de Comércio e Navegação de 1810 desagradavam tanto aos portugueses quanto aos brasileiros, que consideravam abusivos os privilégios obtidos pelos ingleses. Os altos impostos cobrados pela Coroa, para custear a pesada máquina do Estado sediada no Rio de Janeiro e as guerras de conquista que dom João movia na Banda Oriental (Uruguai) e na Guiana Francesa, também causaram descontentamento geral.

Uma guerra impopular

A antiga pretensão portuguesa de ocupar os territórios espanhóis situados na margem norte do rio da Prata (atual República do Uruguai) foi reavivada quando, em 1810, as províncias platinas se rebelaram contra a Espanha ocupada por Napoleão.

Em 1816, dom João decidiu anexar a chamada Banda Oriental (leste) do rio Uruguai ao reino do Brasil.

Os brasileiros não viam, porém, utilidade nessa conquista, recebendo com grande desagrado o aumento de impostos determinado pela Coroa para custear o exército invasor.

Divisão de Voluntários Reais embarcando para Montevidéu, na Banda Oriental, em 1816. Detalhe de quadro de Jean-Baptiste Debret, séc. XIX.

O incômodo da dominação portuguesa

Os anos 1815 e 1816 foram de grande seca nas capitanias brasileiras ao norte da Bahia. A falta de chuvas arruinou parte da agricultura e trouxe fome à população mais pobre. Na cidade de Recife, centro da capitania de Pernambuco e do comércio local, a situação econômica se agravou ainda mais por causa da queda dos preços internacionais do açúcar e do algodão e do incômodo domínio comercial praticado pelos portugueses.

Mesmo assim, o governo sediado no Rio de Janeiro promoveu o aumento dos impostos na região, visando custear a impopular guerra de conquista da Banda Oriental (Uruguai) e a pesada máquina governamental.

Aos olhos dos pernambucanos, a Corte do Rio de Janeiro explorava e reprimia sua capitania de forma muito semelhante à praticada pelo governo de Lisboa nos tempos coloniais.

Com isso, os antigos anseios de independência em relação a Portugal, influenciados pelas ideias libertárias vindas dos Estados Unidos e da França revolucionária, agora se voltavam contra o Rio de Janeiro.

Não demorou para que setores das elites pernambucanas, unindo militares, padres, comerciantes, advogados, proprietários de terras e intelectuais, começassem a conspirar contra a dominação portuguesa.

Fonte de pesquisa: *Atlas geográfico escolar*. 6. ed. Rio de Janeiro: IBGE, 2012. p. 90.

A Revolução Pernambucana

O movimento revolucionário deflagrado em Recife, em março de 1817, destituiu o governador e proclamou a independência e a **República de Pernambuco**. As camadas mais pobres apoiaram a revolução, movidas pelo ressentimento que tinham contra a exclusividade dos portugueses no comércio. As capitanias da Paraíba, do Rio Grande do Norte e do Ceará também aderiram ao movimento.

Em 29 de março, o governo provisório da república anunciou a convocação de uma Assembleia Constituinte e proclamou uma lei orgânica que estabelecia os direitos dos cidadãos, como a igualdade de direitos e a liberdade de expressão. Haveria também liberdade de culto, apesar de o catolicismo ser mantido como religião oficial. Contudo, as garantias de liberdade eram para poucos: os líderes revolucionários não pretendiam abolir a escravidão.

A Coroa não admitiu tamanha subversão e enviou tropas e navios de guerra para cercar Recife e prender os rebeldes, que não puderam resistir e se renderam em maio daquele ano. Seguiram-se as prisões e execuções dos líderes do movimento. Apesar de derrotada, a Revolução Pernambucana mostrava às autoridades régias que a Independência e a República haviam ganhado popularidade entre os brasileiros.

Bandeira adotada pela Revolução Pernambucana de 1817. As três estrelas no alto da bandeira representam as capitanias que aderiram ao movimento: Pernambuco, Paraíba e Rio Grande do Norte; o arco com as três cores simboliza a união entre elas.

A Revolução Liberal portuguesa

No final da década de 1810, a crise em Portugal se tornou insustentável. A permanência da Corte no Brasil, o fim do monopólio do comércio colonial e a presença do marechal inglês Beresford no conselho de regência e no comando do exército português desorganizaram a política e a economia do reino.

Os portugueses eram obrigados a enviar recursos dos impostos e tropas do exército para o Brasil, para auxiliar na guerra da Banda Oriental, na repressão à revolução em Pernambuco e no custeio dos gastos da Corte.

Era natural para muitos portugueses que a solução de seus males viria com a extinção do poder absoluto do rei e a instauração de um regime que atribuísse poder de decisão ao povo.

A liberdade que pregavam era, porém, limitada. Assim como no Brasil, muitos dos que lutavam pela liberdade do povo defendiam também a escravidão. E em Portugal era comum que os **liberais** defendessem a **recolonização do Brasil**, medida que consideravam necessária para reativar a estagnada economia portuguesa.

O marechal inglês William Beresford em pintura de autor desconhecido, c. 1812. Óleo sobre tela.

O Porto lidera a revolução

Em agosto de 1820, os liberais da cidade do Porto iniciaram um movimento que ficou conhecido como **Revolução Liberal** de 1820. O principal objetivo dos revolucionários era aprovar uma Constituição que deveria ser aceita por todos os cidadãos portugueses, incluindo o rei, que estava no Brasil. Com isso, eles pretendiam extinguir o Absolutismo em Portugal, submetendo o rei às leis elaboradas pelo povo. A regência, que governava Portugal em nome de dom João VI desde 1807, não teve meios de conter o movimento e acabou deposta em setembro de 1820, com a adesão de Lisboa à causa liberal.

Chegando ao poder, os liberais puseram seu projeto político em prática, convocando a assembleia popular – que em Portugal possuía o nome tradicional de **Cortes** – com o intuito de elaborar a Constituição.

As Cortes se reuniram pela primeira vez em janeiro de 1821. Além de elaborar a Constituição, elas funcionavam também como Poder Legislativo, governando o reino em nome de todos os portugueses. Uma de suas determinações era trazer dom João VI de volta a Portugal.

> **Verifique o que aprendeu**
> 1. Qual era o principal descontentamento dos brasileiros natos em relação às ações da Coroa?
> 2. Por que os pernambucanos se revoltaram?
> 3. O que foi a Revolução Liberal de 1820?

Oscar Pereira da Silva. *Sessão das Cortes de Lisboa*, 1822. Óleo sobre tela.

ATIVIDADES

1. Explique como os liberais de Portugal podiam lutar pela autonomia política do povo e, ao mesmo tempo, defender a recolonização do Brasil.

2. Analise os modelos de governo propostos e os motivos que levaram às ocorrências da Revolução Pernambucana, no Brasil, e da Revolução Liberal do Porto, em Portugal. Em seguida, converse com um colega sobre as semelhanças e as diferenças existentes entre as duas revoluções. Escrevam as conclusões no caderno.

3. Leia o texto abaixo e responda às questões propostas.

> A fúria fiscalizadora da Coroa se intensificou com a chegada à América. Era necessário prover recursos para os gastos militares, a montagem de um aparelho administrativo-fiscal e as necessidades de uma Corte dispendiosa. [...]
>
> Procurou-se submeter à taxação tudo o que fosse possível [...]. Introduziu-se um conjunto de impostos que tentavam, pela primeira vez, taxar as propriedades e as fortunas [...]. Esse "pacote fiscal" teve sucesso duvidoso, gerando grande descontentamento. Em parte, foi em oposição a ele que eclodiu a Revolução Pernambucana de 1817. [...] [Durante a Revolução em Pernambuco] Simbolicamente, as arrecadações de dízimos [impostos pagos pela agricultura e pecuária] e sizas [impostos sobre a compra e venda de bens e escravos] deixaram de ser enviadas para o Rio de Janeiro, sendo retidas para financiar a revolta, e um irritante imposto destinado a pagar pela iluminação do Rio de Janeiro foi revertido para trazer o benefício para a cidade do Recife.
>
> Wilma Peres Costa. A parte do leão. *Revista de História da Biblioteca Nacional*, n. 23, p. 30, ago. 2007.

a) Segundo o texto, por que era necessário aumentar a carga de impostos?

b) Cite alguns exemplos de novas taxas, criadas para aumentar a arrecadação.

c) Que medidas a Revolução Pernambucana tomou em relação às taxas criadas pela Coroa?

4. A imagem ao lado representa a cerimônia de bênção das bandeiras republicanas pelos sacerdotes católicos, ocorrida em 23 de abril de 1817 em Recife, capital de Pernambuco. Observe os elementos representados e responda.

   a) O que você entende por "bênção das bandeiras republicanas"? O que poderia significar o ato descrito na imagem, no contexto da Recife de 1817?

   b) Quem segura as bandeiras republicanas?

   c) A partir da análise das roupas que vestem, a que classe social pertenceriam os demais participantes desse ato?

   d) Quais classes sociais estão ausentes na cena representada?

Dakir Parreiras. *Bênção das bandeiras dos revolucionários republicanos no Campo do Erário em Recife*, início do século XX. Óleo sobre tela.

MÓDULO 5
A Independência do Brasil

A insistência do governo liberal português em recolonizar o Brasil causou atritos crescentes entre o governo do reino americano e o de Lisboa, resultando na ruptura completa entre os dois.

O apoio à causa portuguesa

Vitoriosa em Portugal, a Revolução Liberal foi, em geral, bem recebida no Brasil, apoiada tanto pelos portugueses – que viam no movimento sediado em Lisboa a restauração do poder de seu país de origem – quanto pelos brasileiros – que consideravam o fim do Absolutismo uma forma de aumentar sua autonomia e participação política no reino.

A adesão do Brasil era fundamental para o sucesso do movimento liberal. Sem ela, dom João VI continuaria a ser um monarca absolutista reinando na América, e Portugal correria o risco de perder seu vasto império colonial, grande esperança de reativação da sua estagnada economia.

O Brasil aderiu. Começando pelo Pará, em janeiro de 1821, as capitanias passaram a afastar os governadores impostos pelo rei e elegeram **Juntas Governativas** de origem popular, obedientes à revolução de Lisboa.

O golpe final ocorreu em 26 de fevereiro, quando as tropas do Rio de Janeiro se amotinaram e exigiram que o rei se submetesse ao poder das Cortes.

A partida de dom João VI

Sob risco de ser deposto e preso, dom João VI resolveu obedecer aos amotinados e cumprir as ordens chegadas de Lisboa. Jurou fidelidade à Constituição que ainda iria ser aprovada e iniciou os preparativos para sua volta a Portugal. Abrindo mão do poder absoluto, a Coroa portuguesa tentava manter a integridade de seu Império.

Com a Corte partia grande parte das fortunas dos nobres e o tesouro real, o que sem dúvida prejudicava a economia do Brasil. Os brasileiros também temiam perder autonomia política com a transferência da sede do governo.

Em 26 de abril de 1821, o rei embarcou, acompanhado de uma comitiva de 4 mil portugueses, rumo a Portugal. Pouco a pouco, os brasileiros que apoiaram os liberais portugueses começaram a perceber que as revolucionárias Cortes de Lisboa não levariam em conta os interesses locais.

Representação da partida de dom João VI para Portugal no cais do Rio de Janeiro, em detalhe de gravura de Alphonse Beauchamp, s. d.

••• O regente do Brasil

Com o retorno da Corte a Lisboa, em 1821, a situação política do Brasil ficou incerta. Na ausência do rei, quem governaria o reino do Brasil?

Dom João VI, sem consultar as Cortes, criou uma regência para governar em seu lugar. Dando uma mostra da importância que o Brasil possuía para a Coroa, o regente escolhido foi o príncipe **dom Pedro**, filho mais velho do rei e herdeiro do trono português.

As Cortes contra dom Pedro

A permanência de dom Pedro no Brasil desagradou os liberais de Lisboa, que pretendiam restabelecer o controle político sobre o Brasil e temiam que um governante poderoso agindo a distância pudesse reinstituir o Absolutismo.

Para enfraquecer o poder outorgado ao regente, os deputados portugueses determinaram que os governos provinciais não obedecessem às ordens de dom Pedro, mas somente às decisões de Lisboa. Decidiram também transferir para Lisboa os principais órgãos de governo instalados no Brasil. Tropas portuguesas foram enviadas para o Rio de Janeiro e Pernambuco, para impor as decisões das Cortes caso houvesse resistência. Por fim, foi exigido o **regresso** de dom Pedro para Portugal.

Simplício Rodrigues de Sá. *Dom Pedro*, 1826. Óleo sobre tela.

Dom Pedro resiste às Cortes

Além da intenção de eliminar a autonomia política, os deputados das Cortes apresentavam projetos que, na prática, faziam o Brasil retornar à condição de colônia de Portugal. Um desses projetos propunha fechar os portos brasileiros aos navios estrangeiros.

Os grandes proprietários de terras das províncias de São Paulo, Rio de Janeiro e Minas Gerais, ligadas economicamente à cidade do Rio de Janeiro, entenderam que a maneira mais segura de resistir aos atos das Cortes era unirem-se em torno do regente. Dessa maneira, evitavam a revolução que poderia fragmentar o Brasil em vários países independentes, extinguindo o controle que o governo do Brasil sediado no Rio de Janeiro exercia sobre as outras províncias do reino. A manutenção da Monarquia garantia também a continuidade da ordem escravista no país, neutralizando os grupos republicanos que defendiam a abolição. Os fazendeiros monarquistas iniciaram, então, uma intensa mobilização para que dom Pedro ficasse no Brasil.

Depois de receber uma carta de José Bonifácio de Andrada e Silva, membro da Junta de Governo da Província de São Paulo, e um abaixo-assinado com mais de 8 mil assinaturas, dom Pedro decidiu ficar no Brasil. Era o dia 9 de janeiro de 1822, que ficou conhecido como o **Dia do Fico**. Esse foi o primeiro ato de desobediência da regência do reino do Brasil diante do governo português.

Liberdade de opinião

José Bonifácio de Andrada e Silva desejava transformar a desigual sociedade brasileira do início do século XIX em uma nação mais igualitária. Para isso, defendia o fim da escravidão e o voto das mulheres, ideias combatidas pela maioria das pessoas de sua época.

I. Converse com seus colegas sobre a importância de se defender a própria opinião, ainda que seja contrária à da maioria das pessoas ou dos grupos dominantes.

O rompimento com as Cortes

Dom Pedro sendo festejado após proclamar a Independência do Brasil. Detalhe de pintura de François René Moreaux, 1844.

Como regente do Brasil, dom Pedro aliou-se aos principais grupos econômicos e políticos e aos pequenos e médios setores urbanos e rurais. Organizou um novo Ministério, liderado pelo brasileiro José Bonifácio de Andrada e Silva.

Aprofundando a ruptura com Portugal, em 4 de maio de 1822 o ministro José Bonifácio decretou que todas as ordens vindas de Portugal só teriam valor no Brasil após aprovação do príncipe regente. Em junho daquele ano, dom Pedro convocou uma assembleia local para elaborar a Constituição do Brasil. Desse modo, o príncipe regente provava não ter pretensões absolutistas, conquistando a confiança dos liberais brasileiros.

Contudo os atos de dom Pedro estavam de acordo com o projeto de dom João VI de transformar o Brasil em um reino poderoso, unido a Portugal. Sob a ótica do regente, os verdadeiros rebeldes eram os deputados das Cortes de Lisboa, que descumpriam as ordens de seu pai, o legítimo soberano de Portugal.

Enfim, a independência

Em 14 de agosto de 1822, dom Pedro partiu para uma visita oficial à província de São Paulo. Após sua partida, novas ordens chegaram de Portugal, dando um ultimato ao príncipe regente: ou ele entregava o governo do Brasil às autoridades indicadas pelas Cortes, ou tropas portuguesas seriam enviadas para levá-lo à força a Lisboa.

Dom Pedro recebeu essas ordens quando, vindo de Santos, passava pelas margens do riacho Ipiranga, nas proximidades da cidade de São Paulo, no dia 7 de setembro de 1822, e decidiu romper com Portugal, declarando a **Independência do Brasil**.

Por sua decisão, dom Pedro foi muito festejado em São Paulo, e depois no Rio de Janeiro, para onde retornou em 14 de setembro. Mas a independência não se implantou imediatamente em todo o país. As tropas portuguesas estacionadas na Bahia, no Pará, no Maranhão e no Piauí permaneceram leais a Portugal. Nessas regiões foi preciso o uso de força militar para que os interesses brasileiros saíssem vitoriosos.

Verifique o que aprendeu

1. O que pensavam os habitantes do Brasil em 1820 sobre a Revolução Liberal portuguesa?
2. Por que dom João VI cedeu às pressões dos portugueses e decidiu voltar para Lisboa, em 1821?
3. Qual foi o primeiro ato de desobediência de dom Pedro às ordens das Cortes de Lisboa?

ATIVIDADES

1. Por que a adesão do Brasil era importante para o sucesso da Revolução Liberal iniciada na cidade portuguesa do Porto, em 1820?

2. Antes de retornar a Portugal, dom João VI teria dito ao filho mais velho, dom Pedro: "Se o Brasil tiver de se separar de Portugal, ponha a coroa na sua cabeça". Responda no caderno.

   a) O que dom João VI quis dizer com a frase: "ponha a coroa na sua cabeça"?

   b) Com base no que você estudou neste capítulo, por que dom João estava preocupado com os destinos da Colônia? Havia ou não um risco iminente de o Brasil se separar de Portugal? Justifique sua resposta.

   c) O que de fato ocorreu após a partida de dom João e sua Corte rumo a Portugal?

   d) Em dupla, produzam um texto supondo o que teria acontecido ao Brasil se dom Pedro não tivesse "posto a coroa na cabeça", como alertara seu pai.

3. Explique por que a permanência no Brasil do príncipe regente dom Pedro desagradava as Cortes de Lisboa.

4. O texto transcrito abaixo é um trecho do manifesto escrito por José Bonifácio e assinado pelo príncipe regente dom Pedro, em agosto de 1822, destinado aos países com quem o Brasil mantinha relações diplomáticas. Leia-o e responda às questões propostas.

> Espero pois que os homens sábios e imparciais de todo o mundo; e que os governos e nações amigas do Brasil hajam de fazer justiça a tão justos e nobres sentimentos. Eu os convido a continuarem com o reino do Brasil as mesmas relações de mútuo interesse e amizade [que mantinham com o Reino Unido de Portugal, Brasil e Algarves]. (...) os portos do Brasil continuarão a estar abertos a todas as nações pacíficas e amigas para o comércio lícito (...) como o Brasil sabe respeitar os direitos de outros povos e governos legítimos, espera igualmente, por justa retribuição, que seus inalienáveis direitos sejam também por eles respeitados e reconhecidos.
>
> *Saga*: a grande história do Brasil. São Paulo: Abril Cultural, 1981. p. 85.

José Bonifácio, por Benedito Calixto, século XIX.

a) Qual o objetivo do manifesto?

b) Por que José Bonifácio apela à sabedoria e à imparcialidade dos "homens sábios"?

c) Qual a relação entre as ameaças feitas pelas Cortes de Lisboa, de recriar o monopólio dos navios portugueses nos portos brasileiros, e o conteúdo desse manifesto?

d) Considerando o que você estudou neste capítulo, explique por que, em setembro de 1822, logo depois que José Bonifácio escreveu o "Manifesto às Nações Amigas", o príncipe regente rompeu os laços políticos com Portugal, proclamando a Independência do Brasil.

DOSSIÊ

O Rio de Janeiro no período joanino

Quando a nau Príncipe Real ancorou na baía da Guanabara, em março de 1808, a cidade do Rio de Janeiro era um dos maiores núcleos urbanos do Império português. Tinha cerca de 50 mil habitantes e um porto movimentado, por onde eram escoados o ouro das Minas Gerais e o açúcar do norte fluminense. Havia igrejas revestidas de ouro e um passeio público para o recreio dos habitantes, onde se podia encontrar artistas como o padre José Maurício, um dos maiores compositores de música sacra daquela época. As ideias iluministas eram debatidas desde o século XVIII em toda a colônia, e o Rio não ficava fora desse debate.

Não é verdade, portanto, que o Rio de Janeiro fosse um arraial provinciano no momento da chegada de dom João. Contudo, não há dúvida de que, por mais populosa e rica que se mostrasse a capital da Colônia, ela não estava preparada para receber milhares de nobres e altos funcionários da Coroa.

A natureza tropical, o clima quente e a imensa massa de negros escravizados, muitos deles nascidos na África, davam à cidade uma feição diferente da encontrada em qualquer capital europeia, incluindo Lisboa. A nova sede da Monarquia portuguesa era, assim, uma cidade única, que unia extremos de riqueza e pobreza, diferentes costumes e tradições.

As ruas

As ruas da Corte eram ocupadas principalmente por negros escravizados (cerca de um terço da população), que exerciam diversos ofícios, como carregadores, vendedores ambulantes, quitandeiras, barbeiros, entre outros.

Não havia sistema de água encanada na cidade. Quem podia, mandava seus próprios cativos buscar água nas bicas e chafarizes. As pessoas que não possuíam escravos compravam na porta de casa a água dos aguadeiros, que cobravam pelo transporte do líquido que corria gratuitamente das fontes.

Na cidade também não havia rede de coleta de esgoto. Cabia aos cativos recolher em grandes barris os excrementos da maioria das

O Palácio de São Cristóvão foi residência de dom João. Aquarela de Jean-Baptiste Debret, c. 1808-1831.

casas, que eram despejados ao mar. As pessoas fugiam do mau cheiro desses escravizados, que por isso ficaram conhecidos como "tigres", comparados ao cheiro desses animais ferozes de quem todos fugiam nas selvas da Índia.

Morar no campo

Um hábito que já existia no Período Colonial foi muito difundido pela aristocracia e pelos estrangeiros que vieram para o Rio de Janeiro após 1808: a opção por morar em chácaras, longe do centro urbano. A multidão de negros trabalhadores, "tigres" malcheirosos, fumaça e barulhos de todo tipo fizeram com que os aristocratas procurassem a paz em arrabaldes como Catete, Botafogo e Laranjeiras. O rei instalou um palácio em São Cristóvão, usando como base uma antiga casa-grande de fazenda. Nesses bairros afastados, as pessoas abonadas viviam cercadas de laranjeiras, flores e regatos, um verdadeiro cenário de paraíso tropical.

Novos divertimentos

A aristocracia portuguesa aumentou a importância das formas de lazer e sociabilidade típicas da elite europeia e que eram praticadas menos intensamente na Colônia. Grandes bailes passaram a ser promovidos com mais frequência. O Real Teatro São João era maior e mais luxuoso do que qualquer outra casa de espetáculos existente no Brasil da época, apresentando encenações de óperas e balés com maior regularidade do que antes.

Com a abertura dos portos as novidades chegavam mais rápido. Os estrangeiros traziam outras formas de ver o mundo e de se comportar, diferentes das maneiras tradicionais portuguesas e católicas a que a Colônia havia se limitado por três séculos. Uma das consequências desses novos comportamentos "importados" foi a maior exposição das mulheres – antes reclusas, vivendo fora dos olhares de estranhos –, que com a vinda da Corte passaram a frequentar os salões, as festas, os banquetes e as solenidades.

Jean-Baptiste Debret. *Cortejo de batismo da princesa Maria da Glória*, século XIX. Gravura.

■ Discussão sobre o texto

1. É correto afirmar que a cidade do Rio de Janeiro era um arraial provinciano antes de 1808? Discuta com seus colegas por que algumas pessoas adotam a visão de um Rio atrasado que se moderniza apenas com a chegada de dom João e sua corte.

2. Tomando como referência as condições sanitárias do Rio de Janeiro no início do século XIX, converse com os colegas sobre as condições sanitárias de seu município.

3. Junte-se com um colega.
    a) Releiam o texto e observem novamente a imagem acima.
    b) Depois, expliquem esta afirmação: "A existência da escravidão constitui um dos elementos mais importantes para explicar como eram as ruas do Brasil no século XIX".

FAZENDO HISTÓRIA

A imperatriz do Brasil

Em 1817, aos 20 anos, a arquiduquesa austríaca Leopoldina de Habsburgo (1797-1826) se casou com o príncipe dom Pedro de Bragança, herdeiro do trono do Reino Unido de Portugal, Brasil e Algarves. Ela era filha do imperador da Áustria, Francisco I, um dos mais importantes soberanos da Europa, e irmã da arquiduquesa Maria Luísa, esposa de Napoleão.

Quando dom Pedro, já na condição de regente do Brasil, viajou a São Paulo, em agosto de 1822, Leopoldina permaneceu no Rio de Janeiro, assumindo o governo e mantendo o marido informado do que se passava por meio de cartas levadas por mensageiros especiais.

O texto abaixo é a transcrição do trecho de uma dessas cartas, datada de 28 de agosto de 1822. Leia o texto e responda às questões propostas.

> Meu querido e muito amado esposo
>
> [...]
>
> Sinto muito dar-lhe notícias desagradáveis, mas não quero faltar à verdade, mesmo se é penoso a meu coração; a tropa de Lisboa entrou na Bahia, e dizem que desembarcou; a nossa esquadra não se sabe o que fez, se é falta de ânimo dela é preciso o mais rigoroso castigo, chegarão [ao Rio de Janeiro] três navios de Lisboa, os quais dão notícias de que os abomináveis portugueses querem sua ida para lá [...], e que ia ao poder executivo a decidir se deve vir mais tropa para cá, é certo que aprontem a toda pressa dois navios; ontem deram a falsa notícia que estava uma esquadra de Lisboa fora da Barra de modo que todo se aprontou para recebê-la com fogo e bala. [...]
>
> Leopoldina

Angel Bojadsen (Org.). *Dona Leopoldina*: cartas de uma imperatriz. São Paulo: Estação Liberdade, 2006. p. 409.

Josef Kreutzinger. Arquiduquesa Leopoldina da Áustria, esposa de dom Pedro, século XIX. Óleo sobre tela.

1. A carta faz referência a um conflito que se desenrola naquele momento. Que conflito é esse?

2. Que palavra a princesa usa para qualificar os portugueses? Qual a explicação para esse tratamento?

3. No contexto do conflito, qual foi a posição tomada por Leopoldina no documento? Justifique sua resposta.

4. Diante da tensão vivida na época, como se dava a circulação de informações sobre o conflito?

5. Em seu caderno, escreva uma carta endereçada a um governante. Pode ser o prefeito de sua cidade, o governador do Estado ou até o presidente da República. Nessa carta você deverá informar sobre um fato que esteja acontecendo na política ou na administração de sua região.

LENDO HISTÓRIA

Antes de ler
- Leia o título a seguir. O que você espera descobrir neste texto?
- A informação sugerida no título corresponde à imagem que você tem de Tiradentes? Explique.

Joaquim José da Silva Xavier era um simples alferes sem posses?

Tiradentes não era uma pessoa pobre, como muitos imaginam. Antes de ingressar na carreira militar, envolveu-se em diversas atividades econômicas: foi mineiro, tropeiro e proprietário de terras.

Em 1781, comandou a construção do Caminho do Menezes, que atravessava a Serra da Mantiqueira. Ao verificar as riquezas minerais de rios e córregos da região, solicitou o direito de explorar 80 datas minerais. Recebeu do comandante do distrito autorização para explorar 43 lavras.

Até ser preso pela devassa da Inconfidência, em 1789, Tiradentes explorava aquelas terras. Foi possivelmente com os lucros obtidos nessa mineração que pôde emprestar ao cadete José Pereira de Almeida Beltrão 200 mil-réis, e a Luís Pereira de Queirós, a quantia de 220 mil-réis, encontrados no sequestro de seus bens. A dívida do primeiro correspondia ao valor médio de 30 vacas leiteiras ou ao de uma fazenda de médio porte na região dos sertões. Acredito que somente com o soldo de militar (142$350 réis anuais), Tiradentes não se sustentaria. Em 1757, recebeu de sua mãe, Antônia da Encarnação Xavier, uma herança no valor de 965$774 réis.

A devassa descobriu, quase um mês após o sequestro de seus bens, que Tiradentes era dono de um sítio de aproximadamente 50 quilômetros quadrados na Rocinha da Negra, no porto do Menezes.

Por esses dados, creio que Tiradentes era um homem de posses, e não um homem pobre.

André Figueiredo Rodrigues. A nova Inconfidência: Joaquim José da Silva Xavier era um simples alferes sem posses? *Revista de História da Biblioteca Nacional*, ano 2, n. 19, p. 35, abr. 2007.

Leopoldino Faria. *Resposta de Tiradentes à comutação da pena de morte dos inconfidentes*, final do século XIX, início do século XX. Óleo sobre tela.

De olho no texto

1. Segundo o texto, além do cargo militar de alferes, quais outras atividades econômicas foram exercidas por Tiradentes?
2. Qual seria a principal fonte de renda de Tiradentes, segundo o texto?
3. Em que tipo de documento o autor conseguiu as informações sobre os bens de Tiradentes?
4. Na sua opinião, o que o autor pretende mostrar com esse texto?

QUESTÕES GLOBAIS

1. Leia o texto e troque ideias com os colegas sobre as questões propostas a seguir.

   > Ao descer na Bahia e no Rio, o governo português percebeu haver metido os pés em armadilha por ele mesmo preparada durante séculos, a fim de impedir que a colônia viesse a competir com a metrópole.
   >
   > [...]
   >
   > O príncipe João se deu pressa em quebrar o círculo de proibições que asfixiaria a colônia transformada naqueles dias em cabeça do reino.
   >
   > Hernâni Donato. *O cotidiano brasileiro no século XIX*. São Paulo: Melhoramentos, 1999. p. 5.

   a) A que "armadilha" o autor se refere?

   b) O que o autor quis dizer com a expressão "colônia transformada naqueles dias em cabeça do reino"?

   c) Que medidas o príncipe João tomou para quebrar "o círculo de proibições que asfixiaria a colônia transformada [...] em cabeça do reino"?

2. Sob a orientação do professor, simule em sua classe uma sessão das Cortes de Lisboa no início de 1822, seguindo os passos apresentados abaixo.

   a) A classe deve ser dividida em dois grupos: um representará os deputados brasileiros e, o outro, os deputados portugueses.

   b) Cada grupo deverá pesquisar em livros, enciclopédias, revistas ou na internet os interesses das personagens que representa.

   c) Feita a pesquisa, os dois grupos deverão elaborar textos usando as informações levantadas, descrevendo os argumentos e justificando os interesses das personagens que representam. É importante que essa produção escrita seja coletiva, de modo que todos os alunos participem, fornecendo dados, organizando o material pesquisado, redigindo um ou mais parágrafos, revisando o texto final, etc.

   d) Os grupos sortearão qual deles irá expor primeiro seus argumentos.

   e) Terminada a exposição dos argumentos do primeiro e do segundo grupos, toda a turma participará de um debate sobre os diferentes pontos de vista na História e sobre os conflitos de interesse que essas opiniões divergentes podem causar.

PARA SABER MAIS

Livros

A história de Biruta, de Alberto Martins. São Paulo: Companhia das Letrinhas.
O cachorro Biruta passeia pelo Rio de Janeiro das imagens de Debret e observa atentamente tudo que se passa à sua volta.

As maluquices do Imperador – 1808-1834, de Paulo Setubal. São Paulo: Geração Editorial.
As aventuras do jovem príncipe, do adolescente impetuoso, do imperador afoito e do pai resoluto que vai a Portugal garantir o trono para a filha, Maria, de apenas 15 anos.

D. João Carioca – A corte portuguesa chega ao Brasil (1808-1821), de Lilia Moritz Schwarcz e Spacca. São Paulo: Companhia das Letras.
A vinda da família real para o Brasil contada em quadrinhos.

Site

<http://www.museudainconfidencia.gov.br>. *Site* do Museu da Inconfidência, em Ouro Preto, Minas Gerais.
Traz textos e fotos do acervo, das exposições, além de uma área educativa para alunos e professores. Acesso em: 19 set. 2014.

●●● Síntese

O governo de Pombal
- Modernização de Portugal
- As reformas pombalinas
- A criação e o fim das Companhias de Comércio
- O afastamento de Pombal e a "viradeira"

Conjurações Mineira e Baiana
- Elites mineiras conspiram por república independente
- Presos após denúncia, conjurados mineiros são julgados e Tiradentes é condenado à forca
- Camadas pobres de Salvador conspiram contra Portugal
- Denunciados os conjurados baianos, só os mais pobres são presos e executados

A Corte portuguesa no Brasil
- Corte vem para o Brasil, fugindo de Napoleão
- Abertura dos portos
- O Tratado de Comércio e Navegação

A crise política luso-brasileira
- Portugueses e brasileiros insatisfeitos com atos de dom João
- Revolução Pernambucana proclama a República
- Tropas da Corte sufocam a revolução e executam os envolvidos
- Revolução Liberal toma o poder em Portugal e exige a volta do rei

A Independência do Brasil
- O Brasil apoia a Revolução Liberal
- Dom João VI retorna a Portugal
- O príncipe regente dom Pedro entra em conflito com as Cortes de Lisboa
- Dom Pedro proclama a Independência do Brasil

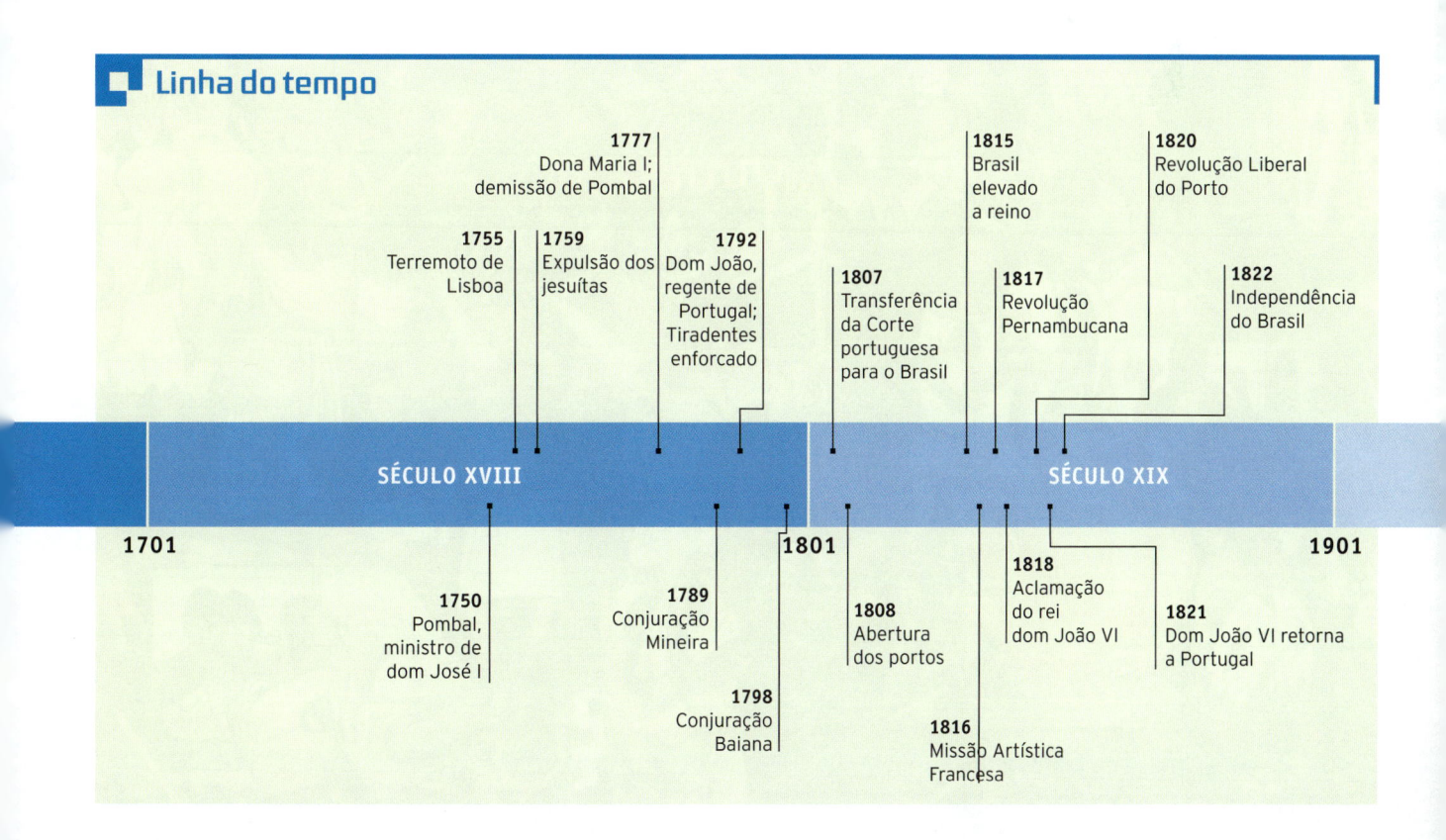

Linha do tempo

SÉCULO XVIII (1701 – 1801)
- 1750 – Pombal, ministro de dom José I
- 1755 – Terremoto de Lisboa
- 1759 – Expulsão dos jesuítas
- 1777 – Dona Maria I; demissão de Pombal
- 1789 – Conjuração Mineira
- 1792 – Dom João, regente de Portugal; Tiradentes enforcado
- 1798 – Conjuração Baiana

SÉCULO XIX (1801 – 1901)
- 1807 – Transferência da Corte portuguesa para o Brasil
- 1808 – Abertura dos portos
- 1815 – Brasil elevado a reino
- 1816 – Missão Artística Francesa
- 1817 – Revolução Pernambucana
- 1818 – Aclamação do rei dom João VI
- 1820 – Revolução Liberal do Porto
- 1821 – Dom João VI retorna a Portugal
- 1822 – Independência do Brasil

As invasões napoleônicas na Europa e as insatisfações nas colônias colocaram a Espanha em várias situações de conflito. Enquanto na Europa os espanhóis lutavam para retomar o poder, na América as elites locais queriam a independência política.

Entre os anos de 1810 e 1830 as lutas pela independência nas colônias americanas foram bem-sucedidas, e delas surgiram as diversas nações de língua espanhola que hoje compõem a América Latina.

Diego Rivera & Frida Kahlo Museums/México, 2008. Fotografia: ID/BR

A América Latina no século XIX

CAPÍTULO 2

O QUE VOCÊ VAI APRENDER

- A crise política na Espanha e em suas colônias
- A situação dos novos países após a independência
- A Revolução Mexicana

CONVERSE COM OS COLEGAS

1. A imagem ao lado é parte de um mural chamado *Epopeia do povo mexicano: história do México desde a conquista até 1930*, pintado pelo artista mexicano Diego Rivera, entre os anos de 1929 e 1931. Observe-o detalhadamente.
   a) Quais grupos sociais você consegue identificar?
   b) Que povos estão representados?
   c) Que grupo está retratado com mais destaque?
   d) No alto do painel, homens seguram uma faixa onde está escrita a mensagem em espanhol "terra e liberdade". Qual seria o sentido desse manifesto?

2. O artista retratou uma série de cenas e personagens da história do México. Você se recorda de algum momento histórico que tenha sido representado?

3. É possível observar diferenças entre a parte superior e a parte inferior do painel. Quais? O que cada uma das partes do painel representa?

O painel pintado por Diego Rivera pode ser visto no Palácio Nacional da Cidade do México.

MÓDULO 1

O poder espanhol abalado

Enquanto os espanhóis resistiam à invasão napoleônica na Europa, os vice-reinos espanhóis eram ameaçados por lutas pela independência na América.

●●● A Guerra da Sucessão e as reformas bourbônicas

No início do século XVIII, a Espanha enfrentou uma crise política pela sucessão de seu trono. O rei Carlos II não tinha herdeiros, mas manifestou em vida o desejo de que Filipe V, neto do rei francês Luís XIV, o sucedesse ao trono. No entanto, após a morte do rei espanhol, em 1700, duas casas reais passaram a disputar o trono: os **Bourbons**, que governavam a França e apoiavam Filipe V, e os **Habsburgos**, parentes de Carlos II e aliados de grupos espanhóis que temiam a presença francesa na península Ibérica.

Esse conflito foi chamado de **Guerra da Sucessão** (1701-1713), e terminou com Filipe V à frente do trono espanhol.

Nos governos de Filipe V (1700-1746) e de seus filhos, Filipe VI (1746-1759) e Carlos III (1759-1788), houve uma série de mudanças. Com isso, a administração do Estado ficou mais eficiente e a economia, mais rentável. Essa reorganização tinha base nos princípios iluministas.

As alterações mais radicais ocorreram no governo de Carlos III e ficaram conhecidas como **reformas bourbônicas**. As reformas previam a expulsão dos jesuítas da Metrópole e das colônias, pois eles eram acusados de impedir a modernização do Império espanhol. Foram criados dois novos vice-reinos – Nova Granada e Rio da Prata – para intensificar o controle sobre as colônias. Como medidas econômicas, houve aumento dos impostos e da fiscalização sobre as riquezas da América. O comércio entre as colônias foi liberado, desde que não houvesse concorrência com a Metrópole. Proibiu-se a produção de manufaturas nas colônias.

Representação de Carlos III em gravura, século XIX, autor desconhecido.

Louis-Michel van Loo. *Filipe V e sua família*, 1743. Óleo sobre tela. O rei Filipe é o primeiro homem sentado da esquerda para a direita.

••• A invasão napoleônica na península Ibérica

Em 1799 Napoleão Bonaparte assumiu o poder na França e, em pouco tempo, iniciou o projeto para expandir seu império pela Europa.

O exército napoleônico tomou a capital da Espanha, Madri, em 1808. Na ocasião, o recém-empossado rei Fernando VII, filho de Carlos IV e neto de Carlos III, foi deposto e levado para um castelo na França, onde ficou preso até 1814.

Durante esse período, o trono espanhol foi ocupado por José Bonaparte, empossado pelo irmão Napoleão como José I. O imperador francês também ordenou que seu exército submetesse toda a península Ibérica.

Francisco Goya. *El 2 de mayo de 1808 en Madrid*, 1814. Óleo sobre tela. Nesta obra, o pintor retratou uma das batalhas travadas na Espanha durante o domínio napoleônico.

A restauração da monarquia espanhola

Na Espanha e em suas colônias, houve resistência à autoridade de José I. Ainda em 1808, os espanhóis, com apoio dos ingleses, entraram em conflito com o exército francês. Em 1812, representantes das Cortes espanholas e dos vice-reinos no Novo Mundo promulgaram, na cidade espanhola de Cádiz, uma nova Constituição com características liberais. A nova Carta estabelecia leis iguais para todos os domínios da Espanha.

O Império napoleônico perdeu forças e, em 1814, chegava ao fim a longa guerra travada pela autonomia dos espanhóis. Após a expulsão dos franceses, a Coroa foi devolvida ao rei Fernando VII.

Porém, o novo rei ignorou o projeto liberal adotado em Cádiz. Apoiado pela Igreja e por setores conservadores, Fernando VII retomou com vigor a "recolonização da América". Tropas foram enviadas às colônias a fim de reforçar o monopólio comercial em suas possessões.

As medidas tomadas pelo rei causaram insatisfação, tanto para os liberais na Espanha quanto para a elite colonial. Essa situação acelerou o processo de desintegração dos vice-reinos e as lutas pela independência na América.

O rei Fernando VII, retratado por Francisco Goya, 1814. Óleo sobre tela.

●●● A insatisfação colonial

As reformas bourbônicas não agradaram às elites na América espanhola. As medidas conservadoras tomadas por Fernando VII aumentaram ainda mais esse descontentamento. As imposições da Coroa espanhola impulsionaram os movimentos em prol da emancipação política nas colônias.

À medida que a Coroa restringia a liberdade dos colonos, crescia a insatisfação nos domínios coloniais, principalmente em relação ao comércio com outras metrópoles. Essas restrições e a crise política pela qual passava a Espanha serviram para mostrar aos colonos que os laços que os uniam à Metrópole tinham se enfraquecido.

Somada a esses fatores estava a participação da Inglaterra, também em guerra contra a França napoleônica. Os ingleses pretendiam se aproximar das colônias espanholas, pois procuravam novos mercados para seus produtos industrializados.

Com a derrota definitiva de Napoleão, em 1815, a Inglaterra passou a apoiar mais diretamente as independências nas Américas. Os Estados Unidos também concederam seu apoio, visando aumentar suas relações comerciais com a América espanhola.

Enquanto os espanhóis direcionavam sua política para as questões internas e europeias, nas colônias americanas iniciavam-se as lutas por independência. Entre os anos de 1810 e 1825, grande parte da América espanhola conseguiu se emancipar e formar nações independentes.

> **Verifique o que aprendeu** ●●●
>
> 1. O que foram as reformas bourbônicas?
> 2. Por que Napoleão Bonaparte invadiu a Espanha em 1808?
> 3. Em que medida a Espanha ocupada pelos franceses fez aumentar o descontentamento nas colônias espanholas em relação à Metrópole?
> 4. Quem foi Tupac Amaru II?

A revolta de Tupac Amaru

Antes de se acirrar a crise entre Metrópole e colônias, eclodiu em 1780, no vice-reino do Peru, uma rebelião indígena que questionava a exploração espanhola. Esse movimento foi liderado por José Gabriel Condorcanquí, descendente dos incas, que se autodenominou Tupac Amaru II, uma referência ao último líder Inca, Tupac Amaru I.

Ao viajar por várias regiões do Peru, Tupac Amaru II conheceu as más condições de vida do povo. Contra a exploração da Metrópole, começou a organizar rebeliões que, aos poucos, se espalharam pela Colônia.

Após algumas vitórias importantes, Tupac Amaru II e seus aliados foram derrotados pelos espanhóis em sua cidade natal, Tungasuca.

O líder foi preso e obrigado a assistir à morte de toda a sua família. Depois foi esquartejado na Praça de Armas de Cuzco.

Tupac Amaru II, último líder do povo Inca, representado em cédula peruana, de 1977.

ATIVIDADES

1. Leia o texto abaixo.

   > Na primeira manhã do século XIX, a Espanha, a pátria-mãe, viu-se envolvida numa [...] contínua participação em guerras continentais e transcontinentais, que lhe esgotavam os recursos domésticos e a obrigavam, mais e mais, a voltar os olhos para as colônias, tendo em vista financiar o excesso de despesa com a tributação americana.
   > Carlos Fuentes. *O espelho enterrado*: reflexões sobre a Espanha e o Novo Mundo. Rio de Janeiro: Rocco, 2001. p. 238.

   a) O que significa a expressão: "Na primeira manhã do século XIX"?
   b) A quais guerras o texto se refere?
   c) Levando-se em conta o que você estudou, de que maneira a Espanha poderia extrair mais recursos de suas colônias?

2. Leia com atenção os trechos abaixo e responda às questões.

   > I) O que para a metrópole era desenvolvimento racional, as elites locais [da América] interpretavam como um ataque aos interesses locais.
   > John Lynch. As origens da independência na América espanhola. Em: Leslie Bethell (Org.). *História da América Latina*: da independência a 1870. São Paulo-Brasília: Imprensa Oficial-Edusp, 2001. v. III. p. 25.

   > II) O europeu, mais baixo e com menos educação e cultura, acredita ser superior ao branco nascido no Novo Mundo.
   > Alexander von Humboldt. Ensayo Político sobre el Reino de la Nueva España. 6. ed. México: Espanhola, 1941. v. II. p. 117. Em: Leslie Bethell (Org.). *História da América Latina*: da independência a 1870. São Paulo-Brasília: Imprensa Oficial-Edusp, 2001. v. III. p. 46.

   a) Do que trata o texto I?
   b) Do que trata o texto II?
   c) Qual é a relação existente entre os dois textos?
   d) Comente o fragmento de texto: "acredita ser superior ao branco nascido no Novo Mundo".
   e) A partir dos dois textos, explique como eles nos ajudam a entender a insatisfação de alguns setores da sociedade colonial espanhola com as medidas tomadas na Metrópole.

3. Em dupla, analisem o texto a seguir e registrem as conclusões no caderno.

   > O novo rei Bourbon, Felipe V, [...] iniciou um esforço que se estenderia por quase todo o século XVIII: modernizar o Império.
   >
   > Mas existiam os medos. Um deles sobrevoava os Andes havia anos: a rebelião indígena. Abalar o sistema colonial parecia também um perigoso convite a uma insurreição indígena, assustando tanto *criollos* como peninsulares.
   >
   > Desde o século XVI muitos focos de rebelião tinham se organizado na região. [...] No entanto, foi no século XVIII que a modernidade dos Bourbons provocou a maior reação. O aumento da carga de trabalho dos indígenas, a corrupção dos corregedores, o trabalho exaustivo nas *obrajes* e nas minas foram semeando o foco de rebelião.
   > Leandro Karnal. Um mundo às vésperas do colapso. Revista *História Viva*, São Paulo, Duetto, ano V, n. 48, p. 42-44, out. 2007.

   a) Após ler o texto acima, com quais conteúdos do capítulo, em sua opinião, ele se relaciona?
   b) Que referências do texto ajudaram vocês a relacioná-lo com os conteúdos do capítulo?
   c) Segundo o texto, que consequências as reformas modernizadoras de Filipe V poderiam trazer para as colônias espanholas na América?

MÓDULO 2

As independências na América espanhola

Além de todas as regras impostas pela Metrópole, as questões internas das colônias também contribuíram para as lutas pela emancipação. Assim, os diversos contextos sociais e políticos das colônias determinaram diferentes processos de independência.

••• A independência mexicana

O vice-reino da Nova Espanha, cujo território correspondia aos atuais México, parte da América Central e sul dos Estados Unidos, contou com intensa participação popular em seu processo de independência.

A partir de 1810, os padres **Miguel Hidalgo** e **José María Morelos** lideraram movimentos populares que visavam não só à emancipação política, mas também à distribuição de terras e ao fim das desigualdades sociais. As rebeliões se alastraram pela Colônia. Todas as manifestações foram duramente reprimidas, e Hidalgo e Morelos foram presos e executados.

A consolidação da independência

Mesmo com a derrota dos dois líderes, o clima de insatisfação era evidente em toda a Colônia. Temendo outras revoltas populares e a perda do poder, os crioulos e os chapetones, que também questionavam a dominação espanhola, tomaram o controle do processo de independência.

Em 1820, o líder crioulo Agustín de Iturbide elaborou o **Plano de Iguala**, com base na constituição liberal de Cádiz. De acordo com o Plano, seria decretada a independência da Nova Espanha, tornando-a uma monarquia católica constitucional, com um rei espanhol, indicado pelo monarca de Madri. Uma vez decretada a independência, não haveria distinção entre espanhóis e mexicanos.

O monarca espanhol, Fernando VII, não concordou com o Plano e não designou ninguém para o trono mexicano. Assim, Iturbide proclamou-se, em 1821, imperador do México. Estava declarada a independência.

O governo Iturbide durou pouco. Com características autoritárias, o imperador era contestado por líderes de diferentes regiões do país. Em 1823, Iturbide foi deposto e, no ano seguinte, foi executado. Uma nova Constituição foi elaborada e o México se tornou uma república federativa.

> **GLOSSÁRIO**
>
> **Chapetones:** espanhóis que se transferiram para a América e tinham o controle sobre o poder local ou ocupavam altos cargos da administração pública colonial.
>
> **Crioulos:** elite colonial composta de americanos descendentes de espanhóis. Eram latifundiários, comerciantes, profissionais liberais e membros do baixo clero.

Detalhe de mural de Diego Rivera, *A epopeia do povo mexicano*, representando a guerra da Independência do México, exposto no Palácio Nacional, Cidade do México, México. O padre Hidalgo aparece retratado no centro da imagem.

A independência de Nova Granada

O processo de independência do vice-reino de Nova Granada, que hoje corresponde a Colômbia, Venezuela, Panamá e Equador, foi liderado pela elite econômica local. Isso porque, para os grandes comerciantes que atuavam na Colônia, a dominação espanhola significava um impedimento para a conquista de mercados consumidores nos Estados Unidos, Caribe e Europa. Sem a interferência da Espanha e contando com uma posição geográfica estratégica, Nova Granada poderia praticar o comércio direto com essas regiões.

Em 1810, em meio à crise do governo espanhol, formaram-se juntas compostas de pessoas influentes em cada localidade que passaram a responder pelo poder político nas principais cidades coloniais. E assim foi dado o primeiro passo rumo à emancipação das colônias espanholas na América. Seus membros alegavam que, enquanto o rei Fernando VII fosse prisioneiro de Napoleão, não deviam qualquer obediência a Madri.

A Junta de Caracas, no vice-reino de Nova Granada, instalou um Congresso, que proclamou a independência da **Venezuela** em 1811. Essa república era federalista, ou seja, concedia autonomia para as províncias do país. Tal sistema foi criticado pelo líder revolucionário **Simón Bolívar**, que defendia um Estado centralizado e único.

A campanha de Simón Bolívar

Bolívar sofreu a resistência dos **realistas**, partidários do rei da Espanha. Esse grupo se articulou com lideranças locais. Travou-se, então, um conflito entre realistas e **patriotas**, ou seja, aqueles que lutavam pela independência.

As tropas de Bolívar receberam reforços de indígenas, negros e mestiços. Somente em 1819 o exército bolivariano garantiu a vitória dos patriotas. O líder, então, proclamou a independência definitiva da região, que passou a se chamar **Grã-Colômbia**. Em 1821, a Venezuela foi também incorporada. Mas a unidade hispano-americana idealizada por Bolívar não durou muito. Em 1830, a Grã-Colômbia já estava dividida em Colômbia, Venezuela e Equador.

> **Simón Bolívar**
>
> Descendente de uma importante família de Caracas, Simón Bolívar viajou pela Europa, conheceu as ideias iluministas e jurou que libertaria sua pátria do domínio espanhol.
>
> Seu sonho era formar uma América forte e unida, e não fragmentada em vários Estados, para um povo que falava a mesma língua, possuía costumes semelhantes e professava a mesma religião.
>
> Simón Bolívar retratado por Antonio Salguero. Óleo sobre tela, c.1895.

Martín Tovar y Tovar. *A batalha de Carabobo*, 1887. Detalhe de óleo sobre tela. Essa batalha foi decisiva para a derrota dos realistas em 1821.

●●● A independência do Rio da Prata e do Peru

A independência do vice-reino do Rio da Prata – atuais Argentina, Paraguai, Bolívia e Uruguai – também foi articulada pela elite. Assim como em Nova Granada, havia ali um conflito de interesses entre a elite local e a Coroa espanhola.

Em 1810, a Junta de Buenos Aires, localizada na atual Argentina, declarou seu apoio ao rei espanhol, porém, iniciou um movimento contra o vice-rei. Este entregou seu cargo, e o poder passou a ser exercido pela Junta.

A Junta, liderada por Cornelio Saavedra, era composta de membros de diferentes vertentes políticas. Essa formação contribuiu para que ocorressem várias disputas internas. Muitas regiões do interior do vice-reino se voltaram contra Buenos Aires, temendo que a economia local ficasse subordinada àquela cidade.

A luta de San Martín

O general argentino José de **San Martín** – que já havia enfrentado os franceses na Espanha – chegou a Buenos Aires em 1812 e se integrou às tropas que lutavam pela independência. Logo ele percebeu que, para garantir a emancipação da Argentina, seria necessário libertar também as regiões interioranas, assim como o vice-reino do Peru.

San Martín liderou várias batalhas, apoiado por forças militares que se opunham à administração que representava a Coroa espanhola no território colonial. Argentina, Chile e Peru conquistaram, por fim, sua emancipação política.

Na região do Alto Peru – pertencente ao vice-reino do Rio da Prata, atual Bolívia – persistiam os realistas. Após a conquista da independência do Chile, as tropas de San Martín cercaram a cidade de Lima, capital do vice-reino do Peru. Em 1821 os realistas foram definitivamente vencidos e foi proclamada a independência peruana.

Porém, a região do Alto Peru declarou-se livre em 1825 e adotou o nome de Bolívia, em homenagem a Simón Bolívar, o grande líder da independência das colônias espanholas na América.

> **Verifique o que aprendeu** ●●●
> 1. Que papel desempenharam os padres Hidalgo e Morelos no processo de independência mexicano?
> 2. O que foi o Plano de Iguala?
> 3. O que eram as Juntas? Que importância tiveram no processo de independência dos domínios coloniais espanhóis na América?
> 4. Qual era o ideal de Bolívar?
> 5. Cite quais foram os países criados após as lutas de independência lideradas por San Martín.

Johann Moritz Rugendas. *A catedral e a praça Maior de Lima*, 1843. Óleo sobre tela. Na obra, vemos um retrato da sociedade peruana após a independência.

ATIVIDADES

1. Analise os processos de independência na América espanhola e compare:
   a) O que os movimentos pela independência ocorridos nos vice-reinos do Rio da Prata e de Nova Granada tiveram em comum?
   b) Explique por que, no vice-reino de Nova Espanha, a declaração de independência ocorreu de maneira diferente, comparada aos outros dois vice-reinos citados.
   c) Qual a relação entre as independências dos vice-reinos do Rio da Prata e do Peru?

2. Leia o texto abaixo.

   > A independência sul-americana é iniciada por um grande movimento continental: San Martín liberta metade do continente, Bolívar a outra metade. Criam-se grandes Estados, confederações, [...]. Pensa-se que a emancipação da Espanha não acarretará o desmembramento do mundo hispânico. Em pouco tempo, a realidade faz em pedaços todos estes projetos. O processo de desagregação do império espanhol mostrou-se mais forte que a clarividência [desejo da unidade pan-americana] de Bolívar.
   >
   > Octavio Paz. *O labirinto da solidão* e post scriptum. Rio de Janeiro: Paz e Terra, 1984. p. 109-110.

   Segundo o texto, San Martín e Bolívar libertaram, cada um, uma metade da América do Sul. A quais metades ele está se referindo?

3. Observe os mapas a seguir.

   MAPA 1: DIVISÃO ADMINISTRATIVA DA AMÉRICA ESPANHOLA NO SÉC. XVIII

   Fonte de pesquisa: *Atlas histórico escolar*. Rio de Janeiro: FAE, 1973. p. 59.

   MAPA 2: MAPA POLÍTICO DA AMÉRICA LATINA NA ATUALIDADE

   Fonte de pesquisa: *Atlas geográfico escolar*. Rio de Janeiro: IBGE, 2007. p. 32.

   a) Comparando os dois mapas, quais são as diferenças mais evidentes entre eles?
   b) Relacione no caderno os vice-reinos do Período Colonial com os países atuais correspondentes.

   (1) Vice-reino do Rio da Prata
   (2) Vice-reino de Nova Espanha
   (3) Vice-reino do Peru
   (4) Vice-reino de Nova Granada

   - Peru e norte da Bolívia
   - Colômbia, Venezuela, Equador e Panamá
   - México, parte da América Central e sul dos Estados Unidos
   - Argentina, Uruguai, Bolívia e Paraguai

ARTE e CULTURA

A representação da América Latina na pintura

A expressão da identidade latino-americana acentuou-se a partir da segunda metade do século XIX, culminando com as independências na América espanhola. Nas artes plásticas, a busca por traços culturais comuns aos povos da América impulsionou os artistas a representar elementos próprios de seus países, como a formação de suas sociedades.

No século XIX e início do XX, a cidade de Buenos Aires recebeu um grande número de imigrantes de várias partes do mundo. Nem todos conseguiam trabalho imediatamente. *A sopa dos pobres*, óleo sobre tela de Reinaldo Giudici, pintor de origem italiana radicado na América Latina, datada de 1884, retrata esse momento histórico.

Cortés e Malinche, 1925. Detalhe de mural do antigo Colégio de San Ildefonso, na Cidade do México. Neste trabalho, o artista mexicano José Clemente Orozco evidencia a dupla matriz cultural dos mexicanos, simbolizada na figura do conquistador espanhol Hernán Cortés e da nativa Malinche, representados como Adão e Eva.

Pedro Figari. *Candomblé*, 1921. Óleo sobre tela. O pintor uruguaio destacou nesta tela danças e ritmos afro-americanos, traços culturais muito presentes na formação das identidades latino-americanas.

■ Atividades

1. Observe as imagens desta página e da página anterior. Repare no que cada uma representa e nos detalhes destacados pelos artistas. Leia também as legendas. Depois, construa um quadro no caderno, identificando:
    a) o nome da obra;
    b) o artista que a confeccionou;
    c) quando ela foi feita;
    d) o que está retratando.

2. O que elas têm em comum?

3. O que elas têm de diferente?

4. Agora é a sua vez. Com base no que você já sabe sobre a formação do povo latino-americano, faça um desenho para representá-la. Para isso, siga as orientações:
    a) Use uma folha A4 para confeccionar o seu desenho.
    b) Represente pessoas e faça também um cenário. Utilize a técnica que julgar mais interessante.
    c) Ao finalizar o desenho, crie um título para ele. Em uma etiqueta, anote seu nome, o título da obra e a data em que ela foi feita. Cole a etiqueta no canto superior esquerdo do seu desenho.

5. Com o professor, organize um mural para expor todos os trabalhos da classe.

MÓDULO 3

A América Latina independente

Mesmo após a independência, a realidade dos novos Estados americanos manteve-se praticamente inalterada. A economia continuava dependente do comércio com países mais ricos, como a Inglaterra. E a liberdade política, idealizada pelos libertadores, não se concretizou.

••• A dependência como regra

Após a emancipação política, a estrutura social dos países americanos continuava semelhante àquela da época colonial. Deve-se isso, sobretudo, ao fato de os processos de independência terem sido liderados pelas elites. Não interessava a esses grupos promover mudanças sociais ou econômicas.

A aristocracia continuava ligada à produção rural, e a emancipação não trouxe melhorias sociais para os pequenos comerciantes, para os indígenas ou para os trabalhadores em geral.

Esse quadro social contribuía com o perfil econômico adotado pelas elites dos países independentes: de ampliação da produção agrícola interna destinada à exportação e de compra dos produtos industrializados, principalmente dos ingleses.

Mas tal opção tinha um preço alto. Como a maior parte das regiões não possuía manufaturas ou indústrias, e seus produtos eram basicamente matérias-primas de menor valor, a relação comercial era sempre desfavorável e as novas nações gastavam muito mais do que lucravam. Além disso, os produtos dos países americanos competiam entre si.

Assim, a dependência econômica dos países americanos em relação aos grandes centros financeiros se manteve. Os estrangeiros eram os que lucravam mais. Somente os grandes proprietários de terras conseguiram enriquecer, tornando-se figuras políticas importantes.

> **O direito de participar**
>
> Em muitas regiões da América espanhola a independência era um anseio popular. Porém, as elites assumiram a luta e o poder.
>
> **I.** Discuta com seus colegas sobre o papel que as elites podem assumir em uma luta política e as perdas que há quando não existe envolvimento popular nas decisões políticas de uma nação.

O artista mexicano Diego Rivera mostra no mural *Sonho de uma tarde de domingo na Alameda Central,* de 1947-1948, o tradicionalismo e a mestiçagem que caracterizaram o México desde a colônia. Museo Mural Diogo Rivera, Cidade do México, México.

●●● Caudilhismo

O contexto socioeconômico pós-independência permitiu o surgimento na América de um fenômeno político chamado **caudilhismo**.

O vazio político que ficou após a conquista da independência dos países latino-americanos foi ocupado por membros das oligarquias agrárias locais ou pelos militares que haviam se destacado durante as guerras.

Na Venezuela, por exemplo, a fim de obter o apoio de forças militares, Simón Bolívar prometia a distribuição de terras aos soldados que lutavam nas batalhas. Mas, de fato, quem cobrou o cumprimento das promessas foram os oficiais do exército, que se tornaram grandes proprietários de terra.

Os latifundiários e militares que passaram a controlar o poder político foram chamados de **caudilhos**. Eles defendiam apenas os próprios interesses, exercendo influência política na sua região, antes mesmo que os países independentes pudessem se organizar.

O caudilhismo na Argentina e no México

Na Argentina, o caudilho mais expressivo foi **Juan Manuel de Rosas** (1793-1877). Líder político e governador da província de Buenos Aires por mais de vinte anos, Rosas submeteu outros caudilhos à sua autoridade, facilitando, assim, a unidade e o desenvolvimento econômico da nação argentina. Entretanto, esses objetivos foram alcançados com práticas políticas autoritárias.

Rosas perseguia os adversários políticos, chegando a confiscar seus bens. Empreendeu o avanço das áreas de criação de gado, base da economia nacional, em terras obtidas nas guerras contra os indígenas. Rosas era apoiado pelos grandes proprietários e criadores de gado.

Juan Manuel de Rosas, litogravura argentina, autor desconhecido, c. 1890.

Porfirio Díaz (1830-1915) foi presidente do México por 35 anos, de 1876 a 1910. O militar mexicano, que havia participado de importantes lutas contra tentativas estrangeiras de dominar o país, conseguiu promover o crescimento econômico mexicano. Em seu governo, Díaz incentivou os investimentos estrangeiros na mineração, construiu quase 20 mil quilômetros de ferrovias e impulsionou a colonização de terras.

A tática política de Porfirio Díaz era a repressão aos opositores e a proibição de manifestações de trabalhadores do campo e da cidade. Estes protestavam contra as insatisfatórias condições de trabalho e a sujeição da economia mexicana ao capital internacional. Além disso, com as empresas de mineração nas mãos de estrangeiros, os salários mais altos eram pagos aos não mexicanos, o que gerava descontentamentos.

O presidente do México, Porfirio Díaz, em c. de 1890.

A Revolução Mexicana

Depois de se manter no poder por meio de reeleições, Porfirio Díaz anunciou, em 1908, que não se candidataria mais. Para evitar a ascensão de um novo Governo ditatorial, seus opositores formaram comitês para defender propostas democráticas, como a alternância no poder com mandatos fixos e eleições periódicas.

Francisco Madero, advogado e proprietário rural, candidatou-se à presidência, apoiado por algumas lideranças camponesas, como **Emiliano Zapata** e **Pancho Villa**. Os camponeses reivindicavam a reforma agrária e a garantia da posse comunal das terras.

Foto do exército revolucionário de Pancho Villa e Emiliano Zapata. México, c. 1910.

As eleições ocorreriam em 1910, mas Madero e seus correligionários foram surpreendidos com o anúncio de uma nova candidatura de Porfirio Díaz. Demonstrando que não podia ver sua autoridade contestada, Díaz ordenou a prisão de Madero. Este fugiu para os Estados Unidos, não reconheceu o novo Governo de Díaz e conclamou uma insurreição popular em maio de 1911. Era o início da **Revolução Mexicana**.

Com o apoio dos camponeses (cerca de 85% da população), os partidários de Madero iniciaram a luta. Diante dessa situação, Porfirio Díaz renunciou ao cargo. Francisco Madero foi eleito em outubro de 1911.

O governo de Madero, porém, manteve a mesma estrutura política de Porfirio Díaz. A prometida reforma agrária não ocorreu e os camponeses consideraram-se traídos. Com isso, o Governo perdeu o apoio de alguns setores sociais. Os líderes Zapata e Villa revoltaram-se e mobilizaram novas tropas.

Os revolucionários: Carranza, Zapata e Villa

Temendo o êxito das forças populares, o general mexicano Victoriano Huerta, apoiado pelos Estados Unidos, tomou o poder depois de prender Madero, que acabou sendo assassinado em 1913.

Huerta assumiu o Governo como um ditador, levando a oposição a se unir novamente. O político **Venustiano Carranza**, com a ajuda de Zapata e Pancho Villa, conseguiu derrubar Huerta e assumiu o Governo mexicano em 1914.

Carranza priorizou as reformas políticas, mas não as sociais. Os camponeses posicionaram-se contra o Governo e teve início uma luta entre as forças chamadas constitucionalistas, lideradas por Carranza, os zapatistas e os villistas. Carranza venceu e os camponeses perderam sua força nacional, que ficou restrita a algumas regiões do norte e do sul do México. A revolução provocou a morte de quase um milhão de pessoas.

Verifique o que aprendeu

1. Após as independências, qual era a situação econômica dos países latino-americanos?
2. O que foi o caudilhismo?
3. Como Porfirio Díaz lidou com as reivindicações trabalhistas?
4. Como se iniciou a Revolução Mexicana?
5. Quem foi Emiliano Zapata?

ATIVIDADES

1. O texto a seguir trata do significado do termo caudilho.

   > Segundo o historiador Jorge Myers, a partir da segunda metade do século XIX, houve uma mudança na concepção do que seria o caudilho. De um sentido neutro, associado a líder ou capitão, o termo caudilho passou a ser entendido como "autoritário", "personalista" e dotado de força bárbara, contrária aos projetos republicanos.
   >
   > Noemí Goldman; Ricardo Salvatore (Org.). *Caudillismos rioplatenses*: nuevas miradas a un viejo problema. Buenos Aires: Eudeba, 2005. p. 83-100 (traduzido pelos autores).

   a) Segundo a autora, que novos sentidos a palavra adquiriu?
   b) Com base no que você estudou, por que você acha que ocorreu essa mudança de concepção durante o século XIX?

2. A imagem abaixo é uma reprodução do fragmento "O povo pega em armas", da pintura em mural *Do Porfirismo à Revolução*, de David Alfaro Siqueiros. Essa obra foi concluída em 1966 e pode ser vista no Museu Nacional de História do México, na Cidade do México. Observe-a atentamente e, em seguida, responda.

   a) Que episódio da história mexicana o fragmento retrata?
   b) Quais elementos contidos na imagem ajudaram você a chegar a tal conclusão?
   c) Considerando que a imagem corresponde a apenas um fragmento do mural e que a obra completa se chama *Do Porfirismo à Revolução*, que outros momentos da história mexicana podem ter sido representados nesse mural? Retome os conteúdos estudados e, em dupla, criem mais duas cenas que poderiam compor o mural.

   Fragmento do mural *Do Porfirismo à Revolução*.

3. Observe a fotografia ao lado e responda às questões.
   a) Como você interpreta a mensagem do cartaz?
   b) O homem retratado no cartaz é Emiliano Zapata. Por que a imagem do líder mexicano aparece destacada?
   c) Em sua opinião, a mensagem do cartaz poderia ter sido elaborada durante o período das lutas de independência, ou mesmo na época da Revolução Mexicana? Justifique.

   México, março de 2001. Pessoas realizam o itinerário feito por Zapata em 1914. A mensagem do cartaz diz: "Pelo reconhecimento constitucional dos direitos e da cultura indígena".

APRENDER A...

Interpretar um documento oficial

Entre as fontes de pesquisa à disposição dos historiadores estão os documentos oficiais. Trata-se de leis, decretos, certidões de cartórios, atas das Câmaras e do Senado, relatórios de secretarias de governo, entre outros, produzidos por algum órgão governamental com a intenção de registrar acontecimentos políticos, militares, jurídicos e diplomáticos.

Vamos examinar o trecho de um documento produzido no México no início do século XX.

■ Identificação do documento

A leitura de um documento histórico oficial deve sempre ser iniciada por sua identificação. O trecho apresentado a seguir é parte de um decreto. Leia-o com o objetivo de:

1. Localizar a data e o local em que o decreto foi assinado.
2. Identificar o assunto do documento.
3. Localizar informações que permitam saber quem foi Venustiano Carranza, o cargo que ocupava e o que pretendia com o decreto.

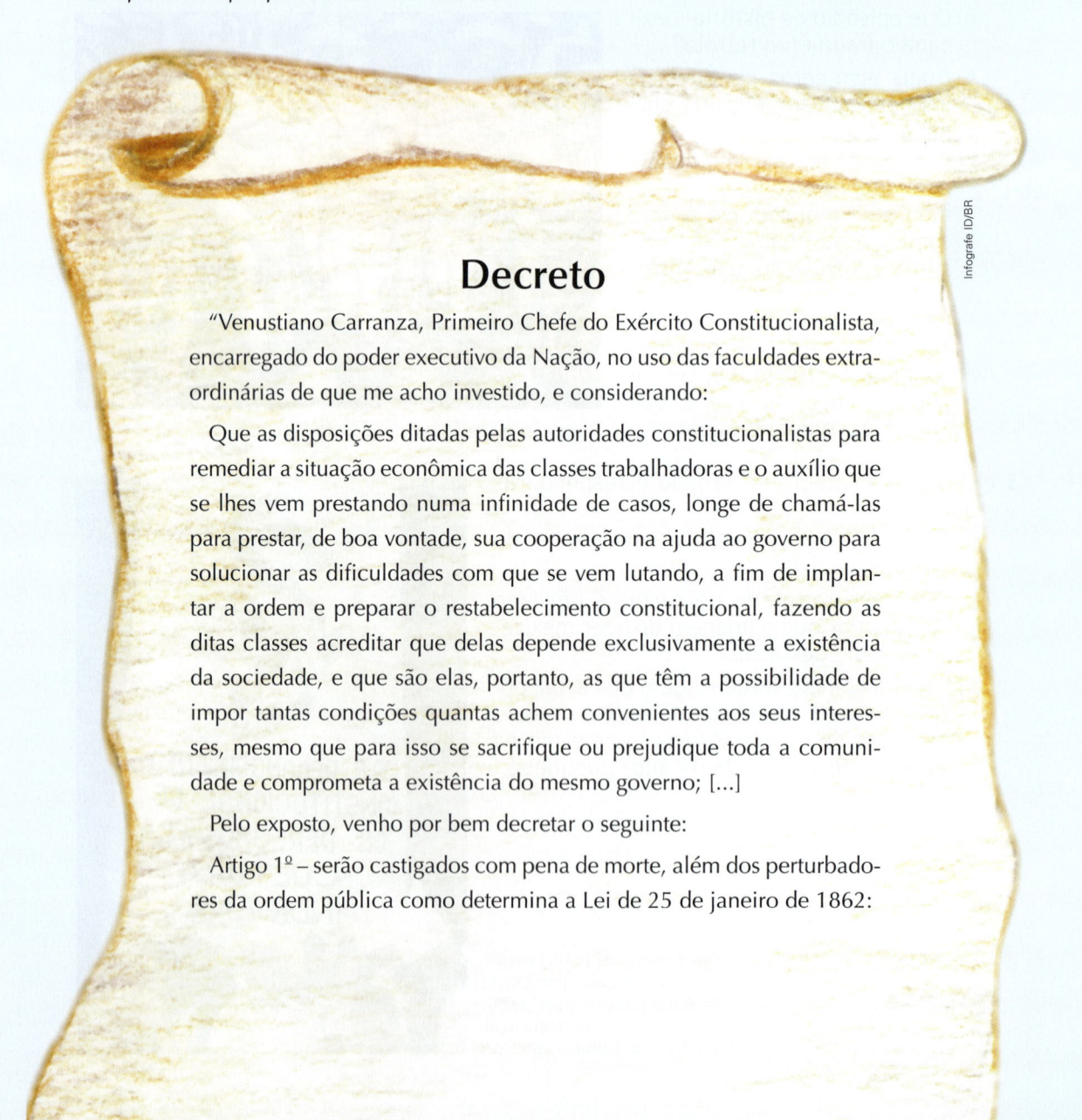

Decreto

"Venustiano Carranza, Primeiro Chefe do Exército Constitucionalista, encarregado do poder executivo da Nação, no uso das faculdades extraordinárias de que me acho investido, e considerando:

Que as disposições ditadas pelas autoridades constitucionalistas para remediar a situação econômica das classes trabalhadoras e o auxílio que se lhes vem prestando numa infinidade de casos, longe de chamá-las para prestar, de boa vontade, sua cooperação na ajuda ao governo para solucionar as dificuldades com que se vem lutando, a fim de implantar a ordem e preparar o restabelecimento constitucional, fazendo as ditas classes acreditar que delas depende exclusivamente a existência da sociedade, e que são elas, portanto, as que têm a possibilidade de impor tantas condições quantas achem convenientes aos seus interesses, mesmo que para isso se sacrifique ou prejudique toda a comunidade e comprometa a existência do mesmo governo; [...]

Pelo exposto, venho por bem decretar o seguinte:

Artigo 1º – serão castigados com pena de morte, além dos perturbadores da ordem pública como determina a Lei de 25 de janeiro de 1862:

1º aqueles que incitem a suspensão do trabalho nas fábricas ou nas empresas destinadas a prestar serviços públicos, ou a propaguem; aqueles que presidam reunião com a finalidade de propô-la [...]; aqueles que a defendam e a sustentem [...]; aqueles que assistam a tais reuniões [...].

2º aqueles que por motivo de suspensão do trabalho nas fábricas ou nas empresas mencionadas [...] destruírem ou deteriorarem os objetos, máquinas, mercadorias, etc. de propriedade das empresas [...]; aqueles que com o mesmo objetivo provoquem tumultos públicos [...], exerçam pressão sobre qualquer pessoa ou sobre os bens de qualquer cidadão [...].

3º aqueles que com ameaças ou pela força impeçam que outras pessoas executem serviços que vinham prestando nas empresas nas quais se tenha declarado a greve. [...]

Elaborado na Cidade do México, em 1º de agosto de 1916.

Venustiano Carranza."

Decreto antitrabalhista de Carranza, de 1º de agosto de 1916. Citado por: Arnaldo Córdova. La ideología de la Revolución Mexicana... p. 462-464. Em: SE/CENP. *Coletânea de documentos de história da América para o 2º grau*: 1ª série. São Paulo, 1985. p. 102-103.

■ Contextualização de sua produção

Além de identificar os dados básicos dos documentos, é fundamental conhecer o contexto histórico em que ele foi escrito. Para compreender esse documento mais profundamente é necessário entender:

4. O que levou Carranza a baixar esse decreto.
5. As características do momento histórico em que ele foi escrito.
6. Por que Carranza está perseguindo os trabalhadores.

Para obter respostas a esses três itens, retome o que você estudou sobre a Revolução Mexicana, iniciada em 1910, da qual nasceu o governo a que Carranza pertenceu. Pesquise também outras informações sobre o tema.

7. Depois de obter informações sobre o contexto histórico do documento, organize os dados que você conseguiu e escreva um texto informativo sobre:
   a) as motivações de Carranza;
   b) as características do momento histórico em que o decreto foi escrito;
   c) o porquê da perseguição aos trabalhadores.

8. Comente com os colegas as impressões que o documento lhe causou.

DOSSIÊ

A participação das mulheres nas lutas pela independência da América Latina

Muitas mulheres tomaram parte nas lutas pela independência dos países latino-americanos. Algumas atuavam politicamente, outras acompanhavam seus maridos nas campanhas militares, às vezes levando os filhos junto. Como o abastecimento das tropas era precário, algumas mulheres cozinhavam, lavavam e costuravam para os soldados em troca de remuneração.

[...] [Havia] mulheres-soldados que pegaram em armas para conseguir a libertação das colônias. [...]

[...] Os exemplos começam por uma das filhas de Hidalgo, que o acompanhou desde o princípio, vestida no uniforme dos oficiais insurgentes. Manuela Eras y Gandarillas e Josefa Montesinos, ambas de Cochabamba, participaram de várias ações armadas, incluindo um audacioso ataque ao quartel dos veteranos realistas em 1815; conta-se que Manuela, ao ver aproximar-se um ataque à cidade, notando certa vacilação por parte do pequeno grupo de soldados, teria afirmado "Si ya no hay hombres, aqui estamos nosotras, para afrontarnos al enemigo, y morir por la patria" [Se já não há homens, aqui estamos nós, para enfrentar o inimigo e morrer pela pátria].

[...] Juana Azurduy de Padilha, nascida em Chuquisaca (hoje Sucre [no Peru]), em 1780, [...] junto com o marido, homem de posses e dono de fazendas, liderava um grupo de guerrilheiros. Lutando pela independência, participou de 23 ações armadas, algumas sob seu comando [...]. Ganhou fama por sua coragem e habilidade, chegando a obter a patente de tenente-coronel. Havia um grupo de mulheres, chamado "las amazonas", que a acompanhava nos combates. [...]

[...] Manuela Sáenz, filha ilegítima de uma mestiça e um espanhol, [...] passou para a história como amante do líder máximo das lutas pela independência. Casada com um médico inglês, separou-se dele para acompanhar Bolívar. [...] Cuidou dos arquivos de Bolívar em sua estada no Peru, escreveu cartas que ele ditava e salvou-o, segundo testemunhos diversos, de duas tentativas de assassinato. [...]

Há várias narrativas sobre outro tipo de participação das mulheres, por exemplo, as que trabalhavam como mensageiras, levando informações para os insurgentes. [...] Os realistas não hesitaram em executar aquelas que eram consideradas traidoras.

Em Nova Granada, Policarpa Salavarrieta, La Pola, [...] De família simples, trabalhava como costureira. [...] Pela própria profissão, costumava frequentar casas de famílias de posses – muitas realistas –, colhendo, dessa maneira, informações sobre as tropas do rei, já que se falava livremente na frente daquela jovem e "inofensiva costureirinha". [...]

No México, a "mensageira" mais famosa é Josefa Ortiz de Dominguez [...]. Ela e o marido tinham ligações com os conspiradores que pretendiam iniciar a rebelião pela independência; ao tomar conhecimento de que a rebelião fora denunciada e os conspiradores iam ser presos, fez que a notícia chegasse até eles [...].

[...]

Essas são apenas algumas indicações do elevado número de registros sobre as atividades políticas das mulheres no período da independência.

Manuela Sáenz. Ilustração feita com lápis e aquarela sobre papel.

[...] Em toda a América Latina, o número de mulheres que pegou em armas é surpreendente; mas a maneira mais usual de atuar se concretizava por meio de uma rede de conhecimentos e lealdades – que incluía os empregados domésticos das pessoas mais ricas – em que passavam informações, espalhavam notícias, escondiam fugitivos dos realistas, cuidavam dos feridos, financiavam armamentos ou compravam até mesmo máquinas tipográficas, ou por meio de encontros em salões (das mulheres mais abastadas) onde se discutia política. Enfim, uma teia em que as mulheres tiveram um papel fundamental, arriscando-se e sendo muitas vezes perseguidas e punidas com a prisão ou a morte.
[...]

Maria Lígia Coelho Prado. A participação das mulheres nas lutas pela independência política da América Latina. Em: *América Latina no século XIX*: tramas, telas e textos. São Paulo: Edusp, 2004. p. 29-51.

Josefa Ortiz de Dominguez. Ilustração feita com lápis e aquarela sobre papel.

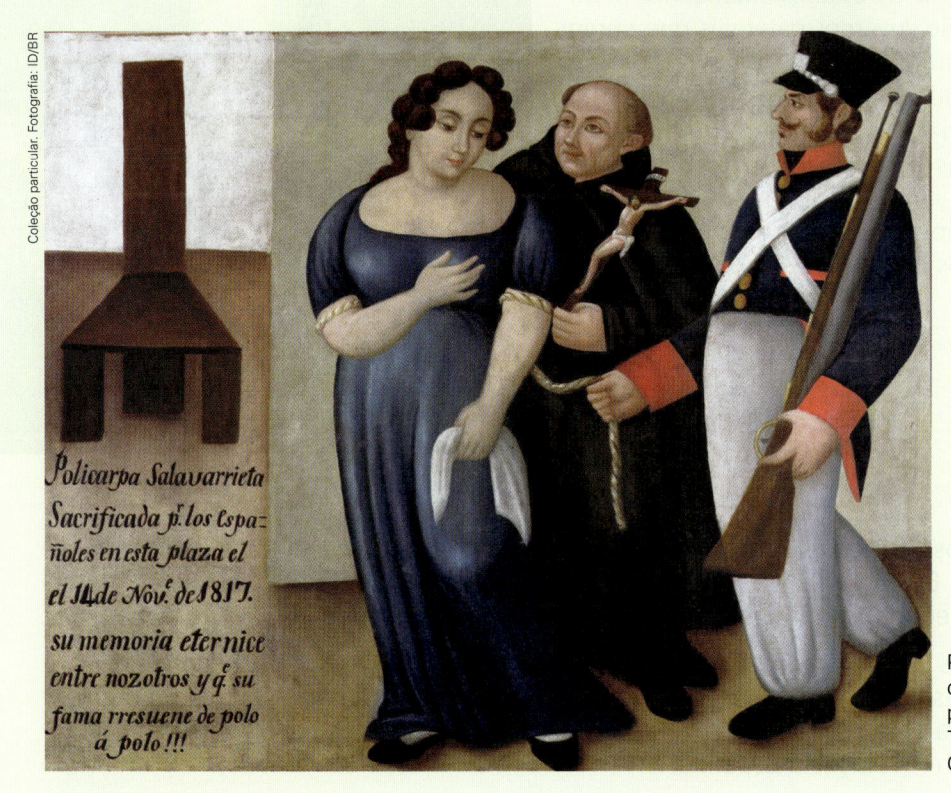

Policarpa Salavarrieta a caminho de ser sacrificada pelos espanhóis em 1817. Tela anônima do século XIX. Óleo sobre tela.

■ Discussão sobre o texto

1. De que maneiras as mulheres participaram do processo de independência?
2. Em quais situações você acredita que as mulheres tenham se arriscado mais? Justifique sua opinião.
3. De acordo com o texto, a participação das mulheres foi importante para os movimentos de independência da América Latina? Justifique.

FAZENDO HISTÓRIA

A Carta da Jamaica

O texto a seguir foi retirado de uma carta que Simón Bolívar escreveu em 1815, época em que esteve refugiado na Jamaica, uma ilha localizada na América Central. Esse documento recebeu o nome de Carta da Jamaica e se tornou um dos escritos mais famosos do líder político, nascido em Caracas (capital da atual Venezuela), em 1783.

> [...] O sucesso coroará nossos esforços porque o destino da América fixou-se irrevogavelmente; o laço que a unia à Espanha está cortado: a opinião era toda sua força, por ela estreitavam-se mutuamente as partes daquela imensa monarquia; o que antes as atava agora as divide; maior é o ódio que a Península nos inspirou que o mar que dela nos separa; menos difícil é unir os dois continentes que reconciliar os espíritos de ambos.
>
> [...]
>
> Desejo, mais do que ninguém, ver formar-se na América a maior nação do mundo, menos por sua extensão e riquezas que por sua liberdade e glória. Embora anseie pela perfeição do governo de minha pátria, não consigo me convencer de que o Novo Mundo seja, no momento atual, regido por uma grande república; [...]. Os Estados americanos precisam dos cuidados de governos paternais que curem as feridas do despotismo e da guerra. [...]
>
> É uma ideia grandiosa pretender formar de todo o Novo Mundo uma só nação com um único vínculo que ligue suas partes entre si e com o todo. Por ter uma só origem e língua, mesmos costumes e uma única religião, deveria ter um único governo que confederasse os diferentes Estados que venham a formar-se; [...].

Simón Bolívar. *Escritos políticos*. Campinas: Ed. da Unicamp, 1992. p. 54-55, 67, 72.

Simón Bolívar, em retrato atribuído a Antonio Salas, 1829. Óleo sobre tela.

1. Que argumentos Bolívar usou para justificar a formação de uma única nação na América? E por que Bolívar não estava convencido de que o Novo Mundo pudesse, naquele momento, ser regido por uma única República?

2. Ao mencionar os laços entre a Espanha e a América, o que Bolívar quis dizer com a expressão: "o que antes as atava agora as divide"? Retire do texto uma passagem em que o líder político recorre a uma imagem poética para explicar o descontentamento dos revolucionários americanos em relação à Espanha.

3. Com base no que você estudou neste capítulo, responda o que Simón Bolívar quis dizer com a frase: "O sucesso coroará nossos esforços porque o destino da América fixou-se irrevogavelmente". A que destino Bolívar se refere?

4. Simón Bolívar é considerado uma das figuras políticas mais influentes da história da América Latina. Muitos líderes políticos até hoje se dizem seguidores de seus ideais. Por quais motivos você acha que as atitudes e pensamentos de Bolívar influenciam tantas pessoas? Converse sobre o tema com os colegas e, em seguida, cada um deverá elaborar um texto com as suas conclusões.

LENDO HISTÓRIA

Antes de ler
- Observe atentamente a imagem desta página. O que diz a legenda?
- Considerando essa imagem e o título do artigo, deduza qual é o assunto do texto.

A longa marcha pela liberdade

Diferentemente de outras regiões da América espanhola, onde as lutas pela independência foram conduzidas pelas elites brancas nativas, os *criollos*, a revolta iniciada pelo padre Hidalgo, no México, adquiriu tons de um verdadeiro levante popular que pensou a independência da perspectiva das massas indígenas e mestiças. Assustados pelo caráter popular da insurreição, os próprios *criollos* se afastaram progressivamente do movimento, que acabou derrotado militarmente no começo de 1811. A luta pela independência, porém, havia apenas começado. Ao longo dos dez anos seguintes, exércitos populares e grupos guerrilheiros deram continuidade à campanha [...]. O longo período de conflitos, porém, desgastou o movimento, e, finalmente, em 1821, o militar *criollo* e realista Agustín de Iturbide fez um pacto com o último líder guerrilheiro, Vicente Guerrero, para garantir a ruptura política com a Espanha sem maiores alterações na ordem social.

Apesar do caráter popular que adquiriu ao longo do processo, os antecedentes da luta pela independência do México se deram exatamente da mesma forma que em outras regiões da América espanhola: um clássico enfrentamento entre *criollos* e peninsulares.

Julio Michaud. *Agustín de Iturbide entrando na Cidade do México*, século XIX. Gravura.

Luiz Estevam de Oliveira Fernandes; Marcus Vinícius de Morais. A longa marcha pela liberdade. Revista *História Viva*, São Paulo, Duetto, n. 48, p. 46-47, out. 2007.

De olho no texto

1. Defina: Quem são os crioulos (ou *criollos*) e quem são os peninsulares?
2. Por qual motivo os crioulos estariam "assustados pelo caráter popular da insurreição"?
3. Por que Iturbide se preocupou em garantir a independência sem alterações na ordem social?
4. Os autores apontam uma semelhança e uma diferença entre os movimentos de independência mexicana e do restante da América espanhola. Aponte-as.
5. Em qual momento a luta de independência deixou de ser do povo e passou para o controle dos crioulos?

QUESTÕES GLOBAIS

1. Explique como as invasões napoleônicas influenciaram os processos de independência hispano-americanos.

2. Leia o texto a seguir e responda às questões.

   > O século XIX reverenciou os "grandes homens". A expectativa de promover uma suposta emancipação do espírito humano e demonstrar o progresso das nações levou povos e Estados a venerar alguns de seus antepassados como verdadeiros heróis. [...]
   >
   > José Alves de Freitas Neto. A estratégia de San Martín. Revista *História Viva*, São Paulo, Duetto, n. 48, out. 2007. p. 58.

   a) Segundo o que você estudou neste capítulo, quem seriam os grandes homens do século XIX a ser venerados na América Latina?
   b) Por que esses homens foram transformados em heróis?
   c) Quais Estados veneravam esses heróis?

3. Quais setores sociais demonstravam insatisfação com as medidas tomadas pela Coroa espanhola em relação às suas colônias entre o final do século XVIII e início do XIX? Por quê?

4. Aponte as principais características da economia hispano-americana pós-independência.

5. O trecho a seguir faz parte do samba-enredo da escola de samba carioca Unidos de Vila Isabel do Carnaval de 2006. Leia-o com um colega e discutam as questões.

   > Liberdade a construir
   > Apagando fronteiras, desenhando
   > Igualdade por aqui
   > *Arriba*, Vila!!!
   >
   > Forte e unida
   > Feito o sonho do libertador
   > A essência latina é a luz de Bolívar
   > Que brilha num mosaico multicor
   >
   > Disponível em: <http://www.letrasdemusica.com.br/unidos-de-vila-isabel/samba-enredo-2006>. Acesso em: 19 set. 2014.

   a) No trecho "sonho do libertador", quem seria o libertador e qual seria o sonho?
   b) Identifique no texto trechos que representam o "sonho do libertador".
   c) O que significa a expressão "mosaico multicor"?

[PARA SABER MAIS]

Livros

Arte para compreender o mundo, de Véronique Antoine-Andersen. São Paulo: SM.
O livro mostra como, por meio da arte, é possível contar histórias e expressar sentimentos ao longo dos tempos de cada cultura.

A revolução mexicana, de Mariza C. Soares. São Paulo: FTD.
História do processo de libertação nacional do México, uma das maiores e mais violentas lutas ocorridas nas Américas.

A independência dos países da América Latina, de Alexandre de Freitas Barbosa. São Paulo: Saraiva.
Um panorama dos processsos de independência dos países de língua espanhola.

Site

<http://www.inah.gob.mx/>. *Site* do Instituto Nacional de Antropologia e História do México.
Nele, além de informações sobre monumentos históricos, museus e sítios arqueológicos, há infográficos, páginas sobre arqueologia subaquática e páginas interativas. Traz também notícias e atualidades sobre história e arqueologia do México e de outros países. *Site* em espanhol. Acesso em: 19 set. 2014.

●●● Síntese

O poder espanhol abalado
- A Guerra de Sucessão e as reformas bourbônicas
- A invasão napoleônica na península Ibérica
- A restauração da Monarquia espanhola
- A revolta de Tupac Amaru II

As independências na América espanhola
- A independência de Nova Espanha
- A independência de Nova Granada
- As independências do Rio da Prata e do Peru
- As campanhas de Bolívar e San Martín

A América Latina independente
- Mantém-se a mesma estrutura social da época colonial
- O caudilhismo na Argentina e no México
- A Revolução Mexicana
- Os revolucionários: Carranza, Zapata e Villa

Linha do tempo

Século XVIII
- 1700 — Morte de Carlos II, rei espanhol
- 1701
- 1713 — Filipe V é reconhecido rei da Espanha
- 1780 — Revolta de Tupac Amaru II

Século XIX
- 1801
- 1808 — Napoleão toma Madri
- 1814 — Fim do domínio francês na Espanha
- 1821 — Independência do Peru e do México
- 1825 — Independência da Bolívia

Século XX
- 1901
- 1911 — Início da Revolução Mexicana

A consolidação dos Estados Unidos da América como Nação não ocorreu imediatamente após a independência. Ela foi fruto de um longo processo histórico que envolveu tanto a expansão territorial quanto a imposição de um projeto político único a todos os estados do novo país.

Os Estados Unidos no século XIX

CAPÍTULO 3

Acampamento da infantaria do exército da União durante a Guerra de Secessão. Fotografia sem data.

O QUE VOCÊ VAI APRENDER

- A expansão dos Estados Unidos durante o século XIX
- A Guerra Civil estadunidense
- A política externa dos Estados Unidos
- A industrialização estadunidense

CONVERSE COM OS COLEGAS

1. A imagem ao lado foi feita durante a Guerra de Secessão, conflito travado de 1861 a 1865 nos Estados Unidos, entre o exército da União, dos estados do norte, abolicionistas, e o exército dos Estados Confederados, do sul, favoráveis à manutenção da escravidão.

   Descreva os elementos que compõem a imagem.

2. Que elementos justificam dizer que se trata de um acampamento de soldados envolvidos em uma guerra?

3. O ambiente representado na fotografia parece organizado ou confuso, limpo ou sujo? Justifique sua resposta.

4. Algumas guerras são travadas entre pessoas de diferentes países, mas outras são conflitos que ocorrem entre grupos de um mesmo país. Esses conflitos são chamados de "guerra civil". A Guerra da Secessão foi uma guerra civil. Você conhece outros exemplos de guerra civil?

MÓDULO 1

A marcha para o Oeste

O território dos Estados Unidos se expandiu ao longo do século XIX. Inicialmente eram treze colônias estabelecidas na costa atlântica. Com o tempo, os domínios estadunidenses se estenderam até a costa do Pacífico. Durante esse período, houve uma série de conflitos internos e o país ainda passou por um rápido processo de industrialização e de crescimento econômico.

A imigração e o crescimento populacional

Durante o século XIX, os Estados Unidos receberam um grande contingente de imigrantes. As primeiras levas de pessoas começaram a chegar ainda no início do século. Vindos da Inglaterra, Alemanha e Irlanda, entre outros lugares, esses imigrantes passavam por sérias dificuldades financeiras em seus países de origem, além de perseguições políticas e religiosas. No Novo Mundo, eles esperavam encontrar liberdade, oportunidade de trabalho e de riqueza.

A maioria das pessoas que desembarcaram nos Estados Unidos se instalou nas cidades da costa Leste, principalmente no Norte do país, que, à época, seduzia pelas oportunidades de trabalho nas fábricas. No final do século XIX, Nova York, Boston e Chicago já contavam com intensas atividades fabris e comerciais. O crescimento populacional foi tão intenso que a expansão do território passou a ser vista como uma necessidade.

À época da independência, os Estados Unidos da América cabiam numa faixa de terras que se estendia da costa do Atlântico até o rio Mississípi. Em 1890, as ferrovias já ligavam o Atlântico ao Pacífico (veja o mapa da página 69).

A expansão territorial começou a se concretizar com a compra de territórios que pertenciam a outros países, como a Louisiana (França), a Flórida (Espanha) e o Alasca (Rússia). O Texas foi anexado em 1845 após uma guerra travada com o México. Outros territórios também foram incorporados depois. Mas as maiores vítimas dessa expansão foram as populações indígenas que habitavam as terras do Oeste.

Representação da chegada de imigrantes a Nova York, em frente à estátua da Liberdade. Publicada em *Frank Leslie's Illustrated Newspaper*. Nova York, 2 jul. 1887.

●●● A Lei de Terras

Com a constante chegada de imigrantes no século XIX, as cidades da costa atlântica dos Estados Unidos logo concentraram grande contingente populacional. Essa situação gerava uma pressão crescente pela expansão territorial.

As regiões a oeste do rio Mississípi, que contavam com baixa densidade demográfica e eram habitadas por povos indígenas, como os Sioux, tornaram-se alvo dos governos estadunidenses.

Com o propósito de resolver a questão, o então presidente Abraham Lincoln promulgou, em 1862, a **Lei de Terras** (*Homestead Act*). De acordo com essa lei, as "terras vazias" do Oeste passaram a ser consideradas de "domínio público", isto é, pertenciam ao governo. A posse dessas terras ficou condicionada ao trabalho e aos melhoramentos realizados nelas. Como o modo de vida tradicional das comunidades indígenas não vinha ao encontro desses objetivos, os nativos não eram considerados proprietários das terras que habitavam.

A lei autorizava chefes de família ou maiores de 21 anos que nunca tivessem se envolvido em luta armada contra o país a migrarem para o oeste e se apossarem de parte das terras públicas. Após cinco anos de ocupação, a posse se tornaria definitiva. Essa medida permitiu que as consideradas "terras vazias" fossem ocupadas por colonos e contribuiu para que a população de imigrantes não se concentrasse somente nas cidades próximas ao Atlântico.

A bandeira estadunidense

A primeira bandeira dos Estados Unidos já tinha treze listras, representando as treze ex-colônias inglesas e, no canto superior esquerdo, treze estrelas, uma para cada estado da federação. À medida que novos territórios eram conquistados e davam origem a novos estados, a bandeira ganhava mais estrelas. Hoje ela exibe cinquenta estrelas, indicando, portanto, um acréscimo de trinta e sete estados aos treze originais.

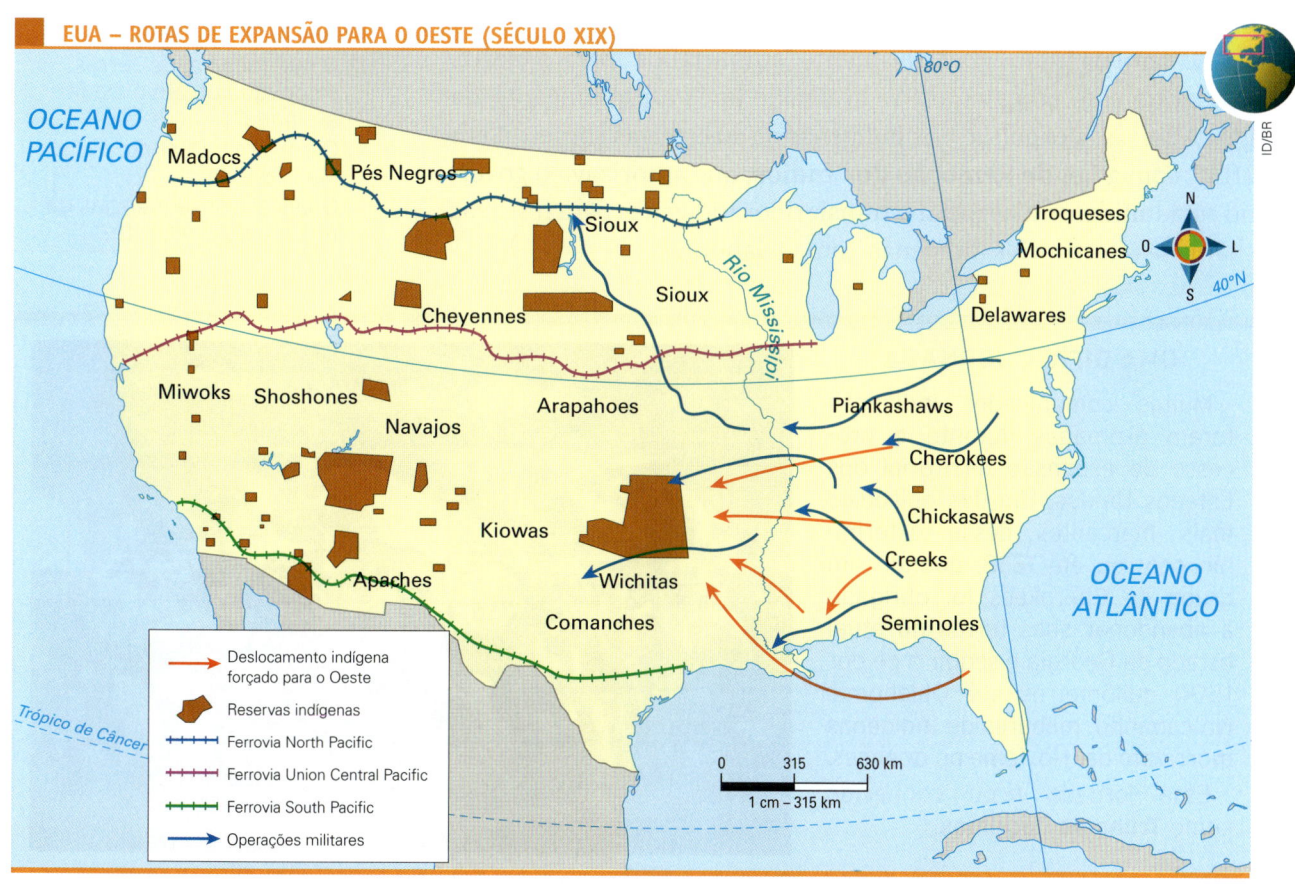

EUA – ROTAS DE EXPANSÃO PARA O OESTE (SÉCULO XIX)

Legenda:
- Deslocamento indígena forçado para o Oeste
- Reservas indígenas
- Ferrovia North Pacific
- Ferrovia Union Central Pacific
- Ferrovia South Pacific
- Operações militares

1 cm – 315 km

Fonte de pesquisa: *Atlas histórico*. Madrid: SM, 2005. p. 101.

●●● O Destino Manifesto

Além do argumento jurídico presente na Lei de Terras, a expansão estadunidense era entendida como cumprimento de um Destino Manifesto, ou seja, de uma missão civilizatória determinada pela própria Providência Divina. Essa ideia era coerente com a crença na predestinação, muito difundida nos Estados Unidos pela tradição religiosa puritana.

A expressão **Destino Manifesto** foi usada pela primeira vez em 1845, pelo jornalista estadunidense John O'Sullivan. Ele acreditava, assim como boa parte da sociedade estadunidense da época, que os Estados Unidos tinham como missão moral levar o progresso e a civilização para seus vizinhos "selvagens" e "atrasados". Por conseguinte, a ampliação do território dos Estados Unidos era considerada algo natural, que isentava de culpa o povo e os governantes daquele país. A **marcha para o Oeste,** sobre os territórios indígenas e mexicanos, era, portanto, inevitável (destino) e evidente (manifesto).

A expulsão dos indígenas

A conquista dos territórios a oeste do rio Mississípi foi desastrosa para as populações indígenas. Os nativos não eram considerados proprietários de suas terras nem dotados de civilização e dos valores estadunidenses. Pelo contrário, eram vistos como obstáculos ao progresso e à expansão rumo ao Pacífico.

Os nativos foram gradativamente "empurrados" para o Oeste. Apesar de esse processo ter se acelerado após a promulgação da Lei de Terras, a expulsão dos indígenas de suas terras começou em 1830, com a **Lei de Remoção dos Índios**, que autorizava o governo estadunidense a negociar e transferir os indígenas para reservas chamadas "territórios indígenas", em Oklahoma.

Dominar ou conhecer?

Em nome de uma "missão civilizatória" justificada pela crença na predestinação, os colonos estadunidenses ocuparam as terras dos povos locais, expulsando-os ou impondo-lhes sua cultura. Com a exploração de novos territórios, conquistaram terras e riquezas.

I. Em sua opinião, a imposição da cultura europeia e a desvalorização da cultura local trouxeram desvantagens apenas para aqueles que foram submetidos? Ou também para os conquistadores? Explique.

Verifique o que aprendeu ●●●

1. Por que tantos imigrantes foram para os Estados Unidos no século XIX?
2. Onde se instalaram os que chegaram aos Estados Unidos nesse século? Por quê?
3. O que foi a Lei de Terras e com que objetivo ela foi assinada?
4. O que era o Destino Manifesto?
5. Quais as consequências da marcha para o Oeste?

UMA DIFÍCIL JORNADA

Muitas comunidades indígenas foram dizimadas durante o processo de expansão territorial dos Estados Unidos. Um dos episódios mais marcantes desse extermínio ocorreu em 1838, quando um grupo de Cherokees foi obrigado a abandonar suas terras no atual estado da Geórgia e seguir a pé por 1500 quilômetros até Oklahoma. No caminho, milhares de indígenas morreram de frio, fome ou doenças.

Essa jornada ficou conhecida como **Trilha de Lágrimas**.

Robert Lindneux. Detalhe da tela *Trilha de Lágrimas*, 1942. Óleo sobre tela.

ATIVIDADES

1. Relacione a chegada de imigrantes nos Estados Unidos, no século XIX, com a assinatura da Lei de Terras.

2. O que foi a Lei de Remoção dos Índios?

3. Qual argumento era utilizado pelo governo estadunidense para justificar a ocupação dos territórios indígenas?

4. Observe a imagem abaixo.

Representação do massacre no Forte Mimms, ocorrido em 1813 e comandado por indígenas Creeks contra soldados estadunidenses. Gravura anônima de 1866.

a) Identifique o que está representado na imagem.
b) Descreva a cena.
c) Descreva o comportamento dos indígenas. Como eles são retratados na obra?

5. Leia o fragmento a seguir.

> Os Estados Unidos saíram da escuridão para penetrar na História há quase quatro séculos. [...] É interessante porque, desde o seu começo, seu povo teve consciência de um destino peculiar, porque de lá vieram as esperanças e aspirações do gênero humano e porque não deixou de realizar tal destino ou de justificar tais esperanças.
>
> Allan Nevins; Henry Steele Commager. História dos Estados Unidos. Citado por: Mary Anne Junqueira. *Estados Unidos*: consolidação da nação. São Paulo: Contexto, 2001.

a) O texto acima se relaciona ao tema do "Destino Manifesto". Retire do texto uma passagem que confirme essa tese e justifique sua escolha.
b) O que os autores quiseram dizer com a frase: "Os Estados Unidos saíram da escuridão"?
c) Encontre no texto uma referência histórica que complete a ideia apresentada na questão anterior ("sair da escuridão"). Explique.
d) Em sua avaliação, o fragmento de texto acima defende ou condena a ideia do "Destino Manifesto"? Como você chegou a essa conclusão?
e) Junte-se com um colega. Na opinião de vocês, o argumento do "Destino Manifesto" contribuiu para a expansão do território estadunidense? Os povos que foram submetidos aos europeus queriam ser "civilizados"? Qual foi a principal consequência da imposição da cultura e da religião europeia para a vida desses povos nativos? Escrevam suas conclusões no caderno.

71

MÓDULO 2
A Guerra de Secessão

Desde o Período Colonial, existiam diferenças significativas de ordem econômica, política e social entre as colônias do Norte e as do Sul na América inglesa.

Após a independência e a marcha para o Oeste, essas divergências se acentuaram, levando o país a uma violenta guerra civil: a Guerra de Secessão (1861-1865).

••• As questões econômicas e sociais

Uma das principais diferenças entre os estados do Norte e os do Sul dos Estados Unidos estava relacionada às suas características econômicas. Enquanto no Sul predominavam os latifúndios voltados para o cultivo de produtos de exportação e o trabalho escravo, o Norte tinha sua economia assentada sobre a pequena propriedade e o trabalho livre, o que favorecia o desenvolvimento do comércio e da atividade manufatureira.

Durante a Revolução Industrial, a economia dos estados nortistas foi muito estimulada, por causa da instalação de fábricas e manufaturas nessa região. O Sul também se beneficiou desse processo, porque exportava algodão para a Inglaterra.

A organização social também tinha características bastante diferentes. Nos estados do Norte desenvolveu-se uma vida urbana, cuja dinâmica facilitava a mobilidade social. No Sul, a opção pela escravidão e pelo latifúndio gerou uma sociedade hierarquizada e com pouca dinâmica interna. Porém, em ambas as regiões, os afro-americanos eram considerados inferiores e não tinham direitos políticos.

Foi principalmente nos debates sobre a abolição da escravidão que os conflitos de interesse entre os estados do Norte e do Sul se tornaram mais evidentes. A escravidão só seria abolida legalmente em 1863. Isso não trouxe, no entanto, melhorias sociais significativas para os negros estadunidenses.

A Federação e os estados

Uma vez independentes, as antigas treze colônias inglesas na América formaram uma federação.

Esse sistema político permitiu que cada estado conservasse certa autonomia em relação ao poder central.

Mas a divergência de interesses entre os estados sulistas e o governo federal foi motivo de constantes tensões. O conflito chegou ao auge com a Guerra de Secessão.

OS ESTADOS UNIDOS DURANTE A GUERRA DE SECESSÃO

Fonte de pesquisa: *Atlas histórico*. Madrid: SM, 2005. p. 100.

••• A eleição de Abraham Lincoln

A expansão para o Oeste levantou uma questão entre as lideranças políticas do Norte e do Sul: qual sistema de trabalho adotar nos novos territórios: o livre ou o escravista? Os estados do Norte pretendiam abolir a escravidão, o que possibilitaria o aumento do mercado consumidor. Também buscavam implementar uma política alfandegária protecionista que inviabilizasse a entrada de produtos estrangeiros, o que forçaria os demais estados a comprar deles.

As divergências entre os estados nortistas e sulistas atingiram seu ponto mais crítico por ocasião das eleições presidenciais de 1860. A vitória de um político favorável ou contrário à manutenção da escravidão era vista como elemento definidor dos rumos futuros do país.

A eleição de Abraham Lincoln, um abolicionista moderado, despertou a reação dos estados sulistas. Embora não reconhecesse a igualdade entre brancos e negros, Lincoln era contrário à manutenção do sistema escravista nos territórios recém-incorporados.

Edward Dalton Marchant. *Abraham Lincoln*, 1863.

Casa dividida: a Guerra de Secessão (1861-1865)

Ainda em 1860, a Carolina do Sul iniciou um movimento separatista, logo seguido por outros estados sulistas. Juntos, formaram os **Estados Confederados da América**, uma unidade política independente e com um presidente próprio.

Com a formação dos Estados Confederados da América, a "casa estava dividida", como temia Lincoln desde antes de sua eleição. O presidente ainda tentou, em vão, negociar um acordo com os estados separatistas.

Em abril de 1861, os Estados Confederados atacaram um posto militar na Carolina do Sul, o forte Sumter. O presidente Abraham Lincoln reagiu e enviou tropas para combater os Confederados. A partir daí iniciou-se a **Guerra de Secessão**, um conflito civil que duraria quase cinco anos e provocaria a morte de mais de 600 mil pessoas.

Batalha de Nova Orleans, em 1862, na Guerra de Secessão estadunidense. Gravura do século XIX de autor desconhecido.

O triunfo do Norte e o desenvolvimento do capitalismo

A vitória dos estados do Norte, em fevereiro de 1865, foi determinada por alguns fatores. Em primeiro lugar, a devastação de grandes áreas do Sul, principal palco dos combates, e a paralisação das atividades agrícolas na região prejudicaram as exportações e, consequentemente, afetaram os recursos sulistas para a guerra.

Em segundo lugar, ao maior poder bélico e tecnológico do Norte, somou-se a escassez de combatentes nos estados confederados, já que boa parte da sua população era formada por negros escravizados. Por fim, uma série de leis criadas por Lincoln, como a lei que emancipava os escravos, prejudicou a aristocracia sulista.

Com o fim da Guerra de Secessão, o modelo industrial dos estados do Norte se expandiria por todo o país. A partir do trabalho livre e dos investimentos nas indústrias, em novas tecnologias e na educação, os Estados Unidos tiveram condições para realizar um acelerado progresso econômico.

> **Verifique o que aprendeu**
> 1. Aponte as principais diferenças econômicas e sociais existentes entre os estados do Norte e os do Sul dos Estados Unidos no começo do século XIX.
> 2. Por que se acredita que a eleição de Abraham Lincoln tenha sido decisiva para a deflagração da Guerra de Secessão?
> 3. Indique três fatores que ajudam a entender a vitória dos estados do Norte.

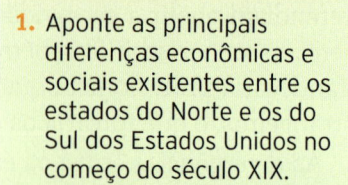

Ruínas na cidade de Charleston, na Carolina do Sul, após a guerra civil. Fotografia de 1866.

O PRECONCEITO RACIAL

O fim da guerra civil permitiu que muitos estadunidenses do Norte migrassem para o Sul, e que parte dos ex-escravos buscasse melhores condições de vida nas industrializadas cidades do Norte. Contudo, apesar da proibição da escravidão, em 1863, os ex-escravos continuaram sofrendo discriminação racial.

Defendendo a suposta superioridade dos descendentes de europeus, surgiu em Nashville (Tennessee), em 1867, o grupo racista Ku Klux Klan. Essa organização praticava o linchamento de ex-escravos e de "brancos liberais" defensores do fim da segregação. A KKK também perseguia judeus, chineses e outros povos que considerava inferiores.

Fotografia de um ritual da Ku Klux Klan em Baltimore, Maryland, Estados Unidos, nos anos 1950.

ATIVIDADES

1. Tanto no Norte, onde se desejava a abolição da escravidão, como no Sul, onde se usava a mão de obra escrava, os negros não tinham direitos políticos.
   a) O que são direitos políticos?
   b) Por que o Norte difundia a abolição da escravidão?
   c) Qual era a situação dos negros e descendentes em relação aos direitos políticos?
   d) Explique o significado da frase acima no contexto da Guerra de Secessão.

2. Observe as imagens.

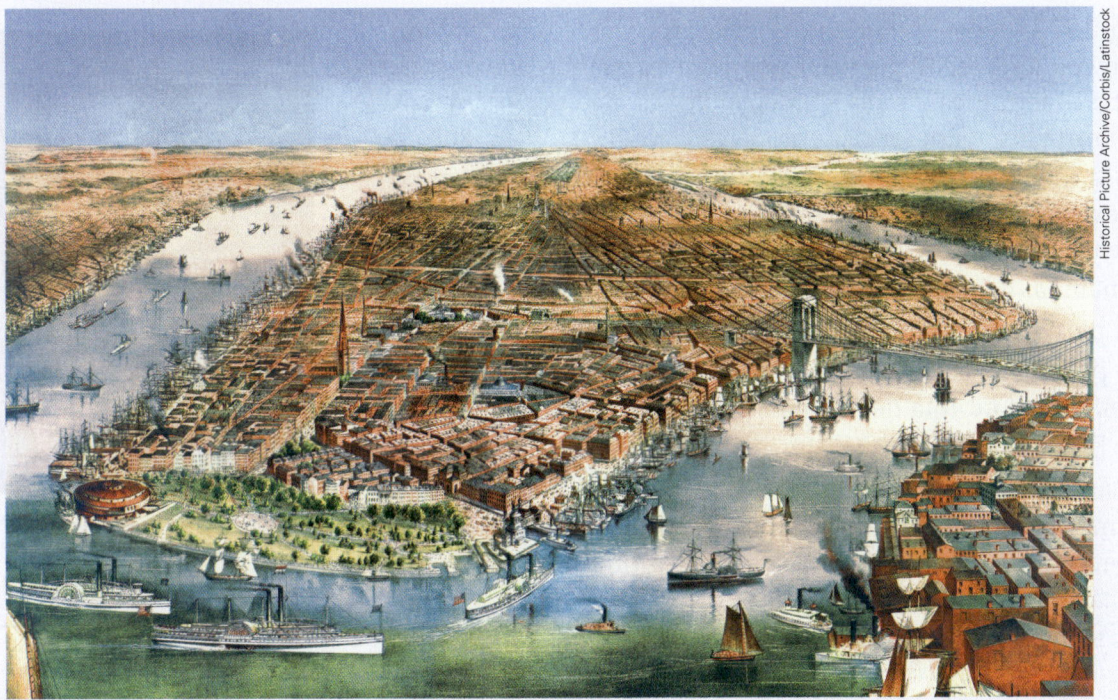

Vista de Nova York, c. 1880, publicada por Currier e Yves.

William Aiken Walker. *Fazenda de algodão no Mississípi*, 1883. Litografia colorida.

a) Descreva com detalhes as duas imagens.
b) Que tipo de economia cada uma delas representa?
c) A partir das imagens, explique os fatores econômicos que levaram à Guerra de Secessão.

75

MÓDULO 3

Política externa

No início do século XIX, os Estados Unidos adotaram uma política externa voltada, principalmente, para o continente americano. E sob o pretexto de defender a liberdade, os estadunidenses passaram a intervir nos países latino-americanos e também em outras regiões do mundo.

A Doutrina Monroe

Em 1823, o então presidente dos Estados Unidos, James Monroe, enviou uma mensagem ao Congresso afirmando que os "continentes americanos", livres e independentes, não poderiam mais ser colonizados por potências europeias.

Essa mensagem, aprovada pelo Congresso, deu origem à política externa estadunidense conhecida como **Doutrina Monroe**, cujo lema era: "A América para os americanos!".

Em linhas gerais, a Doutrina Monroe definia que:

- os países americanos não poderiam ser recolonizados;
- as potências europeias não deveriam interferir na política nem na economia desses países;
- os Estados Unidos não se envolveriam nos assuntos especificamente europeus.

A mensagem do presidente Monroe era clara: os Estados Unidos deveriam se tornar os "protetores" legítimos do continente americano.

Samuel F. B. Morse. *James Monroe* (1758-1831), século XIX. Litografia.

O surgimento da Doutrina Monroe esteve relacionado a dois outros processos: as emancipações políticas nas Américas espanhola e portuguesa (desde 1810) e a reorganização do continente europeu após as guerras napoleônicas e o Congresso de Viena (1815). Monroe temia que o restabelecimento do absolutismo na Europa viesse acompanhado de uma tentativa de recolonizar a América.

Nos anos 1870, quando os Estados Unidos começaram a se recuperar da Guerra de Secessão e a aumentar o seu poder econômico e militar, a Doutrina Monroe foi retomada e isso intensificou a influência estadunidense na América.

Caricatura publicada na revista francesa *La Silhouette*, c. 1903, criticando a influência dos Estados Unidos (representados pelo grande homem ao centro) sobre a Venezuela (representada pelo garoto à esquerda com o tambor).

Roosevelt e o *Big Stick*

O crescimento econômico e industrial nas décadas finais do século XIX permitiu que o governo dos Estados Unidos desse mais atenção à política internacional.

Em 1904, o presidente dos Estados Unidos, Theodore Roosevelt, leu no Congresso uma mensagem relembrando a restrição à interferência europeia na América (Doutrina Monroe), acrescentando a necessidade da intervenção dos Estados Unidos no continente americano. Essa mensagem ficou conhecida como Corolário **Roosevelt**.

Dizendo-se preocupado com a crise econômica e política pela qual passavam algumas nações do Caribe e da América Latina, Roosevelt retomou o projeto de interferir na política interna desses países sob o argumento de protegê-los.

Sua atuação diplomática ficou conhecida como política do **Big Stick** ou "Grande Porrete": "fale macio, mas tenha um porrete em mãos". Ou seja, os Estados Unidos não relutariam em lançar mão da força caso esta fosse necessária para defender seus interesses.

GLOSSÁRIO

Corolário: reafirmação de uma proposição já conhecida. Por exemplo, a política intervencionista dos Estados Unidos na América, um dos princípios da Doutrina Monroe (1823), foi retomada pelo presidente Roosevelt em 1904, com o nome **Corolário Roosevelt**.

Charge, c. 1900, satirizando o presidente Roosevelt com o porrete na mão.

Tio Sam

Tio Sam olha com atenção para a República do Haiti. Ilustração de Cuthbert Rigby, 1888.

A imagem do Tio Sam ficou mundialmente conhecida no século XX, quando os Estados Unidos se consolidaram como grande potência. Conta-se que ela teria surgido durante uma guerra contra os ingleses, em 1812, quando soldados relacionaram as letras U.S. (United States), gravadas nos barris de alimentos, a Uncle Sam (Tio Sam), fazendo piada com o nome de Samuel Wilson, um fornecedor de carnes para o exército dos Estados Unidos.

Na passagem do século XIX para o XX, os Estados Unidos interferiram algumas vezes na política interna dos países da América Latina, como no processo de independência de Cuba e na Revolução Mexicana. A influência dos Estados Unidos já havia chegado ao Caribe e ao México e, com o tempo, avançaria cada vez mais na direção sul do continente. O plano expansionista também se voltou para além da América Latina. Na região do Pacífico, os estadunidenses conquistaram o arquipélago do Havaí e o Alasca, no noroeste da América do Norte.

Essas intervenções foram interpretadas por muitos estudiosos como uma necessidade econômica para se ampliar o território e obter matérias-primas e mercados consumidores. Outros pesquisadores consideram que os estadunidenses continuavam movidos pelo ideal do Destino Manifesto.

••• Os Estados Unidos e a independência cubana

Mesmo após os processos de emancipação ocorridos no Caribe, a Espanha manteve seu domínio sobre Cuba e a ilha vizinha, Porto Rico. Os cubanos já haviam tentado a independência em uma sangrenta e longa guerra (1868-1878) e, depois, novamente na década de 1890. Mas os espanhóis conseguiram vencer os revoltosos.

Foi somente depois da intervenção dos Estados Unidos na guerra que a independência de Cuba se efetivou, em 1898. Porém, a participação dos Estados Unidos nesse processo custou caro a Cuba. A partir de então, o governo estadunidense passou a intervir diretamente na política interna cubana.

A questão do canal do Panamá

A região do atual Panamá era estratégica para os planos estadunidenses de expansão, pois era propícia à construção de uma passagem que ligasse os oceanos Atlântico e Pacífico.

Com esse objetivo em mente, o presidente Roosevelt retomou a antiga ideia de abrir um canal no istmo do Panamá. Porém, aquela região pertencia à Colômbia, que se opôs à abertura.

A solução foi retirar a região do domínio colombiano. Para isso, o governo estadunidense estimulou uma "rebelião separatista" no Panamá e, quando o conflito se iniciou, os Estados Unidos enviaram militares para lutar ao lado dos rebeldes e garantir a independência da região. Em troca, o governo estadunidense conseguiu a autorização para a construção e para a exploração do canal.

O canal do Panamá começou a ser construído ainda na década de 1880, por uma iniciativa francesa. Porém, os Estados Unidos tomaram a frente do negócio durante o governo de Roosevelt e o canal foi inaugurado em 1914. Somente em 1999 o canal passou a ser administrado totalmente pelo Panamá.

> **Verifique o que aprendeu** •••
> 1. O que foi a Doutrina Monroe?
> 2. Explique a política do *Big Stick*.
> 3. Qual era o interesse dos Estados Unidos na construção do canal do Panamá?

PANAMÁ

Fonte de pesquisa: *Atlas geográfico escolar*. 6. ed. Rio de Janeiro: IBGE, 2012. p. 39.

Foto do canal do Panamá em construção, 1904.

ATIVIDADES

1. Relacione a Doutrina Monroe ao Corolário Roosevelt.

2. Leia um trecho da Emenda Platt, incorporada à Constituição cubana de 1900 a pedido do governo estadunidense.

> III. Que o governo de Cuba permita que os Estados Unidos exerçam o direito de intervir no sentido de preservar a independência cubana, manter [...] um governo adequado para a proteção da vida, propriedade e liberdade individual [...].
>
> VII. Que, a fim de auxiliar os Estados Unidos a sustentarem a independência cubana, e para proteger a população dali, tão bem como para a sua própria defesa, o governo de Cuba deverá vender ou alugar terras aos Estados Unidos [...].
>
> Richard B. Morris (Org.). *Documentos básicos da história dos Estados Unidos*. Rio de Janeiro-São Paulo: Fundo de Cultura, 1964. p. 182-183.

   a) Qual era a essência da Emenda Platt?

   b) Relacione esse fragmento de texto com o que você aprendeu sobre política externa estadunidense.

3. Atualmente, muitas pessoas na Europa e na América Latina são contra os Estados Unidos. Alguns críticos explicam esse antiamericanismo e as reações extremistas contra os Estados Unidos como resultantes da política externa estadunidense desde os tempos da Doutrina Monroe e do Corolário Roosevelt. Em grupo, discuta esse tema, levando em consideração as seguintes questões:
   - o conteúdo que vocês estudaram sobre a política externa estadunidense;
   - o motivo pelo qual essa política gerou um sentimento antiamericano por parte dos outros países.

4. Observe a caricatura a seguir.

O presidente Theodore Roosevelt retratado na capa da revista estadunidense *Judge Magazine*, maio de 1907.

   a) Descreva os elementos presentes na caricatura.

   b) Qual prática política do presidente Theodore Roosevelt a charge critica? Explique-a.

   c) Escreva um pequeno texto no caderno, relacionando a imagem acima à frase de Roosevelt ao Congresso, em 1904: "Tudo o que este país [os Estados Unidos] deseja é ver os países vizinhos em estado de equilíbrio, ordem e prosperidade".

MÓDULO 4
A industrialização dos Estados Unidos

Após a Guerra de Secessão, os Estados Unidos iniciaram seu processo de reconstrução. O modelo econômico adotado nos estados do Norte, vitoriosos na guerra civil, começou a ser difundido por todo o país.

O nordeste estadunidense

Durante a guerra civil, o apoio do governo federal à indústria estadunidense cresceu muito. Para aumentar os recursos e o poder de combate contra os Estados Confederados, grandes somas foram investidas nas regiões norte e nordeste dos Estados Unidos.

Terminado o conflito, o governo manteve seus investimentos em infraestrutura, financiou a expansão da indústria (energia, siderurgia e petróleo), a construção de ferrovias, além de incentivar o desenvolvimento científico e tecnológico e o aprimoramento das comunicações.

Ao fundo, a ilha de Manhattan, Nova York, Estados Unidos. Fotografia do início do século XX.

Além dos recursos estatais, houve também grande investimento por parte da iniciativa privada.

Por volta de 1900, cidades como Chicago e Nova York tinham se tornado grandes centros urbanos, com mais de um milhão de habitantes. Já o crescimento urbano e industrial era mais lento nas regiões do Sul, que se recuperavam da destruição provocada pela guerra civil, e do Oeste, ainda pouco povoadas.

A ferrovia transcontinental

A expansão do sistema ferroviário no século XIX foi fundamental para o crescimento econômico dos Estados Unidos, pois tornava mais rápidas e dinâmicas as atividades financeiras (empréstimos, financiamentos e pagamentos) e o transporte de cargas e pessoas das regiões portuárias para o interior do país.

Desde as primeiras linhas de trem, os estadunidenses alimentavam o sonho de construir uma ferrovia transcontinental que atravessasse o país de leste a oeste. Esse sonho tornou-se realidade em 1869. Até o início do século XX, mais quatro linhas cortavam o país de uma costa a outra.

A conclusão da primeira rota transcontinental, em Promontory, Utah, Estados Unidos. Fotografia de 1869.

●●● O petróleo e a energia elétrica

O petróleo é um mineral conhecido pelo ser humano desde a Antiguidade. Muitos povos do Oriente Médio – região onde o petróleo é abundante – utilizavam-no para iluminação, aquecimento, pavimentação de estradas, etc.

Porém, somente no século XX, com a descoberta de poços de petróleo nos Estados Unidos e a necessidade de novos combustíveis para as máquinas e meios de transporte, é que a substância se tornou um importante produto para a industrialização estadunidense e mundial.

Campo de petróleo, Long Beach, Califórnia, Estados Unidos. Fotografia de 1923.

O aço também teve importante papel no desenvolvimento industrial estadunidense. Por sua grande resistência, foi empregado na construção de ferrovias e na confecção de máquinas e equipamentos utilizados nas fábricas. Serviu ainda à agricultura e à construção civil.

Outras inovações estiveram relacionadas à descoberta da energia elétrica, empregada na iluminação e no funcionamento dos mais diversos tipos de aparelhos e motores. Além disso, a eletricidade teve um impacto enorme no cotidiano dos estadunidenses. Costuma-se dizer que, com a luz elétrica, o dia se estendeu e a noite passou a fazer parte da vida social das cidades. As ruas, os teatros e as casas de espetáculos passaram a ser frequentados também depois do pôr do sol.

Em 1881, Nova York ganhou o seu primeiro "anúncio luminoso". No final do século XIX, a paisagem nova-iorquina já dava provas do alcance do uso da energia elétrica na cidade. Fotografia de Nova York, EUA.

Fordismo e taylorismo

As novas fontes de energia, o aumento da produção industrial e os avanços tecnológicos alteraram também o ritmo das atividades nas fábricas. Os operários, o tempo e o próprio local de trabalho deveriam se adequar ao ritmo das máquinas: era preciso extrair o maior rendimento possível de uma linha produtiva.

Henry Ford e a linha de montagem

O empreendedor Henry Ford (1863-1947) apresentou, em 1908, um protótipo de automóvel de baixo custo, o Ford-T. Para produzi-lo, idealizou um modelo de produção industrial em grande escala, com base em uma linha de montagem. Esse sistema ficou conhecido como **fordismo** e revolucionou não só o mercado de automóveis, mas toda a indústria estadunidense.

Cena do filme *Tempos modernos*, de Charles Chaplin, 1936. O filme critica o sistema fordista e a exploração sofrida pelo trabalhador.

A linha de montagem era um sistema constituído por uma sequência de máquinas organizadas em série. Cada uma cumpria uma função específica na confecção de um determinado produto, de modo que, em vez de o operário realizar várias etapas e controlar muitas máquinas, ele passava a operar uma única máquina e a cumprir uma função específica.

Com o aperfeiçoamento da linha de montagem, os lucros das grandes indústrias aumentaram bastante. Os Estados Unidos se consolidavam como a grande potência industrial, exportando produtos e tecnologia para outras partes do planeta.

Linha de montagem de automóveis da Ford, em Michigan, Estados Unidos. Fotografia de 1913.

Taylor e a organização do trabalho nas fábricas

Para aumentar a eficiência da produção e diminuir o desperdício, o engenheiro Frederick Taylor (1866-1915) propôs mudanças na organização do trabalho nas fábricas.

Sua proposta, conhecida como **taylorismo**, foi criada a partir da observação da rotina nas indústrias e indicava as etapas necessárias para o melhor aproveitamento de máquinas e trabalhadores.

Taylor concluiu que, antes de iniciar os processos de trabalho, era preciso analisar o espaço da fábrica, planejar a produção, treinar e equipar os operários, dividir e padronizar as tarefas e controlar o tempo.

No ritmo das máquinas

O taylorismo, ao mesmo tempo que gerou o aumento significativo de produção das indústrias, provocou descontentamento e estresse nos operários, além de contribuir para o crescimento do desemprego. Por essa razão, no início do século XX intensificaram-se as greves e as contestações dos trabalhadores.

●●● Um mercado competitivo

Com o aumento e a diversificação da produção industrial, a disputa pelos mercados consumidores acirrou-se. Por vezes, as indústrias não encontravam mercado para vender sua produção, acumulando enormes prejuízos. Nesse contexto, grandes corporações surgiram com o objetivo de evitar a falência ou de diminuir a concorrência pelo mercado consumidor.

No setor petrolífero, por exemplo, John D. Rockefeller foi responsável pela criação de um dos maiores impérios industriais estadunidenses: a Standard Oil Company. Essa companhia dominava quase todas as etapas da cadeia de produção do petróleo: da extração à produção de derivados.

As grandes empresas pressionavam os governos, exigindo o "fechamento" do mercado consumidor estadunidense para os produtos estrangeiros. Estima-se que, por volta de 1900, somente 10% do que era consumido nos Estados Unidos era fabricado em outros países.

> **GLOSSÁRIO**
>
> **Corporação:** grupo de empresas que se unem com o objetivo de realizar ações semelhantes.

Riqueza para poucos

Pequenos produtores e comerciantes não conseguiam participar desse processo, pois não tinham recursos financeiros para acompanhar as inovações tecnológicas. Tampouco para impor alguma condição ao governo ou ao mercado.

Os empregados das corporações não usufruíam dos lucros obtidos. Esses operários recebiam remunerações baixíssimas, não tinham direitos trabalhistas e nenhuma garantia em caso de acidente ou desemprego. Mulheres e crianças eram os preferidos em muitas empresas, pois a elas era pago um salário ainda menor.

O autor deste desenho, Horace Taylor, representou o poder das grandes corporações diante do governo estadunidense. Nele observa-se o empresário John D. Rockefeller com a Casa Branca "nas mãos". Publicado no jornal *The Veridict*, Nova York, 1900.

> **As grandes fusões**
>
> [...] entre 1897 e 1903, quando se formaram as primeiras grandes corporações estadunidenses. Nessa onda, impulsionada por uma nova legislação que passou a permitir a emissão e a troca de ações para pagamentos no lugar do dinheiro vivo, criaram-se gigantes como a siderúrgica U. S. Steel Company, em 1901. Aos poucos, as figuras centrais do capitalismo deixaram de ser os empreendedores e passaram a ser os grandes banqueiros envolvidos nos gigantescos negócios de fusões de empresas e de emissões de ações. [...]
>
> Disponível em: Portal Exame. <http://exame.abril.com.br/revista-exame/edicoes/0911/noticias/o-poder-da-especulacao-m0150953>. Acesso em: 19 set. 2014.

••• O controle do mercado

Na virada do século XIX para o XX, houve um aumento da concentração dos meios de produção nas mãos de um pequeno número de empresários, o que acabou fortalecendo a formação de grandes corporações e influenciando diretamente a economia estadunidense. O fenômeno, conhecido como controle do mercado, reunia várias empresas numa única companhia, diminuía a concorrência e, portanto, a disputa pelo mercado consumidor.

A falta de concorrência acarretava dois problemas. Primeiro, quem quisesse comprar determinado produto teria menos alternativas, pois as ofertas ficaram limitadas. Segundo, os preços entre as poucas opções disponíveis praticamente não variavam, assim como não variava a qualidade dos produtos.

O domínio de certo mercado consumidor poderia ocorrer de modos diferentes.

1) **Monopólio**: controle do mercado de determinado produto por uma única empresa. Sem concorrentes, ela determina os preços, as condições de venda e o padrão de qualidade do produto.

2) **Oligopólio**: é uma ampliação do monopólio. Nesse caso, várias empresas promovem acordos ou se juntam numa única corporação para dominar determinado setor de produtos. A reunião das empresas pode ocorrer de três modos diferentes.

- **Cartel**: designa um acordo informal entre empresas distintas, mas com atividades econômicas semelhantes, com vistas a evitar a concorrência. Em geral, o acordo se dá em relação aos preços dos produtos.
- **Truste**: ajuste ou fusão de empresas que já dominam um mercado, com o objetivo de manter o controle sobre ele e afastar qualquer concorrência.
- *Holding company*: companhia que, por meio do controle acionário, impõe seus interesses a uma ou mais empresas a ela associadas.

> **Verifique o que aprendeu** •••
> 1. Que setores econômicos dos Estados Unidos receberam investimento de capitais após a Guerra de Secessão?
> 2. Qual foi a importância das ferrovias para o desenvolvimento industrial estadunidense?
> 3. Que usos tiveram o petróleo, a energia elétrica e o aço na industrialização dos Estados Unidos?
> 4. Explique o fordismo e o taylorismo.
> 5. Qual foi o impacto das grandes corporações na economia estadunidense?
> 6. Identifique as principais estratégias de domínio do mercado.

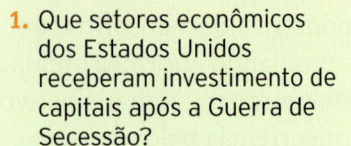

O capitalismo do final do século XIX foi marcado pela tendência de concentração do capital. Grandes empresas "devoravam" as menores, diminuindo a concorrência e exercendo o controle sobre o mercado. Charge ilustrando o domínio do mercado consumidor por grandes empresas, feita por Keith Bendis, c. 2000.

ATIVIDADES

1. Por que se afirma que a energia elétrica mudou o modo de viver dos estadunidenses?
2. Qual é a diferença entre monopólio e oligopólio?
3. Observe a foto.
   a) Descreva os elementos observados.
   b) Relacione a imagem ao fordismo e ao taylorismo.
   c) Quais eram as condições de trabalho desses operários?

Operários trabalham em linha de montagem da Ford, Highland Park, Michigan, Estados Unidos, 1912.

4. Leia o texto abaixo.

> A grande riqueza dos chamados "capitães de indústria" não foi compartilhada com os trabalhadores. Os salários dos operários industriais em 1900 eram muito mais baixos do que o necessário para manterem um padrão razoável de vida. Benefícios não existiam.
>
> Leandro Karnal e outros. *História dos Estados Unidos*: das origens ao século XXI. São Paulo: Contexto, 2008. p. 177.

a) Identifique os aspectos da industrialização criticados no texto.
b) Imagine quais saídas seriam possíveis para melhorar as condições dos trabalhadores.

5. Observe o gráfico abaixo.

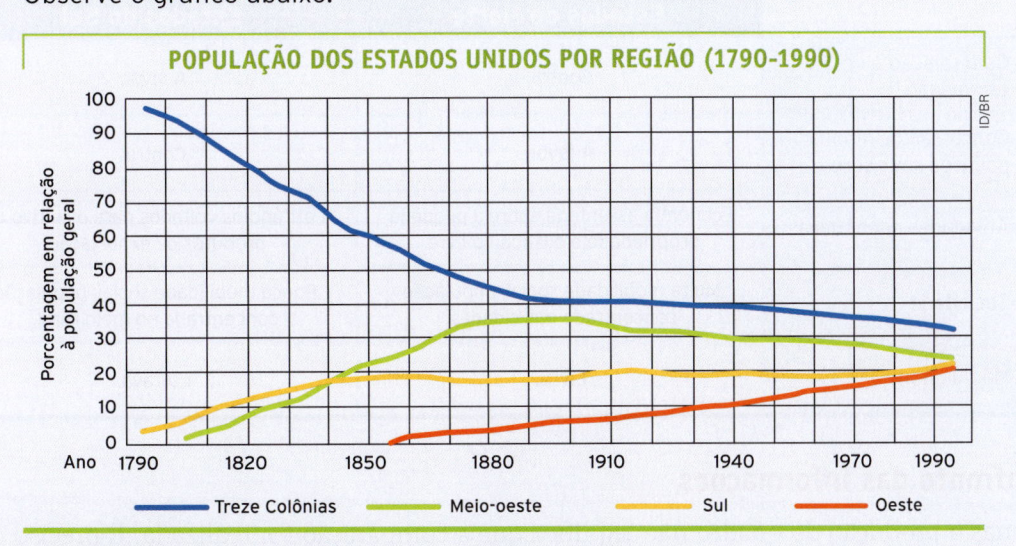

POPULAÇÃO DOS ESTADOS UNIDOS POR REGIÃO (1790-1990)

Legenda: Treze Colônias — Meio-oeste — Sul — Oeste

Fonte de pesquisa: <http://www.elderweb.com>. Acesso em: 19 set. 2014.

a) O que aconteceu com a população do território estadunidense que corresponde às antigas Treze Colônias entre 1790 e 1990?
b) Em que direção se deu primeiro a expansão territorial dos Estados Unidos logo após a independência?
c) Em que período a ocupação do meio-oeste foi mais intensa?
d) Quando se iniciou a expansão para o Oeste?

APRENDER A...

Montar um quadro comparativo

Um quadro comparativo é utilizado para subsidiar a reflexão a respeito de determinado assunto. Nele são registradas informações resumidas, de maneira quase esquemática. Para que se torne realmente útil, o quadro deve possibilitar ao leitor o acesso rápido a aspectos centrais daquilo que está sendo comparado.

Esta forma de organizar dados auxilia a compreensão de determinado assunto porque sintetiza e organiza informações essenciais lado a lado, permitindo a rápida análise dos dados em diferentes épocas, grupos ou locais.

▪ Definição *do que* e *para que* comparar

A comparação é realizada com a intenção de ampliar a compreensão de um assunto e contrastar dados de maneira rápida. Isso significa dizer que não se trata apenas de registrar dados no quadro, mas, sim, de organizá-los em torno de alguns aspectos básicos que permitam ao leitor compreender as causas e condições em que certos fenômenos ou fatos ocorreram.

Observe o quadro comparativo que nos permite visualizar os aspectos econômicos, políticos e sociais que estavam por trás dos conflitos que motivaram a Guerra de Secessão (1861-1865), estudada neste capítulo. Ele facilita compreender mais profundamente o que aconteceu.

Primeiramente, repare na organização deste quadro. Nele, foram definidos os dois atores principais do conflito: os estados do Norte e os estados do Sul. Depois, foram levantados alguns aspectos para serem comparados em cada um dos estados: as posições políticas (com relação à escravidão e à concessão de direitos políticos dos negros) e o contexto socioeconômico (atividades econômicas, sociedade e mão de obra). Depois, leia as informações que o quadro traz.

		Estados do Norte	Estados do Sul
Posições políticas	Com relação à escravidão	Contra.	A favor.
	Concessão de direitos políticos aos negros	A favor.	Contra.
Contexto econômico e social	Atividades econômicas	Economia assentada sobre a pequena propriedade e o trabalho livre.	Latifúndios voltados para o cultivo de produtos de exportação.
	Sociedade	Muita mobilidade social; população concentrada nas cidades.	Pouca mobilidade social; população concentrada no meio rural.
	Mão de obra	Livre.	Escrava.

▪ Confronto das informações

Apenas a produção do quadro não significa que a comparação foi realizada. É preciso confrontar os dados que foram sistematizados.

1. Identifique semelhanças e diferenças nas posições políticas defendidas pelos estados do Norte e do Sul.
2. Observe os dados do contexto social e econômico das duas regiões. Qual é a principal diferença entre eles?
3. Relacione as posições políticas e o contexto econômico e social dos estados do Norte e do Sul a partir da análise do quadro.

- **Produção da análise pela comparação dos dados**

    Depois de estabelecer relações entre os dados, é preciso elaborar uma reflexão a respeito dos condicionantes do fato histórico estudado.

    4. Em seu caderno, elabore um ou dois parágrafos para responder a que conclusões é possível chegar com base nas relações estabelecidas entre os dados do quadro.

- **Elaboração de um quadro comparativo**

    O quadro comparativo nos permite apoiar nossa reflexão sobre as condições em que um fato histórico ocorre. Tomando como referência o quadro que você acabou de analisar, é hora de pôr em prática o que você aprendeu.

    5. Forme um grupo com mais quatro colegas. Juntos, vocês vão elaborar um quadro comparativo sobre os serviços realizados em seu município, como manutenção do fornecimento de energia elétrica, limpeza urbana, telefonia, saneamento básico. O objetivo é descobrir quais são os serviços do município e a qualidade deles.

    6. Montem o quadro comparativo, reservando espaço para cada campo a ser pesquisado. Vejam uma sugestão:

Serviços do município	Prestador (empresa pública ou privada)	Qualidade dos serviços	População atendida

Garis recolhendo lixo jogado em igarapé na cidade de Manaus, AM. Fotografia de 2010.

7. Pesquisem os dados necessários para completar o quadro.

8. Comparem os dados incluídos no quadro e relacione-os.
    A que conclusão vocês chegaram sobre a qualidade dos serviços públicos em seu município?

9. Agora, sob a orientação do professor, conversem com os demais grupos sobre a atividade que vocês realizaram. Avaliem:

    a) Se todos os grupos elencaram os mesmos serviços públicos.

    b) Qual é a avaliação dos grupos sobre a qualidade dos serviços prestados no município.

    c) Que ações a comunidade e o governo podem tomar para a melhoria dos serviços prestados à população.

ARTE e CULTURA

Publicidade e industrialização

O acelerado crescimento industrial acirrou a concorrência entre as empresas que, ao buscar formas mais eficientes de atrair consumidores, investiam intensamente em propagandas.

Antes, os anúncios apenas informavam os consumidores sobre onde poderiam adquirir determinadas mercadorias ou contratar certos serviços. Com o desenvolvimento das máquinas de impressão, a reprodução de imagens mais coloridas e detalhadas possibilitava atrair ainda mais a atenção dos consumidores. Tudo para conquistar a sua preferência.

A divulgação dos serviços e produtos ganhava espaço em cartazes afixados em lugares públicos de grande circulação e na publicação de anúncios em jornais e revistas.

Esta propaganda, veiculada em 1898 nos Estados Unidos, diz: "Você precisa apenas de um sabão. Sabão Ivory. Puro - Primeira qualidade. Não é caro. Lavará qualquer coisa. Não racha a pele. Ele flutua".

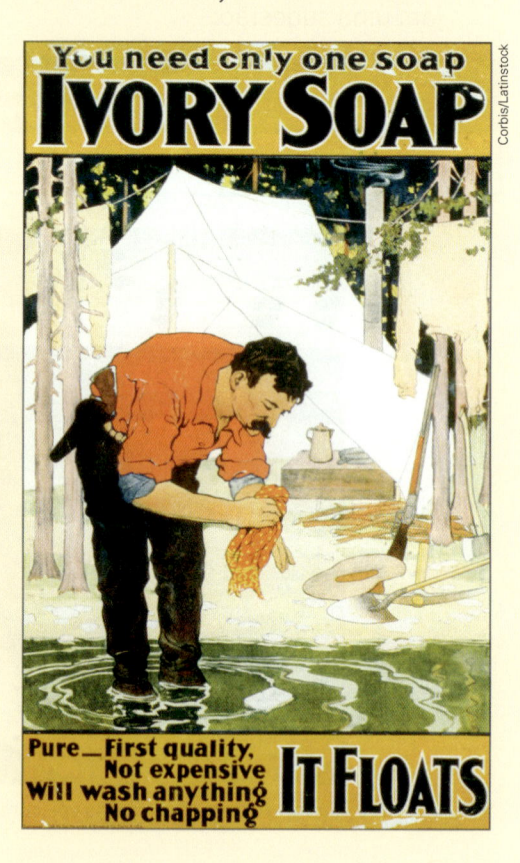

A indústria estadunidense desenvolveu diversos recursos que garantiam a exposição permanente de seus produtos. É o caso deste calendário, de 1901.

Propagandas reproduzidas nestas duas páginas com finalidade exclusivamente didática.

88

Ao lado, a empolgação do casal dançando sobre o disco pretende demonstrar a boa qualidade do som produzido pelo gramofone italiano Columbia, de 1920. O texto do cartaz propõe "Venda também a prazo – catálogos grátis" e oferece seu endereço.

Ao lado, na propaganda de c. 1912, a montadora promove "O carro utilitário para todos os fins – Econômico & Confiável" e o proclama "o carro universal". Litografia colorida de Oswald Hamilton Cuningham.

■ Atividades

1. Observe os anúncios com atenção. Quais produtos presentes nessas imagens você reconhece?

2. Descreva a cena representada na propaganda do sabão Ivory. A que momento histórico trabalhado no capítulo essa cena pode ser relacionada?

3. Compare a propaganda dos automóveis de cerca de 1912 com as propagandas desse mesmo tipo de produto realizadas hoje.

4. Na propaganda do gramofone vemos que, desde 1920, eram realizadas vendas em prestações. Imagine que você é publicitário. Crie um cartaz para promover a venda de uma bicicleta que pode ser comprada em prestações. Depois, compare a sua produção com a dos colegas.

89

DOSSIÊ

Os *cowboys* do Oeste dos Estados Unidos

Quando pensamos na conquista do Oeste estadunidense, é comum nos lembrarmos dos *cowboys*, personagens bastante valorizadas nos filmes de Hollywood. Contudo, eles não foram o tipo social predominante na história dos Estados Unidos à época da expansão territorial. Há quem defenda que, no século XIX, os *cowboys* representavam apenas 10% da população estadunidense.

A origem dos *cowboys*

Os *cowboys* foram os sucessores dos antigos *vaqueros*. Responsáveis por cuidar do gado bovino introduzido pelos espanhóis no golfo do México no século XVII, os *vaqueros* desapareceram com o fim do domínio espanhol. Os rebanhos espalharam-se então pela região.

Em c. 1902, *cowboy* conduz gado em fazenda, no Kansas, Estados Unidos.

Foram os descendentes desses animais que os colonos estadunidenses encontraram na região do atual estado do Texas. Coube aos primeiros *cowboys*, muitas vezes de origem indígena ou mestiça, submeter o gado selvagem ao domínio dos novos habitantes da região.

Por volta de 1830, a criação de gado bovino já era a principal atividade econômica do Texas. O gado era criado solto nos campos, apenas marcado a ferro e mantido sob controle.

Em meados do século XIX, os criadores passaram a buscar meios para expandir seus negócios. Relutavam em conduzir o gado a pé até os mercados mais distantes, com medo de perderem os animais em virtude de doenças ou ataques de indígenas e bandidos.

Foi um comerciante de gado do estado de Illinois, J. G. McCoy, quem tomou a iniciativa de encontrar um ponto central entre as áreas de produção e consumo, ligadas por uma ferrovia.

O local escolhido foi um pequeno vilarejo chamado Abilene, a primeira *cowtown* (cidade do gado) do Texas. A ela seguiram-se muitas outras, que, em geral, passavam por uma prosperidade efêmera, pois, a cada avanço das estradas de ferro em direção ao Oeste, mudavam os terminais das rotas de gado.

Painel dá boas-vindas a quem chega à cidade de Abilene, no Texas, Estados Unidos. Fotografia de 1945.

A passagem dos rebanhos por longas extensões de terra era a causa de frequentes conflitos com as populações nativas e com colonos que viviam nas rotas do gado. Nessas ocasiões, os *cowboys* agiam com extrema brutalidade, tornando-se, com o tempo, personagens detestadas.

As longas jornadas

Rancho em Montana, Estados Unidos, fim do século XIX.

Nas longas jornadas dos campos até as *cowtowns*, os rebanhos eram entregues pelos proprietários aos cuidados de um capataz, o *boss*, que arregimentava sua equipe de *cowboys*. Em geral, ela era formada por uma dezena de jovens saudáveis, vigorosos, hábeis na montaria e na doma de cavalos selvagens.

Cowboys mais experientes faziam o papel de batedores, indo à frente da tropa. Sua função era escolher os melhores percursos e desviar de possíveis perigos. Os demais deveriam manter os animais reunidos, evitando que se misturassem com outros rebanhos ou fossem ameaçados por lobos ou salteadores.

O trabalho era penoso, pois o percurso era longo e o gado exigia atenção constante. Durante semanas, às vezes meses, os *cowboys* seguiam por trilhas perigosas, revezando-se em plantões noturnos para vigiar os animais e dormindo em carroças ou ao relento. Para poder resistir a tamanho esforço físico, recebiam uma alimentação reforçada, preparada por um cozinheiro que acompanhava a tropa num veículo especial, reservado para as provisões.

O tempo dos ranchos

No final do século XIX, a industrialização da carne passou a atrair capitalistas estrangeiros, que investiram na compra de grandes propriedades no Texas, Arizona, Novo México e na região das Grandes Planícies.

Percebendo a mudança no rumo dos negócios, muitos criadores estadunidenses também abandonaram as longas jornadas e se instalaram em ranchos, em vales e junto a cursos d'água. Como não possuíam grandes extensões de terra, mandavam os *cowboys* levar os animais para pastar nas terras federais, ainda não cadastradas. Não raramente, envolviam-se em disputas pelas pastagens com outros criadores e indispunham-se com os nativos.

Em fins dos anos 1940, ainda eram comuns as jornadas dos rebanhos, como esta, no estado do Arizona, Estados Unidos.

■ Discussão sobre o texto

1. De acordo com o texto, que posição social você deduz que o *cowboy* ocupava na sociedade estadunidense?
2. Que papel o *cowboy* desempenhou na formação territorial dos Estados Unidos?
3. Em sua opinião, por que o cinema hollywoodiano idealizou essa personagem, transformando-a numa espécie de herói do Oeste?

FAZENDO HISTÓRIA

Industrialização a um alto preço

O crescimento industrial fortaleceu a economia estadunidense e deu condições para o país se tornar uma potência no século XX. Para alcançar seu objetivo, as indústrias passaram a empregar até crianças. Porém, as condições de trabalho, as longas jornadas diárias, os baixos salários (apesar das melhorias no final do século XIX) e o ritmo acelerado da produção geraram atritos e tensões entre as grandes empresas e os trabalhadores, muitas vezes organizados em sindicatos e associações.

Cena de manifestação operária em Chicago. Pintura de T. de Thulstrop, com base em fotografias e esboços de H. Jeanneret, 1886.

Crianças trabalhando em tecelagem de Macon, Geórgia, Estados Unidos. Fotografia de 1909.

1. Identifique e descreva os elementos presentes em cada uma das imagens.
2. Relacione as duas imagens ao tema da industrialização nos Estados Unidos.
3. Inspirado na imagem **A** e com base nos estudos deste capítulo, imagine uma fala para o homem que, à esquerda da cena, gesticula em direção aos ouvintes agitados pela confusão.
4. Leia o fragmento abaixo, do escritor russo Alexander Pushkin, sobre a situação dos trabalhadores em Londres, na Inglaterra, na primeira metade do século XIX.

> Leiam as queixas dos operários ingleses: o horror põe os cabelos em pé... Quanta crueldade, por um lado, quanta indigência, por outro! [...] Dá a impressão de que não existe no mundo ser mais desgraçado do que o trabalhador inglês, e há ainda que ver o que ali acontece cada vez que uma nova invenção mecânica liberta de súbito [rapidamente] cinco ou seis mil homens de seus trabalhos forçados ... deixando-os subitamente sem o seu último recurso.
>
> Aloísio Teixeira (Org.). *Utópicos, heréticos e malditos*: os precursores do pensamento social de nossa época. Rio de Janeiro: Record, 2002. p. 20-21.

a) O autor concorda com a situação dos trabalhadores em Londres? Justifique.
b) Interprete o seguinte trecho: "[...] há ainda que ver o que ali acontece cada vez que uma nova invenção mecânica liberta de súbito [rapidamente] cinco ou seis mil homens de seus trabalhos forçados [...], deixando-os sem o último recurso".
c) O autor comenta que "[...] não existe no mundo ser mais desgraçado do que o trabalhador inglês [...]". É possível concordar com ele? Elabore um pequeno texto com seus argumentos.

LENDO HISTÓRIA

Antes de ler
- Procure informações atuais sobre quem são e onde vivem os indígenas seminoles.
- Leia o título do texto. De onde poderia vir o dinheiro investido pelos Seminole na compra da rede de cassinos?

Índios compram rede de cassinos [...]

A tribo indígena americana Seminole, originária do Estado da Flórida, fechou um acordo para comprar a cadeia de restaurantes e cassinos [...] por US$ 965 milhões [...]

A cadeia [...], que passará às mãos dos índios seminoles, é formada por 124 restaurantes, quatro hotéis, dois hotéis-cassino e duas casas de shows [...] Esta é a primeira compra de uma grande corporação internacional por uma tribo de índios nativos da América, e representa, segundo os analistas, um marco no aumento do poder econômico dos seminoles da Flórida e de outras tribos indígenas, que contam com um regime especial de tributação nos Estados Unidos, no mundo dos negócios.

Indígenas da etnia Seminole comemoram a aquisição de uma grande rede de restaurantes e cassinos em Nova York, EUA. Fotografia de 2006.

Atualmente, a tribo Seminole já possui e explora dois hotéis e cassinos [...] em Tampa e Hollywood, em virtude de um acordo de licença [...]

A tribo Seminole, que vive próxima à cidade de Fort Lauderdale, é formada por 3,3 mil pessoas e governada por um Conselho Tribal de cinco membros eleitos por votação.

O produto de seus investimentos se destina a serviços públicos próprios, como forças policiais e corpo de bombeiros, serviços sanitários de emergência, educação, saúde, habitação, tratamento de água, desenvolvimento econômico e parques e áreas de lazer. Atualmente, mais de 90% do orçamento da tribo provém das receitas de atividades relacionadas com o jogo. O grupo também cria gado e planta frutas cítricas e tabaco.

EFE. Tribo indígena americana compra cadeia Hard Rock Café por US$ 965 milhões. 7 dez. 2006. Disponível em: <http://noticias.uol.com.br/economia/ultnot/efe/2006/12/07/ult1767u81888.jhtm> Acesso em: 19 set. 2014.

De olho no texto

1. O que é possível perceber sobre o padrão cultural dos Seminole a partir das informações do texto e da imagem?
2. Essa compra foi o primeiro investimento da etnia no mercado do entretenimento?
3. Qual a estrutura do sistema de governo dessa etnia?
4. Qual o destino dos lucros adquiridos nos negócios geridos pelos Seminole?

QUESTÕES GLOBAIS

1. Relacione os tipos de sociedade que se desenvolveram no Norte e no Sul dos Estados Unidos, antes da expansão territorial do século XIX, e as razões que levaram o país a uma violenta guerra civil, entre 1861 e 1865.

2. Qual é o significado da expressão: "A América para os americanos"? Como ela se insere no contexto político estadunidense do século XIX?

3. Observe a imagem ao lado.
   a) Descreva o que você vê e diga o que mais lhe chamou a atenção na imagem.
   b) Relacione essa imagem às transformações trazidas pelo capitalismo no final do século XIX.

Indústria têxtil na Carolina do Norte, Estados Unidos, 1914.

4. Leia o texto abaixo.

> Começando na década de 1880, uma revolução em tecnologia transformou as cidades americanas. A era do aço e do vidro produziu o arranha-céu. O bonde produziu os subúrbios, quarteirões elegantes e os novos padrões residenciais.
>
> Robert Divine e outros. *América*: passado e presente. Rio de Janeiro: Nórdica, 1992. p. 430-431.

a) Explique o fragmento.
b) Associe o texto a um tema estudado neste capítulo.

[PARA SABER MAIS]

Livros

As aventuras de Huckleberry Finn, de Mark Twain. São Paulo: Ibep-Nacional.
O livro é um clássico da literatura infantojuvenil. Por meio das experiências de um menino, são apresentadas situações e condições típicas da sociedade estadunidense do século XIX. A atual publicação é uma adaptação da tradução de Monteiro Lobato.

Nas asas da liberdade, de Rogério Andrade Barbosa. São Paulo: Biruta.
Essa lenda dos negros enraizados no Sul dos Estados Unidos é recontada de pais para filhos há muitas gerações e é uma das mais populares do folclore afro-americano. Canto de força e coragem, a lenda afirma o desejo de liberdade do ser humano.

O pequeno lorde, de Frances Hodgson Burnett. São Paulo: Ed. 34.
O romance narra a história de um garoto estadunidense do século XIX, órfão de pai, morador de Nova York, que descobre ser neto de um aristocrata inglês.

Site

<http://portuguese.brazil.usembassy.gov>. Embaixada dos Estados Unidos no Brasil.
O *site* traz informações e notícias sobre vários aspectos da cultura estadunidense, como educação, saúde, economia e política. Acesso em: 19 set. 2014.

Síntese

A marcha para o Oeste
- O crescimento da população estadunidense
- A Lei de Terras
- O Destino Manifesto
- O massacre dos indígenas

A Guerra de Secessão
- A guerra civil
- A vitória dos estados do Norte
- O fim da escravidão

Política externa
- A Doutrina Monroe
- A política do *Big Stick*
- A interferência estadunidense em Cuba
- A construção do canal do Panamá

A industrialização dos Estados Unidos
- A implantação de um extenso sistema ferroviário
- O uso do petróleo, do aço e da eletricidade
- O fordismo e o taylorismo
- O surgimento de grandes corporações

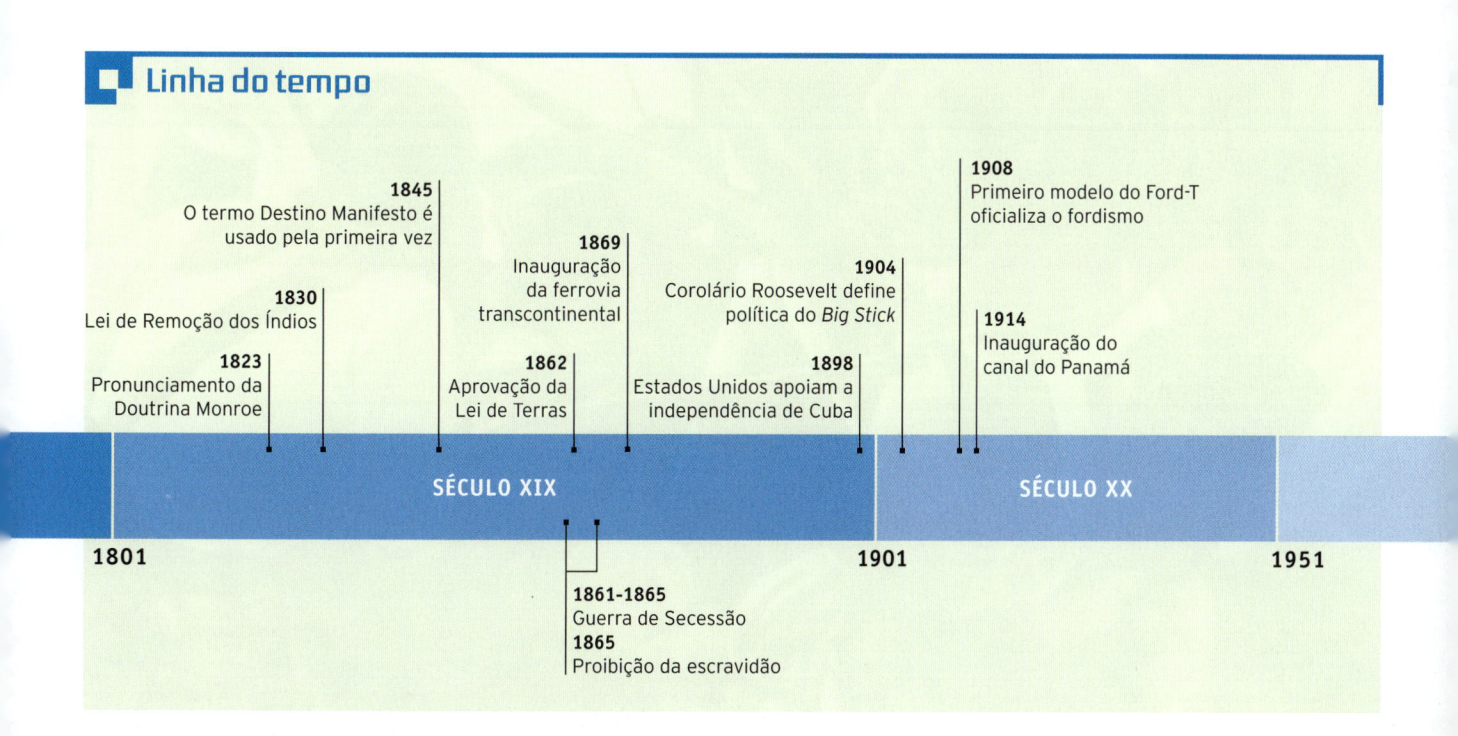

Linha do tempo

1801

1823 — Pronunciamento da Doutrina Monroe

1830 — Lei de Remoção dos Índios

1845 — O termo Destino Manifesto é usado pela primeira vez

1861-1865 — Guerra de Secessão

1862 — Aprovação da Lei de Terras

1865 — Proibição da escravidão

1869 — Inauguração da ferrovia transcontinental

1898 — Estados Unidos apoiam a independência de Cuba

1901

1904 — Corolário Roosevelt define política do *Big Stick*

1908 — Primeiro modelo do Ford-T oficializa o fordismo

1914 — Inauguração do canal do Panamá

1951

SÉCULO XIX — SÉCULO XX

Entre 1822 e 1840, o Brasil consolidou sua independência. Após um período agitado, marcado por conflitos políticos entre o imperador e as elites locais, a abdicação de dom Pedro I, em 1831, foi uma vitória dos liberais sobre as forças conservadoras. Os anos que se seguiram após a partida de dom Pedro I prepararam o caminho para a consolidação do Império e para o surgimento de partidos políticos. As revoltas do Período Regencial refletiram a insatisfação das províncias, que reagiam contra a política da Corte do Rio de Janeiro e lutavam por mais autonomia.

O Brasil é uma nação

CAPÍTULO 4

Obra representando a Guerra dos Farrapos, uma das revoltas ocorridas no período regencial brasileiro.

O QUE VOCÊ VAI APRENDER

- As reações à Independência do Brasil
- O processo de desgaste político de dom Pedro I
- Abdicação de dom Pedro I
- As Regências
- As revoltas durante a Regência

CONVERSE COM OS COLEGAS

1. A divergência de opiniões é algo comum de ocorrer, e as discordâncias tendem a aumentar quanto maior for o número de pessoas envolvidas em uma questão. Quando as questões dizem respeito aos destinos de um país, a maneira mais democrática de resolvê-las é por meio de um debate entre os membros da sociedade e da eleição de representantes que possam decidir que medidas serão tomadas, com base nas leis.
   a) Você conhece algum assunto da atualidade que gere ideias discordantes na sociedade brasileira?
   b) Em sua opinião, esses temas polêmicos são normalmente resolvidos de maneira pacífica?

2. A imagem ao lado reproduz a tela *Batalha dos Farrapos*, criada em 1937 pelo artista paulista José Wasth Rodrigues. A pintura retrata uma das revoltas que ocorreram no século XIX. Observe-a e responda:
   a) Quais armas aparecem representadas?
   b) Qual animal é representado na cena?
   c) Considerando-se a época em que essa guerra aconteceu, você diria que esse animal cumpria uma função importante nos campos de batalha?

3. Sobre os participantes da batalha, responda.
   a) É possível diferenciar os grupos em conflito?
   b) Quais aspectos o auxiliaram na identificação?
   c) Esses grupos parecem lutar em igualdade de condições? Justifique.

MÓDULO 1
A consolidação da Independência

Proclamada a Independência, era necessário implantar no país as bases de uma nação liberal, de acordo com os novos tempos. Para isso se fazia necessário expulsar as tropas portuguesas que ainda estavam no Brasil, estruturar as Forças Armadas e dar ao Estado uma Constituição.

••• As reações à Independência

A proclamação da Independência, em setembro de 1822, não garantiu ao novo governo o controle sobre todo o reino do Brasil. Em algumas províncias, tropas fiéis a Portugal se manifestaram contra a Independência. Dom Pedro I reorganizou o Exército brasileiro, comprou navios e contratou militares estrangeiros, que lutaram e venceram as resistências nas províncias do Grão-Pará, do Maranhão, do Piauí e da Cisplatina (atual Uruguai).

Na Bahia, a luta foi violenta. Os portugueses, aquartelados em Salvador, foram cercados por terra, mas continuavam a receber reforços de Lisboa por mar. Com o bloqueio do porto da capital baiana pela esquadra imperial, as tropas portuguesas se renderam em 2 de julho de 1823.

A primeira bandeira do Brasil.

O almirante inglês Cochrane, que partiu do Rio de Janeiro para combater os portugueses na Bahia. Óleo sobre tela, autor desconhecido, 1823.

••• A consolidação do Império

Unificado o Império brasileiro, era necessário obter o reconhecimento dos países europeus e das novas nações americanas. Isso viabilizaria as alianças militares, o comércio e os empréstimos externos. O fato de o Brasil romper os laços com a metrópole, mantendo, porém, a monarquia, agradava aos reinos europeus. As repúblicas americanas, por sua vez, também viam com bons olhos o nascimento de mais uma nação na América, livre do jugo colonial.

Pressionado pela Inglaterra, Portugal aceitou a emancipação do Brasil em 1825, não sem exigir o pagamento de uma elevada indenização de 2 milhões de libras. Não dispondo desse dinheiro, o Brasil tomou um empréstimo com a Inglaterra para saldar a dívida, passando a depender ainda mais da Inglaterra, a grande potência da época.

Maria Quitéria (1792-1853) vestiu-se como soldado e integrou o batalhão dos Periquitos, defendendo a Independência do Brasil. Ela permaneceu no Exército e foi condecorada por dom Pedro I. Óleo sobre tela de D. Failutti, 1920.

●●● A Assembleia Constituinte

Em maio de 1823, o Império ainda lutava para se manter unido quando a **Assembleia Constituinte**, que tinha sido convocada por dom Pedro I em junho de 1822, reuniu-se no Rio de Janeiro para elaborar a Constituição do novo Estado. Em meio aos debates que marcaram as primeiras sessões, os deputados se organizaram em dois grupos políticos: o **Partido Português** e o **Partido Brasileiro**.

O Partido Português reunia comerciantes e altos funcionários públicos, nascidos em Portugal, que buscavam uma reaproximação com o governo de Lisboa e o retorno dos privilégios que possuíam na época de dom João VI. O Partido Brasileiro era subdividido em dois grupos menores, os **liberais** e os **conservadores**. Os liberais eram representantes das camadas médias urbanas, que defendiam maior participação política e a descentralização do poder, com mais autonomia para as províncias. Os conservadores eram latifundiários escravistas, que defendiam um governo centralizado e controlado pelos órgãos políticos do Rio de Janeiro.

Ao longo daquele ano, noventa deputados – entre latifundiários, membros da Igreja, médicos, militares e juristas – reuniram-se para escrever a primeira Constituição do Brasil. Os liberais mais radicais, porém, não estavam presentes, pois tinham sido presos ou exilados.

Jean-Baptiste Debret. Detalhe da tela *Coroação de dom Pedro I*, 1828. Dom Pedro I foi coroado como imperador do Brasil em 1º de dezembro de 1822, na Capela Imperial do Rio de Janeiro.

A "Constituição da Mandioca"

O projeto de Constituição que a Assembleia formulou previa eleições mediante **voto censitário**, isto é, só teriam direito a voto deputados que comprovassem ter renda anual equivalente ao preço da safra de mandioca plantada em 250 alqueires de terra; para ser eleito deputado, a renda mínima deveria ser superior ao dobro desse valor (produção de mandioca em 500 alqueires). Por causa disso, o projeto constitucional foi apelidado de "Constituição da Mandioca".

Ao mesmo tempo que não desejavam promover mudanças radicais no país, mantendo o latifúndio e a escravidão, os deputados constituintes não eram favoráveis ao absolutismo do imperador. O projeto elaborado pela Assembleia pretendia subordinar o monarca ao **Poder Legislativo**, ou seja, o texto previa que o imperador não poderia vetar nem modificar as decisões dos deputados.

Assim, logo surgiram conflitos entre dom Pedro I e os membros da Constituinte. Apesar de se declarar um liberal e defensor da monarquia constitucional, o imperador não abriria mão de exercer o poder máximo do Estado.

Fac-símile do projeto de Constituição para o Império do Brasil, 1824.

A primeira Constituição

A tensão entre os constituintes e o imperador resultou em violência e na dissolução da Assembleia. Em novembro de 1823, dom Pedro I ordenou que tropas do Exército cercassem o edifício onde se reuniam os deputados e prendeu vários deles. O imperador, então, nomeou um Conselho de Estado, composto de dez pessoas de sua confiança, que redigiu um novo projeto de Carta constitucional. Esse texto seria transformado na Constituição do Império, outorgada por decreto em 25 de março de 1824.

Os poderes imperiais

Na Constituição imperial foi formalizada a existência de quatro poderes: além do **Executivo**, do **Legislativo** e do **Judiciário**, foi criado também o poder **Moderador**.

O poder Legislativo, vinculado às ideias liberais de soberania popular, era exercido pela **Assembleia Geral**, formada pelo Senado e pela Câmara dos Deputados, cuja função era elaborar e aprovar as leis do país.

O imperador chefiava os poderes Executivo e Moderador. O poder Moderador permitia ao monarca intervir no Legislativo e no Judiciário, podendo dissolver a Assembleia e demitir juízes, instituindo um regime autoritário semelhante ao Absolutismo.

O voto era aberto, indireto e censitário. Os votantes, homens livres maiores de 25 anos e que ganhavam mais de 100 mil-réis anuais, escolhiam os eleitores, que ganhavam no mínimo 200 mil-réis anuais, os quais, por sua vez, elegiam os deputados e senadores.

> **Verifique o que aprendeu**
>
> 1. Quais províncias não aceitaram de imediato a Independência do Brasil? Por quê?
> 2. Quais são as principais características do projeto da "Constituição da Mandioca"?
> 3. Por que dom Pedro I não aceitou o projeto da "Constituição da Mandioca"?

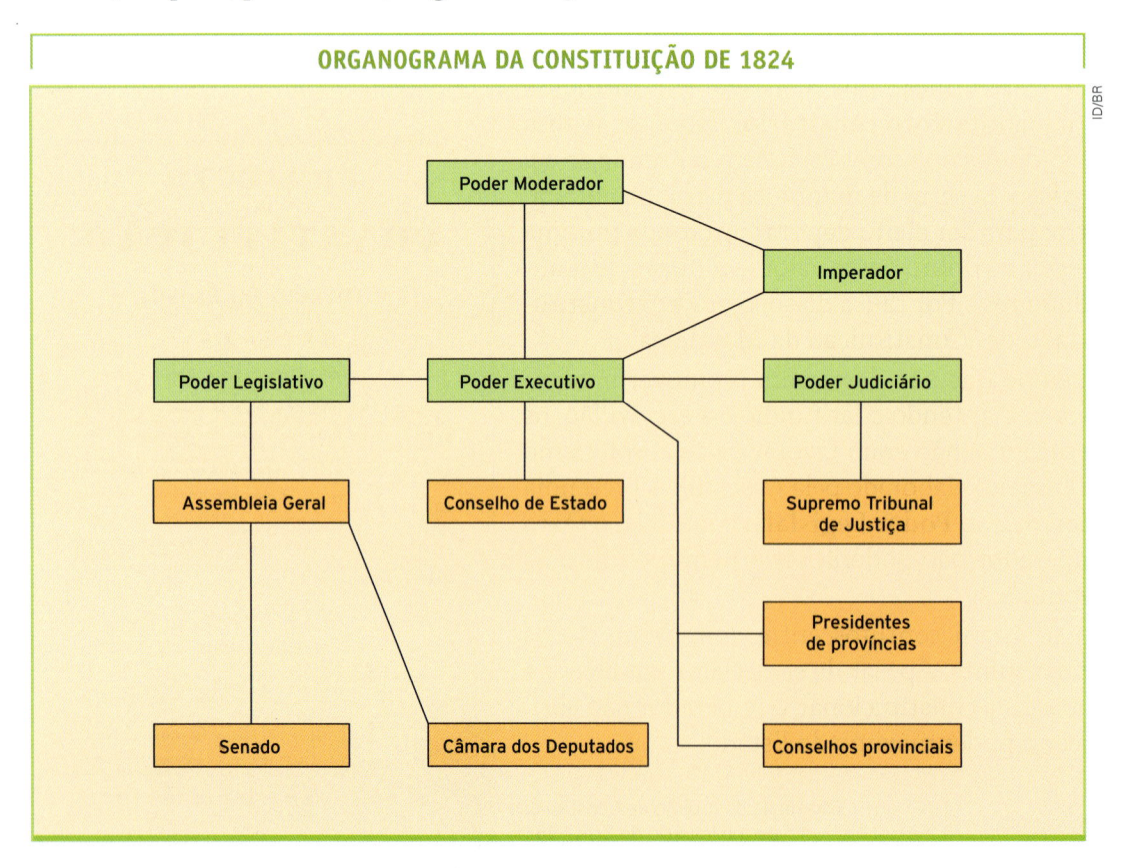

ORGANOGRAMA DA CONSTITUIÇÃO DE 1824

ATIVIDADES

1. Leia o texto a seguir e responda às questões.

   > A independência do Brasil foi feita aos poucos. Bem depois do famoso Grito do Ipiranga, um bom pedaço do país mantinha-se fiel ao Império português. O Maranhão foi uma das últimas províncias a aderir ao "chamado" de D. Pedro I. E não sem resistência.
   >
   > Para se entender o que acontecia naqueles anos conturbados, um mapa pode ajudar. Localizado no extremo Norte, o Maranhão vivia isolado da longínqua capital, o Rio de Janeiro. Lisboa, ao contrário, era logo ali. Pelo mar, ficava bem mais perto que o Sudeste. E não só do ponto de vista geográfico, mas também por laços econômicos e políticos, os maranhenses tinham motivos para resistir à incorporação de sua província às demais, já convertidas à independência.
   >
   > Marcelo Cheche Galves. São Luís de Portugal. *Revista de História da Biblioteca Nacional*, Rio de Janeiro, n. 38, p. 68, nov. 2008.

   a) Explique a afirmação do autor de que a independência brasileira "foi feita aos poucos".

   b) Cite os fatores que justificam a resistência maranhense à Independência.

   c) Somente o Maranhão foi contrário à Independência? Justifique.

2. Por que era importante para o Império do Brasil ser reconhecido pelos demais governos estrangeiros?

3. Leia abaixo um trecho da Constituição imperial de 1824.

   > **Das Eleições**
   >
   > Art. 91. Têm votos nestas eleições primárias:
   >
   > 1º Os Cidadãos Brasileiros que estão no gozo de seus direitos políticos;
   >
   > 2º Os estrangeiros naturalizados.
   >
   > Art. 92. São excluídos de votar nas Assembleias Paroquiais:
   >
   > (...)
   >
   > 5º Os que não tiverem de renda líquida anual 100 $rs. por bens de raiz, indústria, comércio ou empregos.
   >
   > Mary Del Priore; Maria de Fátima das Neves; Francisco Alambert. *Documentos de História do Brasil*: de Cabral aos anos 90. São Paulo: Scipione, 1997. p. 42.

   GLOSSÁRIO

   Bens de raiz: bens imóveis (terrenos, casas, edifícios, etc.).

   a) Na Constituição de 1824, quais homens livres estavam impedidos de votar nas eleições primárias ou paroquiais?

   b) Que nome se dá a esse tipo de voto?

4. Leia um trecho da atual Constituição do Brasil e, em seguida, compare-o com o trecho da Constituição de 1824, que está na atividade anterior. Reflita sobre as diferenças existentes entre os dois documentos a respeito do voto. Elabore um texto no caderno com suas conclusões.

   > **Capítulo IV — Dos Direitos Políticos**
   >
   > Art. 14 – A soberania popular será exercida pelo sufrágio universal e pelo voto direto e secreto, com valor igual para todos, e, nos termos da lei [...]
   >
   > [Parágrafo] 1º – O alistamento eleitoral e o voto são:
   >
   > I – obrigatórios para os maiores de dezoito anos;
   >
   > II – facultativos para:
   >
   > a) os analfabetos;
   >
   > b) os maiores de setenta anos;
   >
   > c) os maiores de dezesseis e menores de dezoito anos.
   >
   > Portal do Planalto. Casa Civil. Disponível em: <http://www.planalto.gov.br/ccivil_03/Constituicao/principal.htm>. Acesso em: 19 set. 2014.

MÓDULO 2

Tensões no Império

Passada a euforia da Independência, os brasileiros começaram a temer o rumo que o Império tomava. Com a dissolução da Assembleia Constituinte, a imagem de dom Pedro I junto à população ficou abalada. Isolado, o imperador acabou abdicando do trono brasileiro.

••• A Confederação do Equador

A dissolução da Assembleia Constituinte e a imposição da Constituição de 1824 provocaram protestos em todo o país, principalmente nas províncias da porção nordeste do Brasil. A crise econômica gerada pela queda nas exportações dos principais produtos locais – algodão e açúcar – agravava a insatisfação.

Em Pernambuco, onde a repressão à Revolução de 1817 ainda estava viva na memória da população, o crescente despotismo de dom Pedro I era visto como uma confirmação das intenções do imperador em submeter todas as regiões do Brasil ao poder central, e a ideia de que as províncias necessitavam de autonomia ganhava cada vez mais força entre os pernambucanos.

Em maio de 1824, dom Pedro I demitiu o governador de Pernambuco, o liberal Paes de Andrade. Os pernambucanos, porém, recusaram-se a cumprir a ordem imperial e pegaram em armas para defender sua autonomia. Foi proclamada a República, com o nome de **Confederação do Equador**, à qual aderiram as províncias da Paraíba, do Rio Grande do Norte e do Ceará.

A Confederação do Equador, que aboliu o tráfico de negros escravizados e convocou uma assembleia constituinte, conquistou o apoio popular. As elites, porém, afastaram-se, descontentes com o fim do tráfico, o que enfraqueceu o movimento. Dom Pedro I obteve da Inglaterra um empréstimo da ordem de 1 milhão de libras para enviar tropas para a região. Os revolucionários foram vencidos, e seus líderes, executados após julgamentos sumários, escandalizando a população e marcando a figura do imperador como um déspota sanguinário.

> **Frei Caneca: a força de um ideal**
>
> Frei Caneca teve infância pobre e seu apelido surgiu na época em que vendia canecas pelas ruas do Recife.
>
> Estudou no seminário de Olinda, centro de discussão e difusão de ideias liberais.
>
> Ele foi um dos líderes da Confederação do Equador e, por isso, foi condenado à forca. Mas, na hora do enforcamento, o carrasco se recusou a executá-lo e a solução encontrada foi o fuzilamento.

Vista de Recife, capital de Pernambuco, no século XIX. Litografia colorida de Frederick Hagedorn, 1855.

A Guerra da Cisplatina

Em 1816, as Províncias Unidas do Rio da Prata, atual Uruguai, foram tomadas pelas tropas de dom João VI. Com a Independência do Brasil, a região foi incorporada ao Império com o nome de Província Cisplatina.

Colonizados pela Espanha, com língua e cultura diferentes da luso-brasileira, os habitantes da Cisplatina não admitiam ficar sob domínio brasileiro. Em 1825, eles se rebelaram, iniciando a guerra pela independência.

A Argentina apoiou a revolta, pois tinha interesse em anexar a região e recompor o território do antigo Vice-Reinado do Prata, controlado por Buenos Aires.

O Império brasileiro tinha interesses estratégicos no Prata, pois a bacia Platina era o caminho mais fácil e rápido que ligava a Corte e a província do Mato Grosso.

Dom Pedro I contraiu empréstimos com os ingleses para contratar tropas mercenárias e comprar armas e provisões, e viajou para o sul para chefiar as tropas. Mesmo assim, as forças brasileiras sofreram inúmeras derrotas, o que fez aumentar o descontentamento dos brasileiros com o imperador. Em 1827, o Brasil teve de abrir mão definitivamente da Província Cisplatina.

A Inglaterra ajudou nas negociações de paz, interessada em restaurar suas relações comerciais na região. O Brasil perdeu a província, mas a Argentina não a incorporou ao seu território. O Uruguai se tornou um Estado independente, evitando novos conflitos entre esses países.

Fonte de pesquisa: *Atlas histórico escolar*. Rio de Janeiro: FAE, 1991. p. 26-27.

Vista de Montevidéu, capital do Uruguai, por Alcide D'Orbigny, século XIX.

A questão do trono português

Em 1826, dom João VI morreu em Portugal. Dom Pedro I era o herdeiro do trono português e, caso fosse aclamado rei de Portugal, a autonomia brasileira seria posta em risco.

Optando por manter seu trono no Brasil, dom Pedro I abdicou da Coroa portuguesa em favor de sua filha mais velha, Maria da Glória. Enviada a Portugal, ela não conseguiu desembarcar, pois seu tio, dom Miguel, havia tomado o poder. Em reação, dom Pedro I enviou navios e tropas para Portugal, gastando grandes somas de dinheiro, fato que desagradou aos políticos brasileiros.

Afastando-se dos políticos brasileiros, pouco a pouco dom Pedro I se aproximou dos membros do Partido Português, que se tornaram seus únicos aliados. Em troca, recebiam favores e privilégios.

A Noite das Garrafadas

A insatisfação da população com dom Pedro I aumentava a cada dia. A imprensa liberal, ligada ao Partido Brasileiro, não poupava críticas ao imperador.

Em junho de 1830, uma revolução liberal na França depôs o rei absolutista Carlos X, dando esperanças aos liberais de todo o Ocidente e inspirando revoltas antiabsolutistas em muitos países. No Brasil, estudantes e políticos promoveram comemorações pela queda do rei francês, sendo reprimidos pela polícia. A tensão crescente entre o imperador e seus opositores piorou ainda mais quando, em novembro de 1830, o jornalista **Líbero Badaró**, feroz crítico do imperador, foi assassinado em São Paulo.

Em dezembro de 1830, dom Pedro I viajou a Minas Gerais, procurando apoio entre os mineiros. Foi, porém, recebido com frieza e cerimônias fúnebres em homenagem a Líbero Badaró. Em 13 de fevereiro de 1831, cerca de dois meses depois do ocorrido em Minas, os portugueses do Rio de Janeiro organizaram uma homenagem ao imperador, o que foi considerado uma provocação por seus opositores. A noite acabou em uma guerra de garrafas e cacos de vidro, no episódio conhecido como Noite das Garrafadas.

A abdicação

Dom Pedro procurou agradar a oposição instituindo o "Ministério dos Brasileiros", composto apenas de liberais nascidos no Brasil. Mas a pressão dos portugueses obrigou o imperador a trocar novamente os ministros. Dessa vez, escolheu aliados de tendências absolutistas, que formaram o "Ministério dos Marqueses".

Milhares de pessoas saíram às ruas pedindo o retorno do "Ministério dos Brasileiros". Além de não readmitir o ministério, o imperador enviou tropas para reprimir os manifestantes.

O Exército brasileiro, por sua vez, também estava descontente com o governo. Muitos oficiais brasileiros ocupavam cargos inferiores aos dos portugueses, e as tropas eram mal treinadas e deficientemente armadas. O soldo (pagamento dos soldados) era baixo, e os castigos físicos, excessivos.

Assim, em vez de sufocar os focos de revolta, o Exército aderiu às manifestações. Isolado e sem o comando das forças militares, em 7 de abril de 1831 dom Pedro I abdicou do trono brasileiro em favor de seu filho de apenas 5 anos, dom Pedro de Alcântara. Em seu retorno a Portugal, foi coroado como rei dom Pedro IV.

Aurélio de Figueiredo. *Dom Pedro abdica do trono do Brasil*, c. 1890. Óleo sobre tela.

Coerência ou falsidade?

Dom Pedro I é visto como autoritário no Brasil, por ter outorgado a Constituição e criado o Poder Moderador. Por outro lado, ao voltar a Portugal, ele é reconhecido como liberal, pois lutava contra a retomada do Absolutismo por seu oponente, dom Miguel.

I. Discuta com os colegas se é aceitável que um líder político se posicione diferentemente, dependendo do contexto, apresentando, em cada situação, posturas que parecem contrastantes.

Verifique o que aprendeu

1. O que foi a Confederação do Equador?
2. Por que a Província Cisplatina lutou contra o Brasil?
3. O que foi a Noite das Garrafadas?

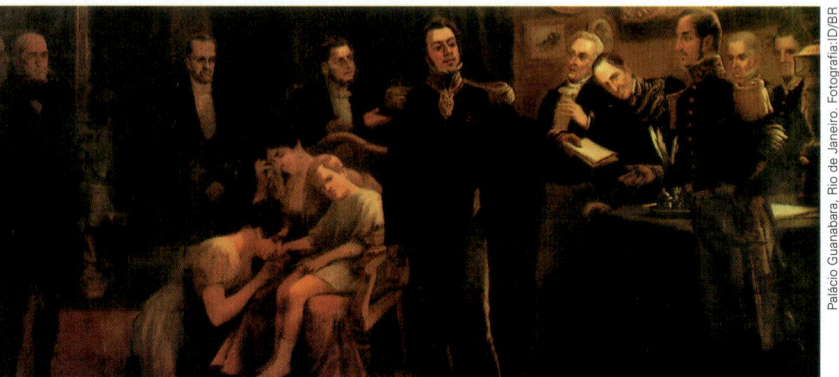

ATIVIDADES

1. Leia o texto e responda às questões.

   > **A Confederação do Equador**
   >
   > Dissolvendo a Constituinte e decretando a Constituição de 1824, o imperador deu uma clara demonstração de seu poder e dos burocratas e comerciantes, muitos deles portugueses, que faziam parte de seu círculo íntimo.
   >
   > Em Pernambuco, esses atos discricionários puseram lenha em uma fogueira que não deixara de arder desde 1817 e mesmo antes. A propagação das ideias republicanas, antiportuguesas e federativas (opostas à centralização do poder) ganhou ímpeto com a presença no Recife de Cipriano Barata, vindo da Europa, onde representara a Bahia nas Cortes. É importante ressaltar, de passagem, o papel da imprensa na veiculação de críticas e propostas políticas, nesse período em que ela própria estava nascendo. Os Andradas, que tinham passado para a oposição depois das medidas autoritárias de Dom Pedro, lançaram seus ataques através de *O Tamoio*; Cipriano Barata e Frei Caneca combateram a monarquia centralizada, respectivamente, na *Sentinela da Liberdade* e no *Tífis Pernambucano*.
   >
   > Boris Fausto. *História do Brasil*. São Paulo: Edusp, 2006. p. 152-153.

   a) A que movimento o autor se refere?
   b) O que o autor quis dizer com a frase: "atos discricionários puseram lenha em uma fogueira que não deixara de arder desde 1817"?
   c) Destaque no texto trechos que indicam alguns dos fatores que desencadearam o movimento.

2. Explique os interesses de brasileiros, argentinos e ingleses na guerra de independência da Província Cisplatina, entre 1825 e 1827.

3. "Morre um liberal, mas não morre a liberdade." Essa frase teria sido proferida pelo jornalista Líbero Badaró, momentos antes de morrer, vítima de um atentado, em novembro de 1830.
   a) Quem foi Líbero Badaró? Pesquise em livros, enciclopédias ou na internet dados que complementem aqueles fornecidos no módulo.
   b) Considerando o contexto histórico brasileiro que envolve a morte de Badaró, explique o sentido da frase.

4. Quais são as razões da renúncia de dom Pedro I ao trono brasileiro em 1831?

5. Os versos a seguir eram proferidos pelas pessoas nas ruas do Rio de Janeiro, na década de 1830. Leia-os e responda às questões.

   > Passa fora pé de chumbo
   > Vai-te do nosso Brasil
   > Que o Brasil é brasileiro
   > Depois do 7 de abril.
   >
   > Portal MultiRio. Disponível em: <http://portalmultirio.rio.rj.gov.br/historia/modulo02/abdicacao_dpedroi.html>. Acesso em: 19 set. 2014.

   a) A quem esses versos se referem?
   b) O que se entende por "Vai-te do nosso Brasil" e "Que o Brasil é brasileiro"?
   c) O que aconteceu em 7 de abril? A que ano essa data se refere?
   d) Considerando o que você estudou sobre esse período da História do Brasil, os versos acima exprimem o pensamento de qual grupo social?

APRENDER A...

Visitar um museu

Os museus, tal como os conhecemos hoje, existem desde o século XVII na Itália e na Inglaterra. No Brasil, o primeiro foi o Museu do Instituto Arqueológico Histórico e Geográfico Pernambucano, fundado em 1862. Instalado em Recife, continua aberto à visitação.

É nos museus que são conservadas coleções de objetos de arte ou ciências, com o objetivo de preservá-los e apresentá-los ao público. Isso porque, por meio de quadros, esculturas, objetos, móveis, etc., é possível reconstituir e compreender um período histórico; a história de uma cidade, de um país e de sua sociedade; o desenvolvimento de determinada técnica; um movimento artístico; o trajeto de determinado artista; entre outras possibilidades.

Toda essa riqueza disponível nos museus pode ser desfrutada por qualquer pessoa. Para isso, basta visitá-los. Essas visitas podem ser feitas não apenas pessoalmente, mas também de modo virtual. Hoje, vários museus possibilitam o acesso a seus acervos pela internet.

Entretanto, quanto mais se sabe sobre o museu que se quer conhecer, mais a visita será proveitosa. Portanto aqui você vai aprender a planejar uma visita a um museu. Tomaremos como exemplo uma visita ao Museu Imperial, em Petrópolis, no estado do Rio de Janeiro, onde se encontram objetos que simbolizam a Monarquia brasileira.

- **Coleta de informações**

Num primeiro momento é preciso descobrir:

1. Onde fica o Museu Imperial?
2. Quais são os dias e o horário aberto à visitação?
3. Há visitas monitoradas? É necessário agendamento prévio?
4. O que é preciso levar no dia da visita?

O Museu Imperial foi criado em 1943 pelo presidente Getúlio Vargas. Fotografia de 2010.

- **Planejamento da visita**

5. Forme um grupo com mais quatro colegas. Juntos, procurem informações sobre o Museu Imperial: construção e finalidade original do prédio, quando o museu foi inaugurado, o acervo, isto é, o conjunto de obras que exibe. Anotem suas descobertas no caderno.

6. Sob a orientação do professor, forme uma roda de conversa com toda a turma para compartilhar suas descobertas e estabelecer o roteiro da visita. O professor agendará o melhor dia para a atividade.

O Museu Imperial guarda objetos valiosos, como a coroa de dom Pedro II, e preserva ambientes como a Sala do Trono.

- **A visita**

7. Ao chegar ao museu, combine com o professor e os colegas um ponto de encontro para a eventualidade de alguém se afastar do grupo.

8. Observe os jardins que cercam o museu. Há árvores, como as palmeiras imperiais, que têm mais de 100 anos.

9. Ao entrar no museu, veja as regras que precisam ser respeitadas. Além de não ser permitido tocar nos objetos, correr e falar alto, o Museu Imperial tem uma regra muito divertida: é obrigatório calçar pantufas sobre os sapatos para andar dentro do museu, a fim de não danificar o piso.

10. Siga com calma o roteiro de visita e tome notas e/ou desenhe os detalhes que chamam a sua atenção. Olhe os objetos, observe os ambientes. Imagine como era viver no palácio que foi residência de veraneio da família de dom Pedro II.

- **Conclusão**

11. De volta à escola, faça um balanço da atividade. Escreva um pequeno texto, relatando como foi a visita. Em sua avaliação, procure responder às seguintes questões:
    a) O que mais chamou sua atenção no museu?
    b) Algo o surpreendeu ou o decepcionou? O quê?
    c) Em próximas atividades como esta, o que você gostaria que fosse diferente? Na sua opinião, o que deveria ser feito da mesma maneira?

MÓDULO 3
O Período Regencial

A Constituição de 1824 previa que, na ausência de um imperador com 18 anos completos, o país seria governado por um conselho de três regentes até que o herdeiro do trono atingisse a maioridade.

A herança política de dom Pedro I

O dia 7 de abril de 1831 ficou marcado pelo levante das tropas do Exército brasileiro, que aderiram às manifestações populares contra dom Pedro I.

A partida do imperador não trouxe, porém, a conciliação nacional. Mesmo após a abdicação, havia quem defendesse o retorno de dom Pedro I ao trono – eram os **restauradores**.

Os liberais **exaltados** exigiam reformas que propiciassem maior participação política e o fim da influência portuguesa no governo. Por sua vez, os liberais **moderados** temiam os exaltados e os restauradores, pregando a manutenção da ordem vigente até a maioridade de dom Pedro II.

A Regência Trina

Como a Assembleia Geral estava em recesso em abril de 1831, o governo ficou sob a responsabilidade de uma Regência Trina Provisória, unindo moderados e exaltados, enquanto se aguardava que os deputados das províncias viessem ao Rio de Janeiro para eleger a Regência Trina Permanente, o que ocorreu dois meses depois.

O povo nas ruas e os constantes levantes das tropas geravam medo e insegurança nas elites. Procurando diminuir a influência do Exército na sociedade e conter o ímpeto revolucionário, o ministro da Justiça da Regência, padre Diogo Feijó, criou a **Guarda Nacional**, formada por cidadãos armados e treinados para manter a ordem em cada localidade do país.

O alistamento na Guarda Nacional era obrigatório para os cidadãos entre 21 e 60 anos de idade que possuíssem direito de voto. Como, pela Constituição de 1824, só votavam as pessoas com renda anual acima de 100 mil-réis, os mais pobres não participavam da Guarda Nacional.

O governo também tinha a seu favor o Código Criminal de 1830, que condenava criminosos com prisão temporária ou perpétua, trabalhos forçados ou enforcamento.

> **Tendências políticas durante a Regência**
>
> Após a abdicação de dom Pedro I, o antigo Partido Português ficou conhecido como Restaurador ou Caramuru (o nome foi inspirado no jornal *O Caramuru*, que defendia a volta de dom Pedro I como imperador do Brasil).
>
> O Partido Brasileiro ficou conhecido como Liberal e se subdividiu em *Moderado* (latifundiários interessados em preservar suas terras e cativos, e que defendiam um governo centralizador) e *Exaltado* (latifundiários, classes médias e Exército, que defendiam as elites das províncias e a descentralização do poder monárquico), cujos membros mais radicais lutavam pela República.

Uniformes de tenente (esq.), major (centro) e soldado (dir.) da Guarda Nacional, século XIX.

Museu Paulista da Universidade de São Paulo. Fotografias: Romulo Fialdini

••• A aliança entre moderados e exaltados

Em 1832, os restauradores comandaram uma conspiração para trazer dom Pedro I de volta ao Brasil. Tropas restauradoras tentaram ocupar o Rio de Janeiro, mas as forças da Regência conseguiram detê-las. A conspiração foi vencida, porém o clima político ficou ainda mais tenso, com as tentativas da Câmara dos Deputados de mudar a Constituição, eliminando o poder Moderador, o Conselho de Estado – reduto dos restauradores – e o caráter vitalício do cargo de senador. Essas propostas foram vetadas pelo Senado.

Procurando estabilizar o tumultuado quadro político, que poderia levar o Império a uma guerra civil, os liberais moderados se aproximaram dos exaltados. Tal aproximação possibilitou que, finalmente, uma ampla reforma fosse aprovada pela Assembleia Geral.

O Ato Adicional

O Ato Adicional de agosto de 1834 foi uma reforma da Constituição que pretendia atender a moderados e exaltados, fazendo concessões ora a uns, ora a outros. Os exaltados conseguiram extinguir o Conselho de Estado e aumentar a autonomia das províncias com a criação de Assembleias Legislativas provinciais.

A Regência Una

Os moderados garantiram que fossem mantidos o poder Moderador e o Senado vitalício, e a Regência Trina foi substituída por uma Regência Una. A mudança agradou aos moderados porque possibilitava que o governo se tornasse ainda mais centralizado.

Em setembro de 1834, a morte de dom Pedro I, ou dom Pedro IV, em Portugal, pôs um ponto final à causa restauradora. Alguns restauradores uniram-se aos moderados e com eles passaram a defender o regresso à Constituição de 1824, eliminando as mudanças trazidas pelo Ato Adicional. Esse grupo passou a ser conhecido como **Regressista**.

Dom Pedro I e dom Pedro IV

Conhecido no Brasil como dom Pedro I, um monarca autoritário, em Portugal dom Pedro foi coroado dom Pedro IV, líder das forças liberais portuguesas na vitória contra seu irmão, o absolutista dom Miguel.

Dom Pedro IV morreu aos 36 anos, quatro dias após sua filha, dona Maria II, ser aclamada rainha de Portugal. Na história de Portugal, dom Pedro é lembrado como o herói do liberalismo português.

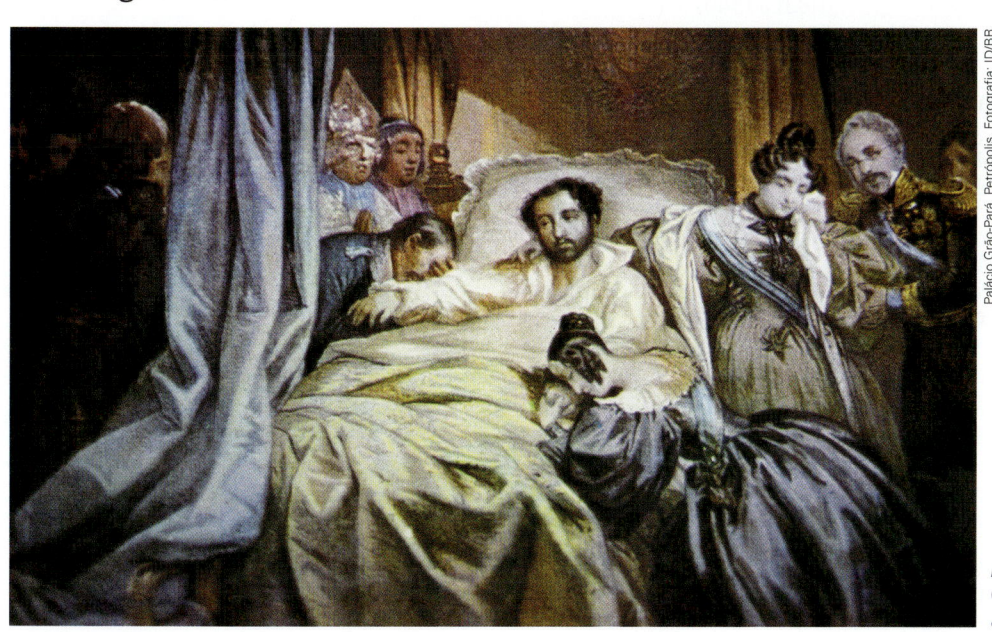

Morte de dom Pedro I. Óleo sobre tela de artista anônimo, c. 1834.

••• Crise econômica e insatisfação geral

Em 1835, o padre Feijó foi eleito o primeiro Regente Uno. Mas não havia motivos para comemorações. As notícias das províncias mais distantes eram preocupantes, pois a economia estava em crise, e o ato fomentava sentimentos antilusitanos e ideias separatistas.

A insatisfação acabou resultando em inúmeras revoltas: em 1835, a população do Pará iniciou a Cabanagem, e no Rio Grande do Sul estourou a Revolução Farroupilha. Dois anos depois, eclodiu a Sabinada na Bahia, acompanhada por várias revoltas de negros escravizados em todo o país.

Os regressistas pressionavam Feijó, exigindo atitudes enérgicas que garantissem a unidade do Império. As forças locais das províncias, enfraquecidas pela crise econômica, estimulavam revoltas. Havia o risco de o Império se desintegrar em várias repúblicas, como ocorrera na América hispânica.

Procurando se adaptar à nova realidade política, os liberais exaltados se aliaram a uma parte dos moderados e formaram o Partido Progressista, que depois se tornou o **Partido Liberal**. A outra parte dos moderados e dos regressistas formou o **Partido Conservador**.

Feijó estava isolado: era considerado pelos liberais como excessivamente autoritário, ao censurar a imprensa e perseguir seus inimigos; e pelos conservadores como excessivamente liberal, principalmente por se posicionar contra a escravidão. Pressionado pelas rebeliões provinciais, o regente renunciou em 1837.

Feijó foi substituído pelo regressista Araújo Lima. Seu governo voltou a ser centralizado, diminuindo a importância das Assembleias Provinciais.

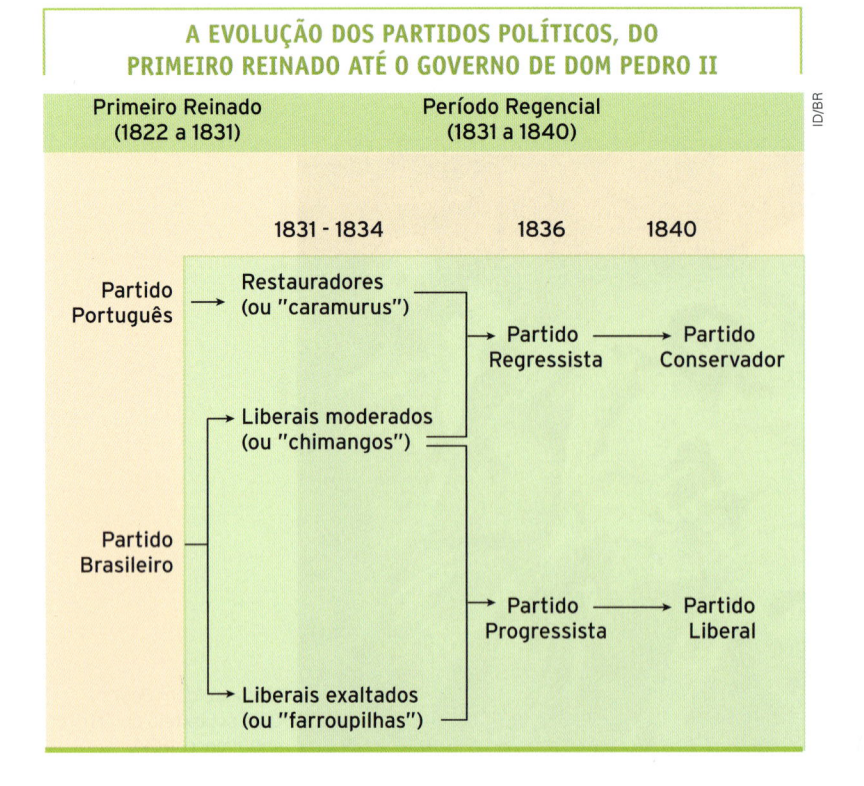

O padre Antonio Feijó em mural de Oscar Pereira da Silva, 1925.

A EVOLUÇÃO DOS PARTIDOS POLÍTICOS, DO PRIMEIRO REINADO ATÉ O GOVERNO DE DOM PEDRO II

Primeiro Reinado (1822 a 1831) — Partido Português, Partido Brasileiro

Período Regencial (1831 a 1840):
- 1831-1834: Restauradores (ou "caramurus"); Liberais moderados (ou "chimangos"); Liberais exaltados (ou "farroupilhas")
- 1836: Partido Regressista; Partido Progressista
- 1840: Partido Conservador; Partido Liberal

Verifique o que aprendeu

1. O que era a Guarda Nacional?
2. Que acontecimento pôs fim à causa dos restauradores?
3. Qual foi o motivo da renúncia do padre Feijó como Regente Uno?

ATIVIDADES

1. As questões a seguir tratam da organização da Guarda Nacional.
   a) Qual foi o motivo da criação de uma outra força armada, se já havia um Exército no Brasil?
   b) Quem integrava a Guarda Nacional?
   c) Por que era importante limitar o acesso à Guarda Nacional aos votantes?

2. O texto abaixo é parte da lei de 18 de agosto de 1831.

   > Artigo 1º. As Guardas Nacionais são criadas para defender a Constituição, a Liberdade, Independência e Integridade do Império; para manter obediência às leis, conservar ou estabelecer a ordem e a tranquilidade pública, e auxiliar o Exército de Linha na defesa das fronteiras, e costas.
   >
   > Mary del Priore e outros. *Documentos de História do Brasil*: de Cabral aos anos 90. São Paulo: Scipione, 1997. p. 47.

   Com base nas informações acima e no que você estudou, elabore um texto sobre a importância da criação da Guarda Nacional.

3. Sobre a organização partidária durante o Período Regencial, responda às questões seguintes:
   a) Quais eram os principais grupos políticos no início das regências?
   b) Cite os principais projetos políticos de cada grupo.
   c) Esses grupos se mantiveram durante todo o período? Quais alterações ocorreram?

4. Por que a abdicação de dom Pedro I influenciou indiretamente a eclosão de rebeliões no Período Regencial?

5. O texto a seguir trata do Ato Adicional de 1834.

   > Da luta entre liberais radicais, de um lado, e moderados e conservadores, de outro, resultaria o Ato Adicional de 1834, forma conciliatória encontrada temporariamente pelos vários grupos em jogo.
   >
   > Emília Viotti da Costa. *Da Monarquia à República:* momentos decisivos. 9. ed. São Paulo: Ed. da Unesp, 2010. p. 156.

   a) O que foi o Ato Adicional de 1834?
   b) Por que, segundo o texto, ele foi instituído?
   c) Com base no que você estudou até aqui, que tipo de conciliação o Ato Adicional de 1834 permitiu?

6. Leia o texto a seguir.

   > O período regencial foi um dos mais agitados da história política do país e também um dos mais importantes. Naqueles anos, esteve em jogo a unidade territorial do Brasil, e o **centro do debate político foi dominado pelos temas da centralização ou descentralização do poder, do grau de autonomia das províncias e da organização das Forças Armadas**.
   >
   > Boris Fausto. *História do Brasil*. 12. ed. São Paulo: Edusp, 2006. p. 161.

   a) Por que o autor diz que "o Período Regencial foi um dos mais agitados da história política do país"?
   b) Por que a unidade territorial brasileira estava em jogo?
   c) Elabore um pequeno texto em seu caderno comentando o trecho do texto destacado em negrito.

ARTE e CULTURA

Debret e Rugendas: o olhar estrangeiro

Desde a vinda da Corte para o Brasil, em 1808, a colônia portuguesa na América tornou-se acessível aos estrangeiros, principalmente aos viajantes do norte da Europa, que ficavam fascinados com a luz e as cores dos trópicos.

Entre os estrangeiros que vieram nessa época estavam alguns pintores e desenhistas, que retratavam o que mais lhes chamava a atenção. Muitos desses trabalhos artísticos eram, posteriormente, reproduzidos como gravuras e publicados na Europa, com grande sucesso de vendas. Dois artistas dessa época se destacam: Jean-Baptiste Debret e Johann Moritz Rugendas.

Debret chegou ao país em 1816, com a chamada Missão Francesa. Passou quinze anos no Brasil e, de volta à França, publicou uma obra em 26 fascículos, entre 1834 e 1839. Esse trabalho, intitulado *Voyage pittoresque et historique au Brésil* (*Viagem pitoresca e histórica ao Brasil*), reproduz imagens de indígenas, da vegetação nativa, das práticas agrícolas, além de cenas históricas e da vida cotidiana do Rio de Janeiro.

O alemão Rugendas foi contratado em 1821 pelo cônsul-geral da Rússia, o barão de Langsdorff, para acompanhá-lo em sua viagem científica ao Brasil e registrar cenas urbanas e da natureza. Rugendas, porém, abandonou a expedição e passou a viajar sozinho. Voltou à Europa em 1825, levando quinhentos desenhos e cerca de setenta telas. A obra resultante, intitulada *Malerisches Reise in Brasilien* (*Viagem pitoresca ao Brasil*), foi publicada em Paris entre 1827 e 1835, em vinte fascículos.

Jean-Baptiste Debret. *Casamento de escravos de uma casa rica*, 1826. Aquarela.

As famílias mais ricas das áreas urbanas mantinham, geralmente, seus escravizados vestidos com luxo, como forma de ostentar o poder dos senhores. Quando esses cativos se casavam com a aprovação dos senhores, havia uma cerimônia na igreja à qual todos compareciam com suas roupas de festa, conforme retrata Debret.

No início do século XIX, as mulheres saíam pouco às ruas. Uma das raras oportunidades era quando iam à igreja. Debret retratou uma família pertencente às camadas médias da sociedade do Rio de Janeiro. O chefe da família vai à frente, seguido pelas filhas, a esposa, a criada de quarto da senhora, a ama de leite com o filho do casal e os demais cativos da casa.

Jean-Baptiste Debret. *Um funcionário a passeio com sua família*, c. 1820-1825. Aquarela.

Jean-Baptiste Debret. *Uma tarde de verão*, 1826. Aquarela.

No século XIX, dava-se o nome de "jantar" à refeição que se fazia depois do meio-dia. O horário variava, mas o mais comum era por volta das 2 horas da tarde. Após o "jantar", as pessoas em geral descansavam. Debret retrata jovens filhos da elite nesse momento: em roupas de dormir, quatro rapazes liam deitados ou tocavam instrumentos, instalados em uma varanda para fugir do calor da tarde.

▮ Atividades

1. Descreva cada uma das imagens de Debret.
2. Como o artista retratou as personagens e os respectivos cenários: detalhadamente ou não? Por quê?
3. Sob a orientação do professor, discuta com os colegas por que essas imagens são fontes tão importantes para o conhecimento da História do Brasil.

ARTE e CULTURA

Em uma chácara ou casa rural, Rugendas retrata um grupo que dança o lundu em torno da fogueira. Essa dança mistura elementos africanos e ibéricos, sendo considerado por muitos estudiosos como um dos ritmos musicais que deram origem ao samba.

Johann Moritz Rugendas. *Dança do lundu*, século XIX.

Nesta gravura, Rugendas retrata cena do cotidiano da província da Bahia na primeira metade do século XIX.

Johann Moritz Rugendas. *Costumes da Bahia*, século XIX.

Rugendas mostra que, no ambiente rural, familiares e cativos conviviam em uma sala com pouquíssimos móveis.

Johann Moritz Rugendas. *Família de plantadores*, século XIX.

O mosteiro de São Bento, no Rio de Janeiro, está sobre um morro. Rugendas representa uma cena no pátio externo do mosteiro. Há cativas vendendo comida, homens e mulheres elegantemente vestidos e alguns soldados. Ao fundo, está o morro Pão de Açúcar.

Johann Moritz Rugendas. *Vista a partir da igreja de S. Bento*, século XIX.

■ Atividades

1. Assim como outros viajantes, Rugendas fez inúmeras representações de cenas cotidianas brasileiras. Descreva as imagens reproduzidas nesta página e na anterior.

2. Nessas obras de Rugendas, como se dá a interação entre brancos e afro-brasileiros? O que se pode depreender dessa observação?

3. Agora é a sua vez. Em uma folha de papel, experimente desenhar uma cena do seu cotidiano. Registre o maior número de detalhes possível. Depois, em uma roda de conversa e sob a orientação do professor, mostre seus desenhos aos colegas e comentem semelhanças e diferenças.

MÓDULO 4

As revoltas do Período Regencial

As causas das revoltas ocorridas no Período Regencial estão relacionadas aos problemas políticos e econômicos regionais e às aspirações por maior autonomia local e representação popular, contrapondo-se ao governo centralizado e elitista do Rio de Janeiro.

A Cabanagem (1835-1840)

A população pobre do **Grão-Pará** era formada majoritariamente por indígenas, mestiços, negros livres e escravizados, conhecidos como "cabanos" devido ao tipo de habitação em que moravam. Os cabanos lutavam pela maior participação política, e constantemente desrespeitavam as ordens do distante governo regencial.

Em 1833, a Regência resolveu submeter a província rebelde. A repressão teve, porém, efeito contrário, pois a revolta armada se espalhou por toda a província, unindo cabanos, pequenos lavradores, latifundiários e seringueiros.

Em janeiro de 1835, os cabanos conquistaram a cidade de Belém e assumiram o governo. Começaram então as divergências: enquanto os grandes proprietários pretendiam apenas aumentar a autonomia da província, sem romper com o Império, os líderes radicais ansiavam por amplas reformas. As forças da Regência se aproveitaram do fato de os revoltosos estarem divididos e retomaram Belém.

REVOLTAS DO PERÍODO REGENCIAL

Fonte de pesquisa: *Atlas histórico Isto é Brasil*: Colônia, Império, República. São Paulo: Três Editorial, s. d. p. 57.

Os radicais reagiram, reocuparam a capital e proclamaram a República, implantando um governo popular.

Após nove meses no poder, os cabanos foram novamente expulsos da capital, refugiando-se no interior. Procurando aniquilar os focos de rebelião, as forças regenciais massacraram grande parte da população. Os líderes cabanos foram presos e executados.

Cabana em beira de rio nas proximidades de Breves, Grão-Pará. Litografia do príncipe Adalberto da Prússia, 1842.

A Guerra dos Farrapos (1835-1845)

O Rio Grande do Sul é uma região de colonização recente na América portuguesa. As terras gaúchas foram ocupadas apenas no final do século XVIII, tornando-se grandes produtoras de **gado bovino**, que era abatido para a produção de **charque**, carne seca e salgada, consumida principalmente pelas pessoas mais pobres e pelos escravizados.

Desde a Independência, os gaúchos entendiam que o governo imperial os explorava, cobrando deles altos impostos para aplicar o dinheiro em outras regiões. Os fazendeiros e criadores de gado, que possuíam verdadeiros exércitos particulares, reclamavam do controle fronteiriço com o Uruguai, pois isso impedia seus rebanhos de cruzarem a fronteira para pastar.

A fraqueza do governo regencial e o contínuo aumento de impostos fizeram com que os criadores de gado, apoiados pelas camadas médias urbanas, depusessem o governador nomeado pela Regência, em setembro de 1835. Ainda se somava a esses fatores a criação da Guarda Nacional, que inibiria a ação das tropas mantidas por fazendeiros, também chamados estancieiros. Começava assim a **Guerra dos Farrapos**, nome criado pelos adversários da revolução, referindo-se às roupas esfarrapadas dos rebeldes em combate.

A República Rio-grandense

Os estancieiros foram auxiliados pelo revolucionário italiano Giuseppe Garibaldi, que havia se refugiado no Brasil com cerca de vinte correligionários. O líder e organizador da revolta foi Bento Gonçalves, e sua base de ação foram os ataques de cavalaria. Obtendo inúmeras vitórias sobre as tropas regenciais, os farrapos proclamaram, em 1836, a independência da província, fundando a **República Rio-grandense**, ou Piratini. Em julho de 1839, as tropas farroupilhas invadiram a província de Santa Catarina e proclamaram a **República Juliana**, federada à República Rio-grandense.

Os farrapos não conseguiram, porém, controlar todo o território rio-grandense, sendo alvo de constantes ataques das forças imperiais que, por sua vez, também não conseguiam uma vitória definitiva que acabasse com a rebelião. A paz veio depois da coroação de dom Pedro II, em 1845, obtida não pela força, mas por meio de acordos que anistiaram os líderes revoltosos, todos membros da elite gaúcha.

Jean-Baptiste Debret. Habitantes do Rio Grande do Sul: militar (esq.) e peão, século XIX. Aquarela.

Bento Gonçalves da Silva

Retrato de Bento Gonçalves. Óleo sobre tela, de artista anônimo, século XIX.

Rico estancieiro rio-grandense, tornou-se militar do Exército brasileiro, participando da Guerra da Cisplatina como comandante de cavalaria.

Em reconhecimento, recebeu de dom Pedro I o comando militar da província do Rio Grande do Sul. Julgado por conspirar para separar o Rio Grande do Sul do Brasil, foi absolvido, mas retiraram-lhe o comando militar da região. Em 1835 foi eleito Deputado Provincial. Comandou a Revolução Farroupilha e tornou-se presidente da "República Rio-grandense".

●●● Sabinada (1837-1838)

O comércio da Bahia era dominado por portugueses, e isso gerava um forte sentimento antilusitano, aumentado pela crença de que os comerciantes exploravam o povo. Além disso, as medidas regressistas tomadas pela Regência após a renúncia de Feijó desagradaram à população.

Liderados pelo médico Francisco Sabino, em novembro de 1837, as camadas médias da cidade de Salvador se rebelaram contra o governo regencial e proclamaram a República Baiense, que deveria durar até a maioridade de dom Pedro de Alcântara.

Os grandes proprietários de terras e de escravos do Recôncavo Baiano não aderiram à revolta e passaram a colaborar com o governo imperial para combater os rebeldes. Salvador foi cercada por terra e mar e cerca de 1,8 mil pessoas morreram. A repressão foi violenta: Francisco Sabino foi deportado, e a província da Bahia ficou sob intervenção militar por cinco anos.

●●● Balaiada (1838-1842)

A Balaiada foi o nome dado para várias revoltas ocorridas no Maranhão e Piauí no Período Regencial. A crise econômica que atingia a região e a forte influência dos comerciantes portugueses e ingleses foram alguns dos fatores que levaram ao conflito.

A crise atingiu todas as camadas sociais. Rebelaram-se contra o governo do Rio de Janeiro o grupo formado por vaqueiros, agricultores, artesãos (chamados de balaios, pois faziam um tipo de cesta de palha chamada balaio) e pela elite agrária e urbana. Os grupos urbanos de tendência liberal eram denominados bem-te-vis, uma referência ao jornal liberal *O Bem-te-vi*, que atacava o governo central e apoiava o levante.

Os rebeldes chegaram a dominar Caxias, a segunda maior cidade do Maranhão, mas a falta de unidade entre os grupos – que divergiam em ideologia e interesses – facilitou a ação das forças imperiais, que dominaram a situação.

A Balaiada resultou em 15 mil rebeldes mortos e milhares de presos. Os líderes do movimento foram enforcados.

Fabricantes de balaios no Nordeste, ofício de um dos líderes da Balaiada. Gravura de Charles Ribeyrolles, século XIX.

Revolta dos Malês (1835)

A aquarela *Vendedor de palmitos*, de Jean-Baptiste Debret, 1827, mostra um negro de origem muçulmana.

A revolta dos Malês, apesar de ter sido deflagrada em 1835, mesma época em que ocorreram outros movimentos contra a Regência, não teve motivação política. Foi liderada por negros escravizados muçulmanos que sabiam ler e escrever em árabe, os malês, com objetivo de pôr fim à escravidão. A revolta aconteceu em Salvador, BA, iniciada por cerca de seiscentos negros escravizados de diferentes grupos étnicos. O movimento foi sufocado em poucas horas, com um saldo de setenta mortos e a punição de quinhentos rebeldes com prisões, chibatadas, exílio e fuzilamentos.

Verifique o que aprendeu

1. Pelo que lutavam os cabanos?
2. Explique as causas da Revolução Farroupilha.
3. O que foi e qual a origem do termo "sabinada"?

ATIVIDADES

1. Identifique no mapa ao lado os locais onde ocorreram as principais revoltas do Período Regencial. Anote no caderno o número e a revolta correspondente.

REVOLTAS DO PERÍODO REGENCIAL

Fonte de pesquisa: *Atlas histórico escolar*. Rio de Janeiro: FAE, 1991. p. 36.

2. O texto abaixo apresenta um dos fatores que levaram à eclosão da Guerra dos Farrapos.

> O sistema de dominação política ensejado pela estrutura administrativa imperial vinha reduzir a esfera de poder dos grupos dominantes provinciais. Os mandatários da monarquia na província não apenas excluíam a participação dos rio-grandenses nas questões que envolviam interesses "nacionais" (como a definição dos rumos da política econômico--financeira), mas inclusive limitavam a sua influência local [...].
>
> Sandra Jatahy Pesavento. *A revolução farroupilha*. São Paulo: Brasiliense, 2003. p. 41 (Tudo é história).

a) No Rio Grande do Sul, quem fazia parte dos "grupos dominantes provinciais"?

b) Segundo o texto, quais problemas existiam entre os representantes da monarquia e os rio-grandenses?

3. Compare como as forças imperiais trataram os líderes derrotados da Cabanagem e os líderes da Farroupilha. Como você explica a diferença de tratamento?

4. O texto a seguir aborda a diversidade de grupos sociais que participaram da Balaiada.

> Para melhor compreensão da revolução, pode-se estabelecer uma distinção entre balaios e bem-te-vis. Os balaios, [eram] homens do sertão e marginalizados em geral [...]. Os bem--te-vis – oriundos, em sua maior parte, da população das vilas e povoados –, incluíam oficiais e soldados desertores da Guarda Nacional, políticos do Ceará e Piauí, membros do partido liberal, juízes de paz, etc. [...]. Esta distinção entre balaios e bem-te-vis tem como principal fundamento tanto os motivos que levaram os indivíduos a se engajar na luta, quanto sua origem social [...].
>
> Maria de Lourdes M. Janotti. *A Balaiada*. 2. ed. São Paulo: Brasiliense, 1991. p. 56-57.

a) Quais eram as diferenças entre balaios e bem-te-vis?

b) Por quais motivos esses grupos se uniram contra o governo central?

c) Com base no que você estudou e nesse texto, discuta com um colega os fatores que levaram à derrota da Balaiada. Elabore um pequeno texto com as suas conclusões.

DOSSIÊ

Heróis de dois mundos: a história de Giuseppe e Anita Garibaldi

Giuseppe e Anita Garibaldi ficaram conhecidos como "heróis de dois mundos" pela participação na guerra de unificação da Itália, na Europa, e na luta pela defesa de ideais republicanos no Brasil.

Anita Garibaldi (1821-1849), ferida e carregada por seu companheiro. Tela de autor desconhecido, 1860.

Retrato de Giuseppe Garibaldi. Autor desconhecido, século XIX.

Não se sabe ao certo em que circunstâncias Giuseppe Garibaldi, o revolucionário italiano refugiado no Brasil, conheceu a brasileira Anita. Sabe-se apenas que foi em Laguna, cidade litorânea de Santa Catarina, durante a Revolução Farroupilha, em 1839.

O jornalista Paulo Markun, autor do livro *Anita Garibaldi:* uma heroína brasileira, levanta várias versões para o encontro de Anita e Giuseppe.

Para uns, ela abandonou um marido pacato que lhe dava uma vida desprovida de emoção. Para outros, Anita era viúva; o marido teria morrido na guerra, lutando ao lado do Exército Imperial. Ainda há a versão que conta que Anita morava na casa de seu avô, que abrigou os revolucionários, quando conheceu Garibaldi, iniciando a relação que culminou com a sua fuga para acompanhar o revolucionário italiano.

Anita tinha, então, 18 anos. Com Garibaldi, viveu uma vida de aventuras. Participou de batalhas, enfrentou as dificuldades de guerra, lutou pelos Farrapos na batalha de Imbituba, no litoral catarinense. Participou de fugas espetaculares, como a de Curitibanos, em 1840, depois de ter sido presa pelas tropas do governo. Escapando da prisão, atravessou o rio Pelotas a cavalo para encontrar Garibaldi. Nesse mesmo ano, tiveram o primeiro filho, Menotti.

Os Garibaldi partem do Brasil

Derrotados no Brasil, Garibaldi, Anita e o filho se refugiaram no Uruguai. Lá, o casal se engajou na luta dos *colorados* de Rivera contra os *blancos* de Oribe. Tiveram mais três filhos.

De volta à Itália, em 1849, com cerca de 4 mil homens, Garibaldi foi perseguido pelos exércitos francês, espanhol, napolitano e austríaco, que reuniam cerca de 50 mil soldados. Ele lutou pela unificação da Itália até que esta se concretizasse, em 1870.

Suas convicções o levaram a ter uma vida humilde, recusando o título de nobreza e a pensão vitalícia oferecidos pelo governo italiano. Acabou aliando-se aos franceses na Guerra Franco-prussiana (1870-71), o que o transformou também num herói francês.

Anita também alcançou grande popularidade, apesar de sua morte prematura, aos 28 anos. Em 1916, quando seus restos mortais foram transportados de Nice, na França, para a Itália, o cortejo fúnebre reuniu 300 mil pessoas pelas ruas de Gênova. Leia a seguir um relato sobre o cortejo.

> Caem flores das janelas e terraços. Na Piazza de Ferrari o cortejo para. [...] Um corneteiro soa o toque de atenção, todos se curvam diante do caixão e faz-se silêncio. Mais adiante, o cortejo percorre um tapete de flores, em meio a uma chuva de pétalas, enquanto hidroaviões passam sobre a multidão num voo rasante.
>
> Paulo Markun. *Anita Garibaldi*: uma heroína brasileira. 4. ed. São Paulo: Senac, 2000. p. 356.

Uma imagem romantizada

A biografia de Garibaldi foi ditada ao escritor francês Alexandre Dumas. Muito da imagem romântica e épica dos relatos sobre Giuseppe e Anita provém do tom que Dumas imprimiu às memórias de Garibaldi. Suas aventuras eram acompanhadas pelos jornais europeus e brasileiros da época.

Anita se tranformou em uma heroína feminista, tida como uma mulher apaixonada e destemida, com coragem para romper com os rígidos padrões de sua época. Garibaldi foi transformado em herói, cujos feitos simbolizaram as ideias revolucionárias que defendia.

Todos esses ingredientes alimentaram a imaginação de escritores e biógrafos, e serviram como tema de filmes e séries televisivas. Aproveitando as possibilidades de interpretação, cada um construiu uma versão diferente dos fatos, cujas referências históricas muitas vezes são sacrificadas em favor de um enredo romantizado, o que intensifica ainda mais o mito criado em torno dos "heróis de dois mundos".

O rei italiano Vítor Emanuel (à esquerda) encontra Garibaldi. Afresco de Petro Audi, 1886.

■ Discussão sobre o texto

1. Por quais motivos Giuseppe e Anita Garibaldi tornaram-se populares e passaram a ser vistos como heróis?
2. Discuta com seus colegas a validade de romantizar a vida de personagens históricas e o papel que a ficção deve ocupar no conhecimento que temos dessas personagens.

FAZENDO HISTÓRIA

A abdicação de dom Pedro I

O texto a seguir é parte de um documento oficial elaborado para informar a nação sobre a abdicação de dom Pedro I.

> Proclamação em nome da Assembleia Geral aos povos do Brasil, dando conta dos acontecimentos do dia 7 de abril de 1831, e da nomeação da Regência Provisória, e recomendando o sossego e [a] tranquilidade pública.
>
> ### Brasileiros!
> Um acontecimento extraordinário veio surpreender todos os cálculos da humana prudência; uma revolução gloriosa foi operada pelos esforços e [pela] patriótica união do povo e [pela] tropa do Rio de Janeiro, sem que fosse derramada uma só gota de sangue: sucesso ainda não visto até hoje, e que deve honrar a vossa moderação, energia e o estado de civilização a que haveis chegado.
>
> Brasileiros! Um príncipe mal-aconselhado, trazido ao princípio por paixões violentas e desgraçados prejuízos antinacionais, cedeu à força da opinião pública, tão briosamente declarada e reconheceu que não podia ser mais o Imperador dos brasileiros. A audácia de um partido que todo se apoiava no seu nome, os ultrajes que sofremos de uma facção sempre adversa ao Brasil, a traição com que foram repentinamente elevados ao Ministério homens impopulares e tidos como hostis à Liberdade, nos pôs as armas nas mãos. [...]
>
> Brasileiros! Já não devemos corar deste nome: a Independência da nossa Pátria, as suas leis vão ser desde este dia uma realidade. O maior obstáculo, que a isso se opunha, retira-se do meio de nós; sairá de um país onde deixava o flagelo da guerra civil, em troca de um trono que lhe demos. Tudo agora depende de nós mesmos, da nossa prudência, moderação e energia; continuemos como principiamos e seremos apontados com admiração entre as nações mais cultas. Viva a Nação Brasileira! Viva a Constituição! Viva o Imperador Constitucional o Senhor D. Pedro II!
>
> Bispo Capelão Mor, Presidente.
>
> Luís Francisco de Paula Cavalcanti de Albuquerque, Secretário.
>
> João Armitage. *História do Brasil*. Belo Horizonte-São Paulo: Itatiaia-Edusp, 1981. p. 313-314.

Armand Julien Pallière. *Dom Pedro II, menino*, c. 1830. Guache.

1. A proclamação elaborada pelo presidente da Assembleia Geral critica ou elogia a forma como a abdicação do imperador ocorreu? Justifique?
2. Qual foi a avaliação dos autores do texto sobre dom Pedro I?
3. Qual seria o "partido que todo se apoiava" no nome do imperador, reunindo "uma facção sempre adversa ao Brasil"?
4. Com base no que você estudou neste capítulo, comente a frase: "Um príncipe mal-aconselhado [...] cedeu à força da opinião pública [...] e reconheceu que não podia ser mais o imperador dos brasileiros".

LENDO HISTÓRIA

Antes de ler

- O texto que você vai ler apresenta de forma mais pormenorizada alguns aspectos da vida de frei Caneca. Considerando o que você aprendeu sobre ele neste capítulo, em sua opinião, por que ele foi condenado à morte?
- Analise a imagem que acompanha o texto e relacione-a ao que você viu no capítulo.

Frei Caneca

Dotado de saber enciclopédico e grande erudição, que cultivara nas leituras realizadas na biblioteca do Carmo e na extraordinária coleção de livros da Congregação do Oratório do Recife, Caneca deixou uma obra considerável, marcada por preocupações pedagógicas e pelo envolvimento político. Enquanto prisioneiro nos cárceres na Bahia, redigiu um *Breve compêndio de gramática portuguesa* adaptado à capacidade dos alunos. [...] No entanto, seus textos mais significativos são os escritos de conteúdo político.

[...] Em 8 de dezembro de 1822, pronunciou a oração gratulatória por ocasião de uma cerimônia de ação de graças, mandada celebrar no Recife pela aclamação de Pedro I como imperador constitucional, em que louvava "o príncipe justo, magnânimo, incomparável", que havia quebrado "os infames grilhões" entre o Brasil e Portugal e defendia o império constitucional, situado "entre a monarquia e o governo democrático", agrilhoando "o despotismo" e estancando "os furores do povo indiscreto e volúvel". Envolvido na política local, [...] assumiu, por outro lado, nas *Cartas de Pítia a Damão*, uma atitude cada vez mais crítica em relação ao governo do Rio de Janeiro, considerando despóticas as medidas de D. Pedro de abolir as Juntas Provinciais eleitas pelo povo e de substituí-las por um presidente nomeado, removível sempre que o imperador julgasse conveniente. Após o fechamento da Assembleia, nas páginas do *Typhis pernambucano*, cujo primeiro número saiu em 25 de dezembro de 1823, Caneca prosseguiu com maior intensidade na luta que lhe custaria a vida, argumentando a favor da autonomia das províncias.

Visto pela historiografia tradicional como herói — mesmo sem alcançar a projeção nacional de Tiradentes —, estudos recentes sobre frei Caneca, além de frisarem a coerência e dignidade que demonstrou ao morrer por suas ideias, destacam-no como herdeiro da ilustração, numa vertente que defendia, com intransigência, as *liberdades* — vertente minoritária no mundo luso-brasileiro.

Ronaldo Vainfas (Dir.). *Dicionário do Brasil imperial* (1822-1889). Rio de Janeiro: Objetiva, 2008. p. 300-301.

Murillo La Greca. *O fuzilamento de Frei Caneca* (detalhe), 1925. Óleo sobre tela.

De olho no texto

1. De acordo com o texto, por que motivo frei Caneca mudou de opinião em relação ao governo de dom Pedro I?
2. De acordo com o que você aprendeu no capítulo e no texto, quais eram as províncias envolvidas na Confederação do Equador e que proposta frei Caneca defendia em relação a elas?
3. A qual vertente de pensamento Frei Caneca se ligava? Que princípio dessa vertente é citado no texto?

QUESTÕES GLOBAIS

1. A imagem abaixo é uma representação da aclamação de dom Pedro I como imperador do Brasil, ocorrida em 12 de outubro de 1822. Analise os elementos que a compõem e responda às questões propostas.

   a) Pesquise no dicionário o significado da palavra "aclamação".

   b) Quais elementos apresentados na imagem justificam o título da obra: *Aclamação de dom Pedro I*?

   c) Com base no que você estudou neste capítulo, a popularidade de dom Pedro I se manteve enquanto ele governou o Brasil? Que fatos históricos abalaram ou reforçaram essa popularidade?

   Jean-Baptiste Debret. *Aclamação de dom Pedro I*, século XIX. Óleo sobre tela.

   Fundação Biblioteca Nacional/Div. de Iconografia, Rio de Janeiro. Fotografia: ID/BR

2. O historiador José Murilo de Carvalho, analisando o período monárquico no Brasil, afirma:

   > A melhor indicação das dificuldades em estabelecer um sistema nacional de dominação com base na solução monárquica encontra-se nas rebeliões regenciais.
   >
   > José Murilo de Carvalho. *A construção da ordem*: a elite política imperial: *Teatro de sombras*: a política imperial. 2. ed. Rio de Janeiro: UFRJ-Relume-Dumará, 1996. p. 230.

   Escreva um texto explicando essa frase.

[PARA SABER MAIS]

Livros

A Independência do Brasil, de André Pereira. São Paulo: Ao Livro Técnico.
Análise da Independência por meio de jornais impressos e documentos da época.

Frei Caneca, um revolucionário, de Flavia Peixoto. Recife: Bagaço.
Os pais de Laurinha e Paulinho apresentam-lhes a biografia de Frei Caneca. Os irmãos passam a se interessar pela história do revolucionário pernambucano.

Pedro, o independente, de Mariângela Bueno. São Paulo: Callis.
Por meio de uma animada conversa, Francisco, o guardião da Casa do Grito, ajuda Pedro a desvendar a história da Independência do Brasil.

Site

<http://www.museus.art.br>. Guia para museus no mundo.
Informa como acessar museus do mundo todo. Traz programação dos museus, exibe mostras virtuais e, ainda, conta a história desses depositários de obras e dos conhecimentos acumulados pelo ser humano ao longo do tempo. Acesso em: 19 set. 2014.

●●● Síntese

A consolidação da Independência
- As guerras de Independência
- Dissolução da Constituinte de 1823
- A Constituição de 1824

Tensões no Império
- Confederação do Equador
- A Guerra da Cisplatina
- Questão do trono português
- Noite das Garrafadas
- A abdicação de dom Pedro I

O Período Regencial
- Regências Trinas
- A aliança entre moderados e exaltados
- Regência Una do Padre Feijó
- Regência Una de Araújo Lima

As revoltas do Período Regencial
- A revolta popular dos cabanos
- Guerra dos Farrapos
- A Sabinada
- A Balaiada
- A Revolta dos Malês

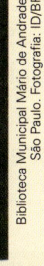

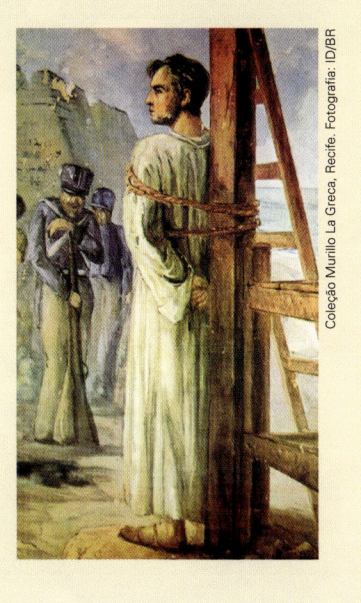

Linha do tempo

1801

1822 Independência do Brasil

1823 Dissolução da Assembleia Constituinte

1824 Dom Pedro I outorga a Constituição

1831 Noite das Garrafadas Abdicação de dom Pedro I Início das Regências

1834 Ato Adicional de 1834

1835 Cabanagem, no Grão-Pará Feijó é eleito Regente Uno Guerra dos Farrapos Revolta dos Malês, em Salvador

1837 Sabinada, na Bahia

1838 Balaiada, no Maranhão

1850

O século XIX na Europa foi marcado por uma série de mudanças na sociedade, na política, nas artes e na tecnologia. Ocorreram revoluções nacionalistas, que pretendiam colocar em prática os ideais da Revolução Francesa, e outros movimentos cujo objetivo era pôr fim ao regime capitalista. Apesar das críticas, o capitalismo se fortaleceu nesse século, graças à industrialização e à ascensão da burguesia.

A Europa no século XIX

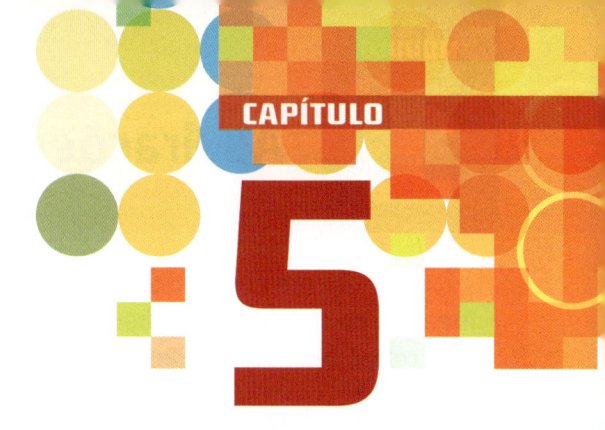

CAPÍTULO 5

O QUE VOCÊ VAI APRENDER

- As Revoluções de 1830 e 1848
- A unificação da Alemanha e da Itália
- A urbanização da Europa
- A contestação ao capitalismo
- Arte, cultura e ciência no século XIX

CONVERSE COM OS COLEGAS

A imagem ao lado é uma litografia produzida em 1848 pelo francês Frédéric Sorrieu e se intitula *A República democrática, universal e social*.

1. Observe a estátua representada na imagem. Trata-se de uma figura feminina que traz uma tábua em sua mão direita com a inscrição: "Direitos do homem". Ainda sobre a estátua, responda.
    a) Que outro objeto a figura feminina está segurando?
    b) O que você acha que o artista quis comunicar quando representou a estátua segurando esses dois objetos?
    c) Como se comportam as outras personagens representadas na imagem em relação à estátua?
    d) Considerando esses elementos, você seria capaz de deduzir o que o artista quis transmitir inserindo a estátua de uma mulher?

2. A multidão carrega bandeiras de várias regiões ou nações europeias. Da esquerda para a direita: França, Alemanha, Áustria, Duas Sicílias e Lombardia.
    a) Descreva as personagens representadas.
    b) O que representam essas bandeiras?

3. Após analisar todos os elementos da imagem, e também o título da obra, discuta com seus colegas o que o artista quis expressar.

A República democrática, universal e social, obra de Frédéric Sorrieu, 1848.

MÓDULO 1

Aspirações nacionais

O continente europeu passou por uma série de movimentos nacionalistas em meados do século XIX. Somente na França ocorreram duas revoluções. Itália e Alemanha concretizaram a unificação de seus territórios.

●●● Revoluções na França: 1830 e 1848

Luís XVIII ocupou o trono francês após a derrota de Napoleão Bonaparte, estabelecendo uma monarquia constitucional como queria a burguesia. Após sua morte, seu irmão Carlos X assumiu o poder, negando completamente os princípios constitucionais.

A reação da burguesia veio em julho de 1830, provocando a derrubada do rei. Luís Filipe de Orléans, nobre comprometido com a causa revolucionária burguesa, assumiu o posto.

Novamente um império

Luís Filipe governou para a alta burguesia. Reprimiu seus opositores, proibiu reuniões políticas e instituiu a censura à imprensa.

Como os banquetes não foram proibidos, no ano de 1847 esses eventos se tornaram um pretexto para os encontros políticos da oposição – era a **campanha dos banquetes**.

Em fevereiro de 1848, o primeiro-ministro Guizot proibiu um grande banquete que estava programado para acontecer em Paris, com representantes de toda a França. A burguesia acatou a proibição, mas as camadas populares de Paris, não. A reação popular forçou a abdicação do rei em 24 de fevereiro. Formou-se então um governo provisório.

Como medidas imediatas, foi restabelecida a liberdade da imprensa e instituído o sufrágio (voto) universal masculino.

Alguns setores da sociedade, porém, esperavam medidas mais radicais e pressionaram o novo governo por meio de greves e contínuas manifestações. A repressão foi violenta: quarteirões inteiros bombardeados, com várias prisões e execuções.

Nas eleições presidenciais de dezembro de 1848, venceu o candidato dos burgueses, Luís Bonaparte. Num golpe semelhante ao de seu tio Napoleão I, em dezembro de 1852 Luís Bonaparte foi coroado imperador, como Napoleão III.

> **Primavera dos Povos**
>
> Gravura anônima em que se lê: "República Francesa. Luta do povo parisiense nos dias 22, 23 e 24 de fevereiro de 1848".
>
> Movimentos revolucionários eclodiram por vários centros urbanos europeus no ano de 1848, visando sobretudo à instauração de um governo democrático e à defesa da autonomia política do país. Esse conjunto de levantes recebeu o nome de Primavera dos Povos.

O povo nas Tulherias!, litogravura de Adam Victor feita em 1848 representando a tomada do palácio das Tulherias durante a revolução de 1848.

••• Unificação italiana

No século XIX, a península itálica era dividida em várias regiões autônomas: os reinos de Piemonte-Sardenha, cuja capital era Turim; as Duas Sicílias, ao sul; e os Estados Pontifícios, ao centro. Veneza era controlada pelo império Austro-Húngaro. Os estados da Toscana, de Módena e de Parma eram autônomos, mas seus governantes cediam aos interesses da Áustria.

A Primavera dos Povos atingiu a península por meio de várias manifestações envolvendo sociedades secretas que lutavam pela unificação italiana. Os principais líderes desse movimento foram Giuseppe Mazzini, Camillo Benso Cavour e Giuseppe Garibaldi.

Mazzini fundou a Jovem Itália, organização que propagava, com auxílio de vários jornais, a defesa dos ideais patrióticos e de liberdade.

Cavour, o primeiro-ministro piemontês, era contra a presença dos austríacos na península. Na prática, ele queria ampliar o reino de Piemonte-Sardenha e, inicialmente, recebeu o apoio de Napoleão III. Após muitas batalhas e acordos diplomáticos, o Piemonte incorporou a região da Lombardia. O êxito de Cavour alimentou a esperança de unificar toda a península.

Garibaldi liderou um levante em Gênova, importante centro comercial, e prosseguiu com seu exército, os "camisas vermelhas", para a Sicília e por todo o sul.

A diferença entre Cavour e Garibaldi era clara: Garibaldi queria promover uma revolução, e isso assustava a burguesia. Cavour defendia a unificação sem grandes alterações sociais.

Para não dividir o movimento de unificação, e considerando ser impossível implementar as mudanças que pretendia, Garibaldi passou suas conquistas do sul ao rei Vítor Emanuel, de Piemonte-Sardenha, que se tornou o primeiro rei da Itália unificada.

Roma, a sede do papado, resistiu à unificação com o apoio dos franceses. Entretanto, estes recuaram temendo a radicalização do movimento. Isolada, a cidade foi logo incorporada à Itália, tornando-se a capital do país.

Fonte de pesquisa: *Atlas histórico*. Madrid: SM, 2005. p. 105.

Patriotas italianos em Nápoles, Itália, 1859. O slogan "Viva Verdi" foi usado como um acróstico de *Viva **V**ittorio **E**manuele **R**e **D**'Italia* (Vítor Emanuel Rei da Itália).

••• Unificação alemã

O território da atual Alemanha, logo após o Congresso de Viena de 1815, passou a intitular-se Confederação Germânica. Essa Confederação era composta de cidades livres, ducados, reinos e principados. Eram 39 estados independentes, dentre os quais Áustria e Prússia se destacavam e disputavam o controle sobre a Confederação. Mas o domínio austríaco era evidente.

Em 1834 foi criada a União Aduaneira (*Zollverein*), uma unidade econômica composta de quase todos os Estados, exceto a Áustria e algumas cidades livres. Com essa unidade, a Prússia esperava minar a influência da Áustria na região. O *Zollverein* previa facilitar o comércio entre seus membros e aplicar taxas moderadas para importação de produtos. Tudo isso possibilitou uma significativa expansão econômica, unindo fontes de carvão a fábricas e mercados.

A ALEMANHA UNIFICADA

Legenda:
- Prússia em 1815
- Anexação em 1866
- Incorporação em 1866
- Unificação resultante da Guerra Franco-prussiana (1871)
- Anexação em 1871
- Confederação Germânica do Norte (1867-1871)

Fonte de pesquisa: *Atlas histórico*. Madrid: SM, 2005. p. 105.

Muitos integrantes da Confederação passaram a identificar a Prússia como o elemento unificador de um Estado alemão. Porém, para que esse Estado se consolidasse, era preciso vencer as resistências da Áustria. Mediante estratégias lideradas pelo primeiro-ministro Otto von Bismarck, a Prússia travou disputas territoriais contra a Áustria e, com a vitória conseguida, incorporou áreas que estavam sob domínio austríaco, formando a Confederação Germânica do Norte, em 1866.

A Guerra Franco-prussiana

Bismarck ainda estimulou o sentimento nacionalista germânico, incitando uma guerra contra a França em 1870, a **Guerra Franco-prussiana**. A França não via com tranquilidade a criação de um Estado alemão bem ao lado de suas fronteiras. Além disso, o trono espanhol estava vago, e Leopoldo, um membro da família do rei prussiano Guilherme I, poderia assumir a Coroa espanhola. O Estado francês estaria, dessa forma, cercado por inimigos. Bismarck atuou para que Leopoldo não assumisse o trono, mas divulgou a versão de uma correspondência entre o governo de Napoleão III e o rei da Prússia, na qual este último teria sido insultado. Com essa manobra, conseguiu o apoio dos alemães do sul para lutar contra os franceses. Numa guerra curta, os franceses foram derrotados, e a unificação da Alemanha se consolidou com a coroação de Guilherme I como o *kaiser* (imperador) alemão.

Otto von Bismarck, em fotografia de 1890.

GLOSSÁRIO

Ducado: território sob domínio de um duque.

Verifique o que aprendeu •••

1. O que foi a Primavera dos Povos?
2. O que foi a campanha dos banquetes na época em que o rei Luís Filipe governou a França?
3. Caracterize a fragmentação política da Itália antes da unificação.
4. O que foi a Confederação Germânica? Quais eram os seus principais territórios?

ATIVIDADES

1. O trecho a seguir é parte da mensagem do rei Vítor Emanuel ao parlamento, em Roma. Leia com atenção e responda à questão proposta.

   > "Proclamamos a separação entre Igreja e Estado. Havendo reconhecido a absoluta independência da autoridade espiritual, estamos convencidos de que Roma, a capital da Itália, continuará a ser a pacífica e respeitada sede do Pontificado. Desse modo, teremos sucesso em tranquilizar as consciências dos homens. Foi assim, pela afirmação de nossas resoluções e pela moderação de nossos atos, que fomos capazes de apressar a unidade nacional sem alterar as nossas amistosas relações com as potências estrangeiras..."
   >
   > Citado por Pedro Freire Ribeiro em: Adhemar Marques; Flávio Berutti; Ricardo Faria. *História Contemporânea através dos textos*. São Paulo: Contexto, 2008. p. 83.

   Qual o motivo da ênfase no tom de conciliação no discurso do rei, e a quem eram dirigidas indiretamente essas palavras?

2. Explique por que Garibaldi desistiu de promover uma revolução no país e entregou seus domínios ao rei Vítor Emanuel.

3. Observe o mapa e responda às questões a seguir.

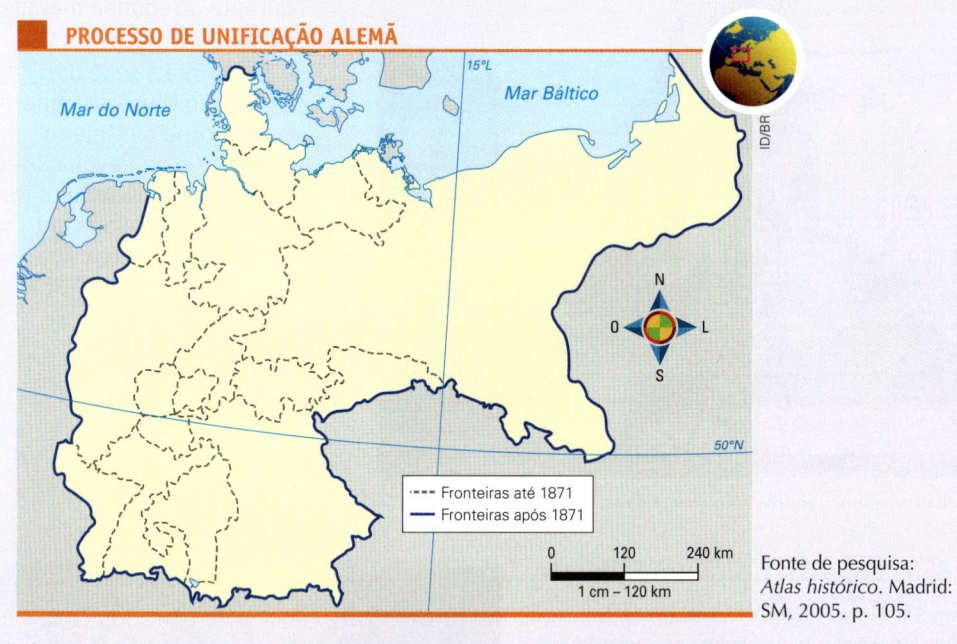

   PROCESSO DE UNIFICAÇÃO ALEMÃ

   ---- Fronteiras até 1871
   — Fronteiras após 1871

   0   120   240 km
   1 cm – 120 km

   Fonte de pesquisa: *Atlas histórico*. Madrid: SM, 2005. p. 105.

   a) Quais diferenças podemos observar entre as fronteiras antes e depois de 1871?
   b) O que significou essa nova delimitação de fronteiras?

4. Leia, a seguir, o que escreveu o historiador Eric J. Hobsbawm sobre o período que antecedeu a Primavera dos Povos.

   > [...] Em 1831, [o escritor] Victor Hugo escrevera que já ouvia o "ronco sonoro da revolução, ainda profundamente encravado nas entranhas da terra, estendendo por baixo de cada reino da Europa suas galerias subterrâneas a partir do eixo central da mina, que é Paris". Em 1847, o barulho se fazia claro e próximo. Em 1848, a explosão eclodiu.
   >
   > Eric J. Hobsbawm. *A era das revoluções*: 1789-1848. 25. ed. São Paulo: Paz e Terra, 2010. p. 481.

   a) Analise o pressentimento de Victor Hugo, citado por Hobsbawm, e responda por que ele compara Paris ao eixo central de uma mina subterrânea.
   b) Relacione as datas citadas nesse texto com fatos ocorridos na Europa, segundo o que você estudou neste módulo.

MÓDULO 2

Crescimento e industrialização

Durante a segunda metade do século XIX ocorreu na Europa um rápido crescimento tecnológico e industrial. Essas mudanças afetaram a economia, a urbanização, os costumes e o padrão de vida de um considerável número de pessoas.

●●● Novas paisagens urbanas

Londres, capital da Grã-Bretanha – maior potência mundial até então –, era a cidade mais importante do Ocidente. Ela era considerada referência da civilização europeia e, ao mesmo tempo, recebia produtos e pessoas de todas as regiões do planeta.

A crescente industrialização atraía migrantes da área rural. O governo precisava investir em infraestrutura, como transportes, saneamento e moradias, porém o fluxo de pessoas que chegavam era bem superior ao esperado.

> **A Paris do século XIX**
>
> Paris, capital da França, era também uma das mais importantes cidades do mundo. Centro cultural, ditava comportamento e moda em todo o Ocidente.
>
> A cidade passou por profundas reformas urbanas durante a segunda metade do século XIX.
>
> Em 1889 foi sede da Exposição Universal, que comemorou o primeiro centenário da Revolução Francesa e inaugurou a torre Eiffel, transformada em símbolo da França.

James Pollard. O Hide Park Corner, em Londres, século XIX. Óleo sobre tela.

Por volta de 1850, Londres tinha uma população de aproximadamente 2,5 milhões de pessoas. Os mais ricos habitavam as áreas mais nobres e centrais, enquanto a maioria da população vivia em áreas mais distantes, os subúrbios. As moradias dos trabalhadores eram modestas e muitas vezes recebiam as fuligens das fábricas. Famílias mais numerosas tinham de compartilhar ambientes pequenos e desconfortáveis. Os serviços de saneamento básico raramente atingiam as áreas habitadas pelos proletários, o que provocava a propagação de doenças.

Mesmo com os problemas decorrentes da urbanização acelerada, a cidade tinha seus encantos. As inovações tecnológicas – como a iluminação a gás e depois a eletricidade – possibilitavam um novo estilo de vida. As pessoas podiam caminhar à noite e prolongar seus momentos de lazer.

Joseph Nash. *Palácio de Cristal*, c. 1854. O Palácio de Cristal foi construído em 1851 para abrigar a Exposição Universal de Londres. A grande obra demonstrava, em seus 70 mil m², a grandeza da capital britânica.

●●● O triunfo dos valores burgueses

A industrialização trouxe consigo o crescimento em quantidade e importância de trabalhadores qualificados, como engenheiros, administradores, comerciantes e vendedores especializados, formando um grupo social intermediário, a **classe média**.

Havia muitas diferenças econômicas entre um industrial, um profissional liberal e um pequeno comerciante; mesmo assim, eles possuíam alguns valores comuns. Uma das ideias compartilhadas era a crença de que o progresso econômico dependia do esforço individual.

Contudo, para os proprietários de indústrias e bancos, o princípio fundamental era o da liberdade econômica. Segundo eles, o progresso só seria atingido se houvesse liberdade para os investimentos, sem privilégios para os aristocratas nem a interferência do Estado.

Já para a classe média, que vivia a instabilidade dos processos econômicos, a defesa de seus interesses políticos pressupunha a garantia da propriedade privada e da liberdade econômica. Por isso, lutava por uma participação maior nas decisões políticas, por exemplo, pela ampliação da base eleitoral.

J. Béraud. *O dia dos empréstimos*, 1885. Óleo sobre tela. O princípio da liberdade econômica e o espírito empreendedor da burguesia aumentaram a importância de bancos e casas de investimentos. A cena acima representa uma agência bancária na França, século XIX.

A emergência da classe média

A classe média se beneficiou do progresso econômico que veio com a industrialização. O grupo passou então a valorizar a dedicação ao trabalho como forma de realização pessoal e os estudos como maneira de ascender socialmente.

Aqueles que pertenciam à classe média procuravam imitar a forma de vida dos mais ricos, nas construções de suas moradias, nos hábitos culturais, na aquisição de produtos que ofereciam conforto ou representavam distinção social.

Por fazer parte da burguesia, a classe média convivia com o desafio de poder enriquecer e ascender socialmente; mas os riscos de má administração dos recursos e de empobrecimento também existiam. Uma das diferenças do mundo burguês em relação ao mundo aristocrático do período anterior ao das revoluções é exatamente esta: o nobre poderia não ser endinheirado, mas possuía um estável prestígio político e social; os burgueses, alicerçados na liberdade e nos esforços individuais, até poderiam progredir e mudar de patamar social, mas não tinham garantia de permanecer nele.

J. Béraud. *O chalé do cisne na floresta de Boulogne* (detalhe), c. 1900. Óleo sobre tela. Típico encontro social entre membros da classe média no final do século XIX.

●●● O trabalho feminino

As mudanças econômicas do período industrial alteraram a função das mulheres na sociedade. As mais pobres trabalhavam nas fábricas em busca do sustento familiar. As mulheres com melhor instrução e condição social, mas que não eram ricas, trabalhavam em escritórios e no comércio.

O trabalho feminino passou a ser essencial para o orçamento familiar. Mulheres casadas e com filhos conciliavam o trabalho doméstico com a profissão. As jovens solteiras também ajudavam no orçamento familiar.

Com o desenvolvimento acelerado das tecnologias, exigia-se cada vez mais a qualificação dos trabalhadores. As mulheres da classe média corresponderam rapidamente a essa demanda por mais estudos. A presença cada vez maior de meninas nas escolas transformou o magistério, abrindo essa carreira às mulheres.

A ativista Dorothy Newell protesta escrevendo nas costas: "Votos para as mulheres". Fotografia dos anos 1900.

A luta por direitos

Essa inserção no mercado de trabalho, porém, não veio acompanhada de conquistas sociais. O salário pago aos homens era bem maior do que o recebido pelas mulheres. Elas continuavam sem direitos hoje considerados essenciais, como o de votar.

Sob a influência dos princípios de igualdade liberais e socialistas, os movimentos feministas ganharam vulto nos países industrializados. Refutavam os argumentos que justificavam a inferioridade feminina e lutavam pelo princípio de igualdade entre homens e mulheres.

A primeira reivindicação das mulheres foi o direito ao voto. Muito influente na Inglaterra e nos Estados Unidos, a causa feminina ganhou apoio naquelas sociedades e, no início do século XX, atingiu outras áreas da Europa e do restante do mundo.

Verifique o que aprendeu ●●●

1. Em que medida a industrialização do século XIX contribuiu no processo de urbanização na Europa?
2. Quais eram os principais valores defendidos pela burguesia europeia?
3. Quais alterações ocorreram na vida das mulheres durante o século XIX?

Mulheres trabalhando em tecelagem em Landerneau, França. Ilustração de autor desconhecido, 1849.

Reunião de mulheres em Paris para discutir seus direitos. Litografia de autor desconhecido, c. 1848.

ATIVIDADES

1. Leia o texto a seguir para responder às questões propostas.

> [...] [No século XIX] tornava-se claro que aumentava rapidamente o número de novos candidatos à classe média, ou de aspirantes ao *status* da classe média, o que propunha problemas práticos de demarcação e definição, dificultados ainda pela incerteza dos critérios teóricos relativos a essas definições. Aquilo que constituía "a burguesia" sempre foi mais difícil de determinar do que aquilo que, em teoria, definia a nobreza (por exemplo, nascimento, títulos hereditários, propriedade de terras) ou a classe operária (por exemplo, o salário e o trabalho manual). Todavia, [...] esperava-se que os membros dessa classe possuíssem capital ou renda proveniente de investimentos e/ou que agissem como empresários independentes, que auferiam lucros e empregavam operários, ou que fossem membros de uma profissão "liberal", o que era uma forma de iniciativa privada.
>
> Eric J. Hobsbawm. *A era dos impérios*. Rio de Janeiro: Paz e Terra, 1988. p. 241-243.

a) Qual é o tema central do texto?
b) Por que, segundo o texto, sempre foi mais difícil saber quem era burguês do que saber quem era nobre ou mesmo da classe operária?
c) Ainda que fosse difícil definir a burguesia como classe social, como se identificava um burguês do século XIX, segundo o autor?

2. Troque ideias com um colega sobre a frase: "os burgueses poderiam mudar de patamar social, mas não tinham garantia de permanecer nele". Escrevam as conclusões no caderno.

3. A tela reproduzida ao lado foi pintada em Viena, uma grande cidade austríaca no século XIX. Observe-a.
a) Descreva a cena retratada.
b) Como as pessoas estão vestidas e como é o ambiente onde elas estão?
c) É possível definir a qual grupo social pertence essa família? Discuta com um colega e exponha suas conclusões à turma.

Tela do austríaco Friedrich von Amerling. *Rudolf von Arthaber com seus filhos*, 1837.

MÓDULO 3

As lutas operárias

A luta dos operários por melhores salários e condições de trabalho se consolidou durante o século XIX. Surgiram novas teorias que buscavam superar as contradições do capitalismo.

O Socialismo Utópico

No início do século XIX, a grande desigualdade social entre os burgueses mais ricos e os proletários passou a ser questionada não só pelos trabalhadores, mas também por intelectuais e membros da própria burguesia. Muitas pessoas começaram a pensar em alternativas para diminuir os malefícios provocados pelo sistema capitalista.

Nesse primeiro momento não havia ainda teorias que explicassem o desequilíbrio social e propusessem soluções concretas para o problema. Ocorreram apenas alguns projetos individuais. As teorias desses pensadores foram posteriormente englobadas sob a denominação **Socialismo Utópico**.

O industrial britânico **Robert Owen** (1771-1858), considerado um socialista utópico, criou comunidades industriais na Escócia e nos Estados Unidos, nas quais os trabalhadores tinham direito a pagamentos extras proporcionais ao seu trabalho, creche, educação, entre outros benefícios. Com isso, Owen procurava não só melhorar a qualidade de vida dos empregados e das respectivas famílias, como também aumentar a produção de suas fábricas.

O francês **Charles Fourier** (1772-1827) propôs o desenvolvimento de comunidades chamadas **falanstérios**. Nelas não haveria divisão social; as pessoas trabalhariam em cooperativas nas quais a produção, tanto industrial quanto agrícola, seria distribuída igualitariamente.

Saint-Simon (1760-1825), francês de origem nobre, criticava o fato de existirem pessoas ociosas enquanto outras trabalhavam em excesso. Teórico do Socialismo Utópico, essa crítica também se aplicava a ele, que defendia o sistema industrial e a obtenção de lucro pelas empresas. É considerado um dos fundadores do socialismo moderno.

Retrato de Robert Owen, por John Cranch, Inglaterra, c. 1810.

Vista de um falanstério francês. Litogravura de Charles-François Daubigny, século XIX.

●●● O Socialismo Científico

Os socialistas utópicos foram contestados por algumas pessoas que consideravam suas ideias inconsistentes e difíceis de colocar em prática.

Os alemães **Karl Marx** (1818-1883) e **Friedrich Engels** (1820-1895) estudaram o processo capitalista, no intuito de descobrir como e por que ele gerava a desigualdade. Com isso, traçaram um panorama dos problemas sofridos pelos trabalhadores e propuseram soluções mais concretas. O resultado desse trabalho foi chamado de **Socialismo Científico**.

O Manifesto comunista

Em 1848, os dois pensadores publicaram um livro que seria o marco do Socialismo Científico: o ***Manifesto comunista***. Nessa obra, os autores definem a História como uma sucessão de lutas de classe, pois sempre ocorreu a exploração de uma classe social por outra, e com isso a consequente oposição entre elas: livre *versus* escravizado, senhor *versus* servo, burguês *versus* operário.

As ilustrações acima, publicadas em 1843 na *Revista Pitoresca*, França, denunciavam a dura realidade enfrentada por crianças e mulheres em seus trabalhos diários nas minas inglesas de carvão.

Mas por qual motivo a burguesia era a classe dominante? Segundo Marx e Engels, a burguesia era a dona dos meios de produção, ou seja, das fábricas, das terras e do capital. Para obter seu sustento, o trabalhador se via obrigado a vender para o proprietário da fábrica a única coisa que possuía: sua força de trabalho. Essa relação gerou a dominação da burguesia sobre a classe operária.

Segundo Marx e Engels, essa relação de dominação chegaria ao fim quando a classe operária, ou o proletariado, lutasse para superar a burguesia e tomasse o poder político e econômico. Nesse momento, o Estado – comandado por proletários – assumiria o controle da produção e do capital e proporcionaria o caminho para o surgimento de uma **sociedade comunista**, na qual não existiriam classes sociais.

Estátua de Marx (sentado) e Engels em Berlim, Alemanha. Fotografia de 2009.

Em 1867, Marx publicou o livro ***O capital***, considerado a principal obra do socialismo. Nela, o pensador faz uma profunda análise da economia de sua época e de teorias econômicas clássicas.

O socialismo inspirou a formação de partidos e grupos políticos compostos de trabalhadores. Nesta fotografia, membros da Liga Socialista Inglesa, século XIX.

●●● O anarquismo

Outra importante corrente de pensamento do século XIX foi o anarquismo, cujo princípio básico era privilegiar a liberdade do ser humano. Segundo os anarquistas, a humanidade não consegue ser totalmente livre, pois segue regras preestabelecidas por instituições como o Estado.

Os anarquistas negavam, portanto, a legitimidade de instituições que exerciam poder autoritário e que impunham normas. Eles propunham a criação de comunidades nas quais todas as pessoas participassem da administração. Além de questionar o Estado e as instituições, combatiam também as crenças religiosas, pois as consideravam um mecanismo para doutrinar e dominar as pessoas.

Por pregarem o fim do Estado, as ideias anarquistas foram confundidas com incitação à confusão e ao caos. Daí a palavra "anarquia" ainda hoje ser associada a desordem.

Principais pensadores

O francês **Pierre-Joseph Proudhon** (1809-1865) teve contato com os socialistas utópicos, dos quais herdou algumas ideias. Contestou as propostas de Marx e Engels, pois era contra a criação de um Estado que controlasse a sociedade, mesmo sendo proletário. O ponto fundamental de seu pensamento focava a propriedade privada, que ele considerava "um roubo".

O russo **Mikhail Bakunin** (1814-1876), filho de proprietário de terras, foi um crítico do socialismo. Travou vários debates com Marx, para quem tentou mostrar o caráter centralizador e disciplinador do Estado proposto pelos socialistas. Defendia o fim das classes sociais, da desigualdade política e do direito de herança.

> **A Igreja católica e o socialismo**
>
> Em 1891, o papa Leão XIII publicou a Encíclica *Rerum Novarum*, documento no qual a Igreja se posicionou contra a exploração sofrida pelos trabalhadores e criticou o capitalismo.
>
> Dessa maneira, a Igreja procurava inserir sua doutrina no contexto contemporâneo, em um período em que ela começava a perder espaço para as novas ideias.

> **Verifique o que aprendeu** ●●●
>
> 1. O que é o Socialismo Utópico?
> 2. O que é o Socialismo Científico?
> 3. Quais são os principais pontos tratados no *Manifesto comunista*?
> 4. Quais são as ideias do anarquismo?

Gustave Courbet. *Proudhon e seus filhos*, 1865. Óleo sobre tela.

Bakunin, em fotografia da década de 1860.

ATIVIDADES

1. Leia este texto e responda às questões a seguir.

> [...] Charles Fourier (1772-1837) desenvolve uma crítica impiedosa das deformações introduzidas na sociedade humana pela Revolução Industrial capitalista. [...] propunha a formação de pequenas comunidades socialistas, que trariam a transformação social, ao agirem como exemplo sobre o restante da sociedade.
>
> Osvaldo Coggiola. *Movimento e pensamento operários antes de Marx*. São Paulo: Brasiliense, 1991. p. 44-45.

   a) Segundo o que você estudou, a quais "deformações introduzidas na sociedade" o autor se refere?
   b) Como foram denominadas as comunidades citadas no texto? Como elas funcionariam?

2. Leia o texto e responda às questões a seguir.

> Marx escreveu que, até ali, "os filósofos apenas têm interpretado o mundo de maneiras diferentes; a questão, porém, é transformá-lo". Era essa a sua razão para elaborar o *Manifesto comunista*. Ele troçava dos reformadores sociais "utópicos", para os quais a melhor forma de mudar a situação seria estabelecer idílicas comunidades de trabalhadores longe das chaminés fumarentas das fábricas.
>
> David Boyle. *O Manifesto Comunista de Marx e Engels*. Rio de Janeiro: Jorge Zahar Editor, 2006. p. 28.

   a) Segundo o texto, a quem Marx critica?
   b) O que, exatamente, ele critica?
   c) Por que Marx elaborou o *Manifesto comunista*?
   d) Por qual motivo Marx chamou as comunidades pensadas pelos socialistas utópicos de idílicas?

3. O texto a seguir foi escrito pelo pensador socialista Friedrich Engels.

> O socialismo moderno é, em primeiro lugar, [...] fruto [...] dos antagonismos de classe que imperam na moderna sociedade entre possuidores e despossuídos, capitalistas e operários assalariados, e, por outro lado, da anarquia que reina na produção.
>
> Friedrich Engels. *Do socialismo utópico ao socialismo científico*. São Paulo: Global Editora, 1980. p. 28.

   a) Você sabe qual é o significado da palavra "antagonismo"? Se necessário, pesquise em um dicionário.
   b) Segundo o autor, quais fatores deram origem ao socialismo moderno?
   c) Quanto ao trecho "anarquia que reina na produção", a qual produção o autor se refere?
   d) Em sua opinião, em qual sentido Engels utilizou o termo "anarquia"? Os teóricos anarquistas concordariam com o autor? Justifique.

4. Sobre anarquistas e socialistas responda às questões a seguir.
   a) Em que divergem as ideias difundidas por esses dois grupos?
   b) Apesar das divergências, é possível verificar pontos em comum entre as duas teorias políticas?

5. O socialismo foi uma importante corrente do pensamento no século XIX que reivindicava melhores condições aos trabalhadores. Procure saber como os trabalhadores se organizam hoje para defender seus direitos.

APRENDER A...

Analisar a capa de um periódico

Jornais e revistas estão entre os meios de comunicação mais antigos. São usados por pessoas que desejam se manter atualizadas, informadas ou simplesmente se divertir. Em formato impresso ou digital, podemos encontrar jornais e revistas que abordam os mais diversos temas, como política, economia, ciência e arte, destinados a diferentes públicos (crianças, jovens, adultos de diferentes faixas etárias).

As pessoas que escrevem para jornais e revistas não só informam o leitor, como também expressam opiniões a respeito dos diferentes assuntos abordados, tornando possível compreender as formas de pensar e de agir próprias de determinada época. Por isso, os periódicos têm se tornado, nos últimos anos, importantes fontes de pesquisa para os historiadores.

A primeira página – ou capa – dos jornais e revistas geralmente fornece uma série de dados que possibilitam entender o contexto em que o periódico foi produzido. Nesta atividade, você vai aprender a obter informação e interpretar uma publicação a partir da leitura da primeira página de uma revista que circulava na cidade do Rio de Janeiro no final do século XIX.

- **Identificação dos elementos que compõem a capa do periódico**

O estudo de uma capa como documento histórico é iniciado pela sua descrição. Observe a reprodução da capa de um periódico, ao lado, siga o roteiro proposto e registre os dados obtidos em seu caderno.

1. Qual é o nome desse periódico?
2. Quantos anos de existência tinha essa revista quando esse número foi publicado?
3. Em que data e local foi publicado?
4. Quantos números do periódico haviam sido publicados até então?
5. Descreva a imagem que aparece na capa.
6. Em sua opinião, o que significa uma imagem ocupar a maior parte da capa de um periódico?
7. Levante uma hipótese sobre o principal tema abordado nas páginas internas dessa revista, relacionando-o à imagem da capa.

Desenho de Ângelo Agostini, em capa da *Revista Illustrada*, 1893.

- **Contextualização da revista no momento histórico em que foi produzida**

Depois de organizar os dados obtidos pela observação da capa, é preciso interpretá-los. Para isso, é necessário, além de descobrir a que se refere a imagem que a ilustra, levantar informações sobre as origens e posições políticas do periódico, bem como sobre o contexto sociopolítico da época.

Faça uma pequena pesquisa procurando responder às questões propostas.

8. De que tipo era esse periódico: jornal ou revista?
9. Quem o criou e quando?
10. A que grupos políticos esse periódico estava ligado?

■ **Obtenção de informações do contexto social e político**

A *Revista Illustrada* está se referindo ao cortiço chamado Cabeça de Porco, situado no morro da Providência, na cidade do Rio de Janeiro. Em 1893, o prefeito Barata Ribeiro ordenou sua demolição.

Que motivos levaram o prefeito a ordenar a demolição do cortiço?

11. Para responder a essa questão, faça um levantamento em livros de História e na internet. Registre dados sobre:
    - A história da demolição do cortiço Cabeça de Porco.
    - As condições de higiene das moradias populares da cidade do Rio de Janeiro, no final do século XIX.

12. Com os dados em mãos, elabore um texto apresentando os motivos que levaram à ordem de demolição.

■ **Interpretação da capa de um periódico**

A interpretação do significado transmitido pelas imagens que as capas dos periódicos trazem decorre da conjugação dos diversos dados que você organizou até agora.

No entanto, a interpretação não poderá ficar completa sem considerar a opinião dos editores. Qualquer veículo de comunicação emite a opinião das pessoas que o produzem. No caso específico da *Revista Illustrada*, e a partir dos dados que você reuniu até agora, elabore hipóteses que poderiam responder à seguinte questão.

13. Qual é a opinião dos editores com relação à demolição do cortiço Cabeça de Porco?

Por criticarem o governo e as elites, os editores de revistas e jornais, como a *Revista Illustrada*, eram frequentemente ironizados pela imprensa que apoiava aqueles grupos. Nesta charge, de c. 1878, publicada na revista *Psit!*, Bordalo Pinheiro faz uma homenagem irônica ao criador da *Revista Illustrada*, Ângelo Agostini.

MÓDULO 4
Transformações na ciência

A ciência e a técnica evoluíram consideravelmente durante o século XIX. No Ocidente, as pessoas passaram a ter mais confiança e otimismo nos progressos científicos.

●●● O Positivismo

No decorrer do século XIX, as descobertas científicas e as invenções técnicas se multiplicavam. O progresso científico era valorizado sobretudo pela burguesia, que desfrutava mais diretamente dessas novidades.

Nesse contexto, o francês **Auguste Comte** formulou princípios que fundamentaram o chamado Positivismo, corrente de pensamento que serviu de base à ciência da época.

Segundo Comte, somente a ciência leva ao verdadeiro conhecimento. A ciência deve ser objetiva, com base no experimento e na observação, e não em crenças e ideais. A filosofia positivista orientou o desenvolvimento das ciências humanas, médicas, naturais e o incremento das invenções tecnológicas no século XIX. Paralelamente, justificou a desigualdade social e reforçou o poder da burguesia, visto que o conhecimento científico era compreendido pelos positivistas como um saber superior e acessível a poucas pessoas.

Nas artes, o Positivismo influenciou movimentos como o **Realismo**. Contrapondo-se aos românticos, os realistas se recusavam a mostrar uma face idealizada e sonhadora da sociedade. Seu principal objetivo consistia em ressaltar aspectos da natureza humana, como a falsidade, a traição, o egoísmo e a impotência de pessoas comuns diante das poderosas.

Auguste Comte. Detalhe de óleo sobre tela de Louis Jules Etex, século XIX.

Gabinete de leitura na Alemanha de 1840, pintura de L. Arnoto. A busca pelo conhecimento estimulou as pessoas a ler mais. Nesta cena, o autor retrata indivíduos que se reuniam para ler jornais e discutir as notícias.

Os benefícios da ciência

No século XIX havia uma crença em que o progresso da ciência traria somente benefícios à humanidade e ao planeta.

I. Você concorda com a ideia de que a ciência pode trazer só benefícios? Discuta com seus colegas.

●●● O avanço nas ciências

O século XIX foi marcado pela confiança no conhecimento racional, nos experimentos científicos e nas transformações que produziriam um futuro melhor.

Várias áreas do campo das ciências naturais e humanas se desenvolveram. Nesse período, nasceu, por exemplo, a **sociologia** – "a ciência que estuda a sociedade"–, segundo um de seus precursores, o francês Émile Durkheim (1858-1917).

A medicina

A medicina avançava por meio de processos experimentais que resultaram na descoberta de diagnósticos, de vacinas para prevenir doenças como a varíola e a raiva, além de procedimentos que eliminavam microrganismos presentes em alimentos e que eram danosos à saúde humana.

O monge austríaco Gregor Mendel (1822-1884) foi o pioneiro no estudo da **genética**. Durante anos, ele realizou cruzamentos entre mudas de ervilha, experimento que lhe permitiu estabelecer leis sobre a hereditariedade.

Sigmund Freud (1856-1939), médico austríaco, é considerado o pai da **psicanálise**. Ele observou durante anos pacientes com doenças psíquicas e percebeu que, em muitos casos, esses problemas eram provocados por mecanismos inconscientes.

Sigmund Freud, Inglaterra, c. 1920.

O Evolucionismo

Uma das principais formulações científicas do século XIX foi elaborada pelo naturalista inglês **Charles Darwin** (1809-1882). Ele contestou a explicação bíblica da criação do mundo e formulou a teoria da evolução das espécies por meio da seleção natural, ainda aceita nos dias de hoje.

Durante uma viagem ao redor do mundo, Darwin visitou o arquipélago de Galápagos, no Equador. Ele observou que as várias ilhas eram habitadas por diferentes espécies de aves e que o bico dessas espécies era adaptado ao alimento disponível em cada ilha.

A partir daí, ele concluiu que essas diferentes espécies surgiram de uma única espécie, que teria habitado as ilhas no passado. As aves de cada ilha viviam isoladas das aves de ilhas vizinhas e competiam entre si por alimento. Os indivíduos mais aptos, isto é, mais capazes de obter comida, tinham mais chance de sobreviver e de se reproduzir, transmitindo suas características – como o tipo de bico – aos descendentes. Ao longo de muitas gerações, a espécie inicial deu origem a várias espécies de aves, adaptadas ao alimento existente em sua ilha. Darwin chamou esse processo evolutivo de **seleção natural**.

Teóricos racistas, no entanto, encontraram nas descobertas de Darwin um pretexto para justificar a suposta superioridade de certos povos sobre outros. Distorcidas e mal interpretadas, as ideias darwinistas migraram do campo da biologia para o da sociologia.

Alfred R. Wallace

Em 1858, dois anos após começar a escrever sobre sua teoria, Darwin recebeu com surpresa uma carta do naturalista inglês Alfred R. Wallace (1823-1913). Wallace havia formulado uma teoria muito semelhante à de Darwin. Hoje a comunidade científica atribui a ambos a autoria da teoria da evolução por meio da seleção natural.

Charles Darwin em fotografia da década de 1870, Inglaterra.

A tecnologia

No campo tecnológico, as transformações estavam relacionadas, em sua maioria, ao desenvolvimento industrial. As estradas de ferro eram necessárias para interligar as áreas de produção e de consumo, e a invenção de motores serviu para movimentar as máquinas industriais e para acelerar a fabricação de produtos.

Outras invenções revolucionaram as comunicações e o entretenimento: o telefone, a fotografia e o cinema. A invenção da máquina fotográfica permitiu a popularização do retrato. Até então, somente a elite podia encomendar retratos, dado o alto custo das telas elaboradas pelos pintores.

Um número grande de pessoas passou a ter acesso a informações sobre pessoas e lugares depois que a fotografia tornou possível o registro e a circulação dessas imagens.

Novas máquinas de imprensa foram criadas, o que fez aumentar a produção de jornais e outros periódicos, e também o interesse das pessoas por notícias.

> **Verifique o que aprendeu**
> 1. Dê exemplos de avanços no campo das ciências.
> 2. Qual foi a principal teoria elaborada por Charles Darwin?
> 3. Quais foram as mudanças trazidas pela invenção da máquina fotográfica?

A invenção do cinema

Durante o século XIX foram desenvolvidas técnicas de captação de imagem em movimento que possibilitaram a criação do **cinematógrafo**, aparelho que captava e projetava imagens. Essa invenção foi patenteada pelos irmãos franceses Auguste e Louis Lumière em 1895.

Com a divulgação e aperfeiçoamento da técnica, os Estados Unidos se tornaram grandes produtores de filmes. No decorrer da primeira metade do século XX, esse país consolidou uma indústria cinematográfica poderosa.

Apesar do desenvolvimento tecnológico, os primeiros filmes eram mudos. Em 1926, os irmãos Warner apostaram na técnica de sincronizar imagem e som, convertendo o cinema em um espetáculo visual e sonoro.

Pôster anunciando o cinematógrafo dos irmãos Lumière. Trabalho de Marcelin Auzollé, 1896.

ATIVIDADES

1. Sobre o Positivismo, responda às seguintes questões.
   a) Em qual contexto se insere a criação dessa corrente de pensamento?
   b) O que os positivistas pensavam sobre a ciência?
   c) Aponte um aspecto favorável e um contrário ao pensamento positivista.
   d) De que forma o Positivismo influenciou as artes? Qual movimento artístico passou a ser contestado?

2. No texto a seguir, a autora discute uma das teorias de Charles Darwin.

   > [...] a teoria da origem das espécies [...] é o tema fundamental da [...] obra [de Charles Darwin]. Ela se baseia na luta pela vida, ou seja, na existência de uma permanente concorrência entre os indivíduos de cada espécie animal. Sobre a evolução das espécies, Darwin explica ainda que somente os mais fortes e mais aptos conseguem sobreviver e a própria natureza se encarrega de fazer essa seleção natural.
   > [...]
   >
   > Thaís Fernandes. Charles Darwin. Conheça o pai da teoria da evolução. *Ciência Hoje das Crianças On-line*. Disponível em: <http://cienciahoje.uol.com.br/CharlesDarwin>. Acesso em: 19 set. 2014.

   a) Com base no texto, reflita e elabore uma explicação para o motivo pelo qual o trabalho de Darwin foi apropriado por pessoas que pretendiam justificar o racismo.
   b) Identifique no texto passagens que podem ter sido utilizadas para fundamentar teorias racistas.

3. Leia o texto a seguir.

   > Quando os trens a vapor surgiram, por volta de 1830, eram a novidade tecnológica da época e impressionavam tanto quanto as viagens espaciais de hoje. Muita gente se aterrorizava, temendo que viajar a uma velocidade maior que a de um cavalo a galope fizesse mal à saúde, resfriando mortalmente os passageiros, devido à grande velocidade e ao vento, e até afetando a visão pela sucessão rápida de imagens pela janela do trem.
   > Acreditava-se que ele iria incendiar os campos com suas fagulhas, atropelar vacas. O medo era tanto que nos Estados Unidos foi feita uma lei exigindo que, ao entrar na área urbana, o trem deveria ser precedido por um funcionário a cavalo tocando uma sineta para alertar sobre sua chegada.
   > A novidade tecnológica representada pelo trem consistia de uma máquina puxando vagões e formando uma composição que se deslocava sobre trilhos de ferro presos a dormentes de madeira, assentados sobre a terra cascalhada.
   >
   > Vera Vilhena de Toledo e outros. *A riqueza nos trilhos*: história das ferrovias no Brasil. São Paulo: Moderna, 1998. p.15-16 (Coleção Desafios).

   a) Segundo o texto, como as pessoas reagiam à utilização do trem?
   b) Qual era a importância do trem a vapor na época?
   c) E hoje, como as pessoas reagem às inovações científicas e tecnológicas? Junte-se com um colega e troquem ideias sobre o assunto. Para isso, façam as seguintes considerações:
      • As inovações tecnológicas ainda hoje causam medo e admiração nas pessoas?
      • Quais seriam os motivos que levam a essas reações?
      • Como geralmente essas reações são superadas ao longo do tempo?

   Ao final, compartilhem suas ideias com o restante da classe. Vocês apresentaram opiniões semelhantes ou divergentes? Expliquem.

4. O cinematógrafo foi inventado no século XIX. Algumas cidades logo tiveram salas de cinema; outras demoraram um pouco. Quando o cinema chegou à sua cidade? Qual foi o impacto entre a população? Procure conversar com pessoas mais velhas, como avós, bisavós ou vizinhos. Vale também consultar a biblioteca da escola ou a internet. Depois, converse com os colegas sobre suas descobertas.

MÓDULO 5

A Belle Époque

De meados dos anos 1880 até o início do século XX, a Europa viveu uma era de otimismo, refinamento de costumes e propagação dos ideais burgueses. Foi a chamada *Belle Époque* (Bela Época).

A efervescência cultural

Na virada do século XIX para o XX, Paris era o principal centro produtor e exportador da cultura consumida pela burguesia. As transformações que ocorriam no campo social, cultural e artístico eram vistas pelo Ocidente como o triunfo da modernidade.

As mudanças estavam por toda parte. Reformas urbanas ampliavam as avenidas; novas correntes artísticas renovavam a literatura, a música e a pintura.

A cidade vivia sua efervescência cultural e intelectual nos cafés, cabarés, teatros, balés, nas livrarias e nas ruas e avenidas. A moda ganhou importância com os ateliês de alta-costura. E o novo cenário combinava também com as recentes inovações tecnológicas, como o telefone, o cinema, a bicicleta, o automóvel, entre outros.

O contraste social

Porém, como em outros períodos históricos, as transformações ocorridas durante a *Belle Époque* não foram assimiladas por todas as pessoas do mesmo modo. A população cresceu e as cidades se modernizaram. Mas os habitantes mais pobres não usufruíam das mesmas conquistas que alegravam os burgueses e, portanto, olhavam criticamente para as novidades. De fato, os contrastes eram grandes: de um lado, a beleza, o luxo, o *glamour* e a modernidade; de outro, a vida difícil da classe operária, as longas jornadas de trabalho, o baixo ou nenhum poder de compra, a ausência de conforto, de saneamento básico, de benefícios sociais, etc.

Pierre-Auguste Renoir. *Dança na cidade*, 1883. Óleo sobre tela. Os bailes eram um dos eventos preferidos da burguesia.

Paris em 1900. Ao fundo e à esquerda, os salões em que se deu a Exposição Universal. Litografia colorida de autor desconhecido.

●●● O Impressionismo

A arte impressionista, embora não tivesse sido totalmente compreendida e aceita pela maioria das pessoas que viveram no tempo em que as obras foram criadas, foi a expressão da *Belle Époque* e da sociedade industrial e burguesa do final do século XIX.

Ao contrário de seus antecessores, os pintores impressionistas deixaram o interior dos ateliês para pintar ao ar livre. Os artistas Claude Monet, Auguste Renoir, Edgard Degas, entre outros, romperam com a tradicional maneira de fazer arte. Seus objetos de interesse eram as paisagens e as cenas externas, que registravam de forma a reproduzir na tela os efeitos da luz natural e do movimento. Desse modo, dependendo do momento do dia e do olhar do artista, as possibilidades de representação de uma mesma paisagem ou cena tornaram-se infinitas.

A obra de Claude Monet, *Impressão, Sol nascente*, de 1873, inspirou o nome do movimento artístico. Em 1874, durante uma exposição de arte em Paris, ao conhecer a tela de Monet, um jornalista escreveu um artigo chamando o evento de "Exposição dos Impressionistas".

A pintura impressionista

Na pintura impressionista, as figuras não têm contornos nítidos, e as cores são aplicadas por meio de pequenas pinceladas leves e rápidas, produzindo um efeito único: ao serem observadas de perto, as figuras representadas parecem apenas borrões; porém, ao se distanciar da tela, o observador consegue enxergá-las com nitidez.

Os impressionistas não foram populares no seu tempo. Acusados de não saber pintar, apresentados como loucos, ou mesmo ignorados, esses artistas receberam críticas por idealizarem uma arte que não era a simples reprodução de pessoas e cenários.

A técnica desenvolvida pelos impressionistas – pinceladas e uso contrastante da luz – foi, porém, referência importante para a arte moderna e as principais tendências artísticas do século XX, incluindo o Pós-Impressionismo. Entre os pós-impressionistas estão artistas como Paul Gauguin, Paul Cézanne, Henri de Toulouse-Lautrec e Vincent van Gogh.

Pierre-Auguste Renoir. *O baile no Moulin de la Galette*, 1876. Óleo sobre tela.

Art Nouveau

Inspirados nas formas da natureza e explorando os novos materiais – como o ferro e o vidro, cujos usos se tornaram viáveis em razão dos avanços tecnológicos que impulsionaram a Revolução Industrial –, *designers*, arquitetos e artistas criaram um estilo estético completamente diferente e inovador, que foi chamado na França de *Art Nouveau* (Arte Nova).

O nome foi inspirado numa loja de Paris, aberta em 1895, voltada para a venda de objetos de decoração e mobiliário que seguiam essa linha. Na Inglaterra, o estilo é também chamado de *Flower Art*; na Itália, *Floreale*; na Alemanha e na Áustria, *Jungendstil*; e em Portugal, *Arte Nova*.

De maneira geral, o estilo *Art Nouveau* valoriza os ornamentos e as curvas, formando ondulações ou sugerindo figuras que se assemelham a plantas e animais. O ferro é um material muito presente nos portões, janelas, ornamentos internos e externos de edificações, móveis, etc., assim como o vidro é usado em portas e nos vitrais coloridos, entre outros objetos. Sua influência também está nas artes plásticas e gráficas, e ainda no desenho de joias.

Na arquitetura, o estilo é bastante expressivo e está presente nas fachadas e detalhes de edificações construídas sobretudo nos primeiros anos do século XX, não só na Europa, mas também em diversos lugares do mundo. Há exemplos dessa arquitetura em várias capitais brasileiras, como São Paulo, Rio de Janeiro, Belém, Manaus e Fortaleza.

Eugène Grasset. *Primavera*, 1894. Vitral.

Em Barcelona, o estilo *Art Nouveau* teve no arquiteto Antonio Gaudí seu principal representante. Nesta fotografia, de 2011, a fachada da igreja da Sagrada Família, projetada pelo arquiteto espanhol. A construção dessa igreja teve início em 1882, a partir do projeto original do arquiteto Francisco del Villar, e ainda não foi finalizada.

> **Verifique o que aprendeu**
>
> 1. O que foi a *Belle Époque*?
> 2. Cite algumas mudanças que ocorreram durante a *Belle Époque*.
> 3. Quais são as principais características da pintura impressionista?
> 4. Em que medida a Revolução Industrial contribuiu para o surgimento do estilo *Art Nouveau*?

ATIVIDADES

1. Leia o texto a seguir.

> De meados dos anos 1890 à Grande Guerra, a orquestra econômica mundial tocou no tom maior da prosperidade, ao invés de, como até então, no tom menor da depressão. A afluência, baseada no *boom* econômico, constituía o pano de fundo do que ainda é conhecido no continente europeu como "a bela época" (*belle époque*).
>
> Eric J. Hobsbawm. *A era dos impérios*. Rio de Janeiro: Paz e Terra, 1988. p. 73.

a) Que aspecto da *Belle Époque* foi destacado no texto?

b) A que período o texto se refere?

c) Localize no texto a passagem em que o autor compara dois momentos diferentes da Europa do final do século XIX e começo do XX. Qual foi a imagem que o autor usou para descrever a situação econômica europeia no período?

2. Observe a reprodução da obra de Claude Monet, *La Grenouillère* (O charco das rãs), de 1869, e faça o que se pede.

a) Quais aspectos da tela você destacaria, sabendo se tratar de uma pintura impressionista?

b) Os críticos tradicionais contestaram a arte impressionista. Se você fosse um crítico daquele período, qual seria sua opinião da tela reproduzida acima? Elabore um texto refletindo sobre essa obra.

3. Explique a relação existente entre a *Belle Époque*, o Impressionismo e o estilo *Art Nouveau*.

ARTE e CULTURA

Toulouse-Lautrec e a boemia parisiense

O pintor francês Henri de Toulouse-Lautrec (1864-1901) foi um dos principais nomes do cenário artístico parisiense em fins do século XIX. Filho de família aristocrata, ele se dedicou plenamente a suas composições artísticas, representando de maneira peculiar temas da vida urbana parisiense. Retratou principalmente figuras humanas que frequentavam cabarés e prostíbulos: os artistas, as dançarinas e os anônimos da vida noturna.

Os traços do artista realçavam um ambiente no qual a alegria aparente contrastava com o olhar denso que exprimia angústias comuns a qualquer ser humano. Toulouse-Lautrec faleceu precocemente, aos 36 anos de idade, em consequência de graves problemas de saúde. Mesmo assim, produziu uma extensa obra, reconhecida por outros artistas e pelo público.

Toulouse-Lautrec em fotografia de c. 1890, França.

Pôster de Jane Avril no Jardim de Paris. A famosa bailarina foi retratada pelo artista em 1893.

Toulouse-Lautrec chegou a morar em bordéis, para captar melhor as figuras conhecidas e anônimas da noite, como as retratadas na obra reproduzida ao lado. Nela, observa-se a figura de uma mulher usando um vestido longo, enquanto a jovem ao seu lado tem as pernas e os braços à mostra. *A casa da rue des Moulins*, 1894.

Em *Baile no Moulin de la Galette*, de 1889, um homem sentado no balcão observa o que acontece no salão. Ao fundo há casais dançando. As feições das duas mulheres que estão próximas ao homem do balcão revelam o olhar entediado de uma e a indiferença da outra, diante dos dançarinos. O tema de Toulouse-Lautrec, como vimos, capta as angústias dos frequentadores da boemia parisiense.

■ Atividades

1. Que elemento predomina nessas obras de Toulouse-Lautrec?
2. Em que ambientes o artista retratou suas personagens?

ARTE e CULTURA

Toulouse-Lautrec se tornou amigo da atriz Yvette Guilbert. Acompanhando diversas apresentações da artista, o pintor procurou sintetizar, neste aceno ao público que se repetiu inúmeras vezes, um olhar triste da atriz já envelhecida, com maquiagem carregada.
Yvette Guilbert saudando o público, 1894.

O uso das cores e a caracterização do ambiente da intimidade feminina são alguns dos aspectos desta obra, *A toalete: madame Poupoule*, 1899.

Encantado com a atriz Marcelle Lender na opereta *Chilpéric*, Lautrec foi ao teatro várias noites para pintar a artista durante as apresentações. Sua intenção era captar a atriz em seus melhores momentos, transmitindo a energia da dança e o olhar dela contrastando com os movimentos.
Marcelle Lender dançando o bolero em Chilpéric, c. 1897.

A vida particular das pessoas, nos momentos de intimidade, era um dos assuntos preferidos de Toulouse-Lautrec. Longe da agitação dos salões e das festas, o artista registrou outros aspectos do cotidiano das pessoas como este, *A cama*, 1892.

■ Atividades

1. Além das cenas noturnas, Toulouse-Lautrec gostava de retratar outras. Quais são e que obras destas duas páginas podem representá-las?
2. O que as representações das atrizes Yvette Guilbert e Marcelle Lender têm em comum?

DOSSIÊ

A Comuna de Paris

Em 19 de julho de 1870, o imperador francês Napoleão III declarou guerra à Prússia. Em resposta, o ministro prussiano Bismarck reuniu os exércitos dos Estados alemães e venceu as forças francesas. Napoleão III foi capturado em 2 de setembro e, aproveitando a ausência do imperador, os franceses proclamaram a República.

Contudo, os membros da nova República francesa não estavam todos de acordo sobre o que fazer dali em diante: uns – entre os quais muitos monarquistas – desejavam a rendição ante os prussianos, enquanto outros queriam reorganizar o exército e expulsar os invasores. Os partidários da resistência se concentravam na capital da França, maior centro populacional, industrial e cultural do país. Os habitantes das pequenas cidades, porém, pregavam a rendição.

Paris sitiada

Enquanto os franceses discutiam entre si, os prussianos cercaram Paris, em janeiro de 1871, tentando forçar a rendição da capital e pôr fim à guerra. Em pleno inverno, a população parisiense passava fome e frio. Comeu-se carne de elefante, crocodilo e macaco, leiloados pelo zoológico da cidade que, de qualquer modo, não teria como alimentá-los. Na falta de outro alimento, caçavam-se os ratos.

Apesar de faminta, a capital contava com a Guarda Nacional – formada por pessoas do povo, sem treinamento bélico, mas relativamente bem armada. Foram compostos batalhões de operários dos bairros mais pobres, todos desejando, além da vitória sobre os alemães, implantar um regime de mais justiça e bem-estar social.

A proclamação da Comuna

Os dirigentes que comandavam a República, contudo, não queriam reformas políticas, muito menos sociais. Logo após assinar o armistício com Bismarck, em 28 de janeiro, começaram a preparar o desarmamento do povo de Paris, eliminando qualquer tentativa de reação da Guarda Nacional parisiense.

Na madrugada de 18 de março, o exército republicano tentou confiscar os canhões da Guarda Nacional, mas os parisienses conseguiram salvá-los. O governo republicano, com medo, fugiu para Versalhes e de lá tentou controlar a capital. Mas era tarde. A Guarda Nacional tomara os palácios da cidade e convocou eleições municipais. Em 27 de março, a Assembleia eleita proclamou a Comuna de Paris, isto é, o governo autônomo da cidade, independente da República governada por Versalhes.

Barricada em rua de Paris. Fotografia c. 1871.

O governo do povo

A partir do fim de março, o povo governava Paris. O governo popular tomou então uma série de medidas, visando melhorar as condições de vida da população. Os funcionários públicos tiveram seus salários igualados aos dos operários – era o fim dos privilégios do funcionalismo. As dívidas e aluguéis, que a guerra impossibilitava pagar, foram congelados, beneficiando os pobres e os pequenos comerciantes. Foram instituídas pensões para órfãos e viúvas dos mortos na guerra.

O antigo palácio de Napoleão III – o Palácio das Tulherias – servia de palco para concertos musicais. Balões lançavam manifestos às forças de Versalhes, convidando-os a aderir à Comuna. Apesar de a maioria dos líderes do movimento ser composta de socialistas, não se extinguiu a propriedade privada, visto que, por exemplo, o Banco da França foi respeitado. Apenas as casas e fábricas abandonadas foram ocupadas, mas prevendo indenizações a seus proprietários.

A repressão sangrenta

O governo de Versalhes considerava, porém, os atos do governo parisiense uma perigosa subversão da ordem, por isso planejou a invasão da cidade. Os alemães cooperaram com os versalheses, libertando os soldados franceses que eram mantidos prisioneiros. Assim, a República passou a contar com um exército poderoso.

Em 21 de maio, os republicanos invadiram Paris. Os *communards*, como eram conhecidos os participantes da Comuna, fizeram barricadas nas ruas, resistindo metro a metro enquanto puderam. Mas a pressão do exército regular era enorme. Ao perceber a proximidade da derrota, os defensores da Comuna atearam fogo aos símbolos da monarquia. Um dos maiores incêndios ocorreu no Palácio das Tulherias, que nunca foi reconstruído. Em 25 de maio, Paris ardia em chamas. Inúmeros reféns, entre eles o arcebispo de Paris e muitos padres, foram fuzilados pelos *communards*, em um ato de violência injustificada, pois eram pessoas desarmadas que não se opunham à revolução.

Em 28 de maio, foram capturados os últimos *communards*. As tropas de Versalhes passaram a fuzilar todos os combatentes e suspeitos que encontravam. Cerca de 20 mil pessoas foram mortas. Era o fim da Comuna.

Cartaz que anuncia o grande panorama da Comuna de Paris. Ilustração de Charles Castellani, 1871.

■ Discussão sobre o texto

1. Que tipo de problemas pode ocorrer em uma cidade cercada por um exército inimigo?
2. Por que o povo da cidade de Paris entrou em conflito com o governo de Versalhes?
3. O que ocorreu com os *communards* após a vitória das tropas de Versalhes?

FAZENDO HISTÓRIA

A reforma parisiense

No século XIX, a cidade de Paris sofreu grandes modificações. Coube a Georges-Eugène Haussmann (1809-1891), nomeado prefeito por Napoleão III, implementar as principais diretrizes para a reforma. Haussmann promoveu a construção de avenidas, parques e grandes edifícios públicos, além do planejamento da distribuição de água e a implantação da rede de esgotos. A proposta de reurbanização era transformar a capital francesa em uma cidade moderna. As obras foram concluídas em 1860.

1. Observe as imagens. Ambas as fotografias foram feitas em Paris, mas em datas diferentes.

Rua do bairro de Saint-Germain-des-Près, 2009.

Avenida da Ópera. Fotografia do século XIX.

a) Descreva as duas imagens, anotando o maior número de detalhes possível.
b) Compare as fotografias. Observe semelhanças e diferenças.

2. Pense nas cidades que você conhece e procure compará-las com o que você vê nas imagens acima. Quais elementos de uma cidade atual você diria que não aparecem nas fotografias analisadas nesta página? Em sua opinião, o que poderia ter persistido do passado nas cidades brasileiras da atualidade?

LENDO HISTÓRIA

Os direitos humanos

Antes de ler

- A Declaração Universal dos Direitos Humanos é um dos documentos básicos das Nações Unidas e foi assinada em 1948. Que direitos você acha que esse documento contempla?
- Leia o título do documento B e relacione-o com os direitos humanos.

Documento A

Declaração Universal dos Direitos Humanos

Artigo 23

Todo o homem tem direito ao trabalho, à livre escolha de emprego, a condições justas e favoráveis de trabalho e à proteção contra o desemprego.

Disponível em: <http://www.dhnet.org.br/direitos/deconu/textos/integra.htm>. Acesso em: 26 set. 2014.

Documento B

Jovens incendeiam ônibus na periferia de Paris

Jovens dos subúrbios de Paris atacaram dois ônibus na véspera do primeiro aniversário dos violentos protestos de imigrantes que assolaram a França no ano passado. [...] A polícia registrou uma escalada de violência na véspera do aniversário dos protestos de 2005.

Problema social

Um relatório do serviço de segurança do governo, que vazou para um jornal francês esta semana, afirma que as condições que levaram aos protestos são as mesmas do ano passado. Centenas de jovens, a maioria de ascendência africana [...], fizeram uma marcha à Assembleia Nacional em Paris ontem para apresentar lista de reivindicações. Eles pedem mais ações para combater a discriminação e mais empregos e cursos de capacitação para os jovens. "Muitos não acreditam no que estamos fazendo. Eles não entendem o potencial disso", disse um dos manifestantes, Abdel Zahiri. "O risco de violência existe, mas também existe esperança", acrescentou.

Cerca de 9 mil carros foram incendiados em três semanas de protestos em 2005 em periferias – habitadas principalmente por imigrantes e seus filhos nascidos na França.

A lei e a ordem se tornaram um dos principais assuntos em discussão na França [...].

Diário Popular, Pelotas (RS). Disponível em: <http://srv-net.diariopopular.com.br/27_10_06/p2402.html>. Acesso em: 19 set. 2014.

De olho no texto

1. Identifique o tema central de cada um dos fragmentos.
2. Estabeleça a relação entre os documentos **A** e **B**.
3. Qual é a relação que você vê entre o direito ao trabalho reivindicado pelos manifestantes franceses e o conceito de nacionalidade?

QUESTÕES GLOBAIS

1. Observe a imagem abaixo e responda às questões a seguir.

Eugène Delacroix. *Liberdade guiando o povo*, 1830. Óleo sobre tela.

a) Descreva a cena representada.
b) Qual é a figura central do quadro?
c) Quais são os recursos utilizados pelo pintor para dar dramaticidade à cena?
d) Considerando o que estudou neste capítulo, a que fato histórico você acredita que o quadro faz referência?

2. O trabalho feminino era uma realidade crescente no século XIX. Qual era a principal reivindicação política das mulheres daquela época?

3. Discuta com um colega o significado da palavra "impressionista". Na opinião de vocês, por que a arte desenvolvida na Europa, no final do século XIX, recebeu esse nome?

PARA SABER MAIS

Livros

***Impressionismo**: visita guiada*, de Marie Sellier. São Paulo, Companhia das letrinhas.
Apresenta a história da pintura impressionista, incluindo o pós-impressionismo e o neoimpressionismo na França e em outros países.

Os cientistas e seus experimentos de arromba, de Mike Goldsmith. São Paulo: Companhia das Letras.
Apresenta os secretos cadernos de anotações e reportagens sobre as descobertas de alguns dos maiores cientistas da história, entre os quais está Charles Darwin.

Os miseráveis, de Victor Hugo. Adaptado por José Angeli. São Paulo: Scipione.
Um panorama de Paris e da França em meados do século XIX conta a história de Jean Valjean, preso por 19 anos por ter roubado um pão. Solto, Valjean prospera como negociante, até que nova reviravolta o reconduz à prisão.

Site

<http://www.muchafoundation.org>. *Site* da Fundação Mucha.
Apresenta os trabalhos do artista tcheco A. Mucha (1860-1939), um dos maiores representantes da *Art Nouveau*. Acesso em: 19 set. 2014.

●●● Síntese

Aspirações nacionais
- As Revoluções de 1830 e 1848 na França
- A unificação da Itália
- A unificação da Alemanha

Crescimento e industrialização
- A urbanização de Londres
- A ascensão da classe média burguesa
- Os valores burgueses
- A expansão do trabalho feminino e a luta por direitos iguais

As lutas operárias
- A contestação do capitalismo
- Socialismo Utópico
- O *Manifesto comunista* e o Socialismo Científico
- As ideias anarquistas

Transformações na ciência
- O Positivismo e a valorização do experimento e da observação
- A teoria evolucionista de Charles Darwin
- Os avanços na medicina
- A invenção da máquina fotográfica e do cinematógrafo

A *Belle Époque*
- A efervescência cultural e intelectual
- A desigualdade social
- A arte impressionista
- O estilo *Art Nouveau*

Linha do tempo

1830 — Revolução na França

1834 — Criação do *Zollverein*

1848 — Revoluções na França; Primavera dos Povos; O *Manifesto comunista*

1870 — Unificação italiana

1871 — Unificação alemã

1895 — Invenção do cinematógrafo

SÉCULO XIX

Após o Período Regencial (1831-1840), o Brasil voltava a ter um monarca: dom Pedro II. Seu governo foi marcado por questões que alteraram profundamente a sociedade e a economia brasileira: a expansão cafeeira, a imigração, a abolição da escravidão e o surgimento de novas personagens políticas.

O Segundo Reinado

CAPÍTULO 6

O QUE VOCÊ VAI APRENDER

- Maioridade de dom Pedro II
- Disputas entre Liberais e Conservadores
- Expansão cafeeira
- Abolição da escravidão
- Imigração
- A Guerra do Paraguai e a crise da Monarquia

CONVERSE COM OS COLEGAS

1. A imagem ao lado foi feita por Christiano Júnior, um fotógrafo que atuou nas cidades de Maceió e Rio de Janeiro entre 1855 e 1902. Trata-se de cena posada em estúdio fotográfico no Rio de Janeiro, na segunda metade do século XIX. Quem são as personagens retratadas e o que elas estão fazendo?

2. Você sabe o que representam as marcas que a mulher apresenta no rosto e o adorno que ela usa na cabeça? Pesquise sobre o significado desses dois elementos. Com base no resultado de sua pesquisa, você poderia afirmar que a sociedade do Brasil imperial era multicultural?

3. O fotógrafo Christiano Júnior ficou famoso por vender fotografias que procuravam retratar a vida cotidiana do Brasil para estrangeiros que visitavam o país. As imagens de trabalhadores negros, como os representados nessa fotografia, eram muito apreciadas. Qual seria o motivo de esse tipo de imagem despertar interesse no exterior, principalmente na Europa?

Fotografia de trabalhadores negros feita no Rio de Janeiro no século XIX.

MÓDULO 1
Dom Pedro II, imperador do Brasil

Depois do conturbado Período Regencial, em que a unidade política e territorial do país esteve ameaçada, uma manobra política levou dom Pedro II a tornar-se o segundo imperador do Brasil, com apenas 14 anos de idade.

O Golpe da Maioridade

Pela Constituição de 1824, só aos 18 anos Pedro de Alcântara, filho de dom Pedro I, poderia subir ao trono. Mas o país encontrava-se desgovernado; revoltas regionais eclodiam de norte a sul do Brasil. Liberais e conservadores não se entendiam sob o comando do regente. Era desejo de liberais e conservadores que o herdeiro Pedro de Alcântara fosse coroado imperador do Brasil, de forma a unificar a Nação.

No início, os projetos de lei que previam antecipar a maioridade constitucional do herdeiro do trono brasileiro, de 18 para 14 anos, foram vetados pela Câmara dos Deputados e pelo Senado. A solução encontrada pelos deputados ligados ao Partido Liberal foi articular uma manobra política que ficou conhecida como **Golpe da Maioridade**. Liderados por Antônio Carlos de Andrada e Silva, os políticos propuseram a maioridade ao próprio Pedro de Alcântara.

O jovem, então com 14 anos, concordou, e, no dia 23 de julho de 1840, tornou-se legalmente dom Pedro II, o imperador do Brasil.

O Regresso

Os primeiros a propor a antecipação da maioridade faziam parte do grupo dos regressistas, composto de políticos conservadores que faziam oposição ao regente Diogo Antônio Feijó, principalmente devido às mudanças ocorridas durante os primeiros anos da Regência.

Nessa época, as províncias ganharam mais autonomia e foram implantadas as Assembleias Legislativas Provinciais. Por outro lado, o Conselho de Estado foi extinto.

A proposta dos regressistas era trazer de volta a centralização política, fortalecendo a autoridade do governante que, nesse caso, seria o imperador. Por isso o movimento desse grupo ficou conhecido como **Regresso**.

Retrato do imperador dom Pedro II, por Félix Emile Taunay, 1837. Óleo sobre tela.

Liberais e conservadores

Durante a maior parte do Segundo Reinado (1841-1889), dois partidos se revezaram no poder: o Partido Conservador e o Partido Liberal.

As divergências entre eles nem sempre eram percebidas. A frase do político pernambucano Holanda Cavalcanti resume a política da época: "Nada se assemelha mais a um saquarema do que um luzia no poder".

Apesar das semelhanças, porém, havia diferenças entre as propostas políticas dos liberais e as dos conservadores. Observe o quadro a seguir.

GLOSSÁRIO

Luzia: denominação atribuída aos liberais numa alusão à vila de Santa Luzia, em Minas Gerais, onde ocorreu sua maior derrota nas revoltas liberais de 1842.

Saquarema: denominação atribuída aos conservadores. Originou-se do município fluminense de Saquarema, onde os principais líderes do partido possuíam terras.

	O papel do rei	Autonomia política	Poder Judiciário
Liberais	O rei reina, mas não governa.	Descentralização administrativa e certa autonomia das províncias, o que significaria menos poder nas mãos do imperador.	Eleição popular dos magistrados.
Conservadores	O rei reina e governa a partir do Poder Moderador.	Centralização política e administrativa na Corte, no Rio de Janeiro.	Manutenção da independência do Poder Judiciário.

Eleições violentas

O primeiro ministério de dom Pedro II foi ocupado pelos principais articuladores do Golpe da Maioridade; portanto, pelos liberais. Isso desagradou aos conservadores, que constituíam a maioria na Câmara e no Senado.

A disputa mais acirrada se deu em 1840, em razão das eleições para escolher os membros da Câmara, que comporiam a legislatura com início previsto para 1842. Para garantir a vitória de seus aliados e, portanto, sua influência junto ao imperador, os liberais usaram de muita violência, distribuindo cacetadas nos opositores e indecisos. Por isso essas eleições ficaram conhecidas como "eleições do cacete".

Entretanto, a Assembleia foi destituída pelo imperador antes mesmo de se reunir. Dom Pedro II havia cedido às pressões dos conservadores.

A Casa da Câmara, onde liberais e conservadores se reuniam. Litografia de Pedro Godofredo Bertichem, 1856.

As revoltas liberais

Nos primeiros anos do reinado de dom Pedro II, as tensões entre liberais e conservadores se intensificaram. O Ministério, dominado pelos conservadores desde 1841, adotou medidas que provocaram os liberais, tais como a restauração do Conselho de Estado, cujas funções eram: auxiliar o imperador quando este fosse tomar decisões importantes, centralizar o Poder Judiciário e reorganizar as autoridades policiais sob controle do imperador, a fim de evitar rebeliões.

São Paulo e Minas Gerais

Em resposta à dissolução da Câmara dos Deputados, que tinha sido eleita em 1840, revoltas liberais eclodiram em São Paulo e Minas Gerais.

Essas províncias se recusaram a acatar as novas medidas que, determinadas pelo Ministério, intimidavam ainda mais a sua independência, e não reconheceram a autoridade dos presidentes de província nomeados pelo governo imperial.

Os dois movimentos tinham como objetivo estabelecer governos provinciais mais autônomos diante do governo imperial, mas foram rapidamente reprimidos pelas forças militares vindas do Rio de Janeiro.

A Revolução Praieira (1848-1850)

Em Pernambuco, a disputa política era entre conservadores e praieiros. O Partido da Praia – cujo nome deriva da sede do jornal editado pelo partido, que ficava em Recife, na Rua da Praia – era uma ala dissidente do Partido Liberal formada em 1842.

Em 1845, os praieiros conseguiram chegar ao poder na província, derrotando os representantes dos liberais e dos conservadores. No entanto, em 1848, o imperador afastou o presidente da província, Chichorro da Gama, membro do Partido da Praia.

A interferência do governo imperial em Pernambuco tornou tensa a política local. A nomeação de um político conservador mineiro para presidente da província de Pernambuco, Herculano Ferreira Pena, em novembro daquele ano, foi o estopim para o início do confronto armado.

No começo dos conflitos, os praieiros obtiveram algumas vitórias; já em 1849, porém, os rebeldes sofreram as primeiras derrotas para as forças militares do governo imperial. Em 1850, os últimos líderes do Movimento Praieiro se renderam.

Panorama do Recife à época da Revolução Praieira. Litografia colorida de Frederick Hagedom, 1855.

> **Verifique o que aprendeu**
>
> 1. O que foi o Golpe da Maioridade?
> 2. Por que a maioridade de dom Pedro II foi antecipada?
> 3. O que motivou as revoltas liberais de São Paulo e Minas Gerais?
> 4. O que foi a Revolução Praieira?

ATIVIDADES

1. Os versos a seguir eram declamados pelo povo brasileiro em um determinado período do Brasil imperial. Leia os dois textos e responda às questões.

   > **Texto 1**
   > Por subir Pedrinho ao trono,
   > Não fique o povo contente;
   > Não pode ser coisa boa
   > Servindo com a mesma gente
   >
   > **Texto 2**
   > Queremos Pedro II,
   > Ainda que não tenha idade.
   > A nação dispensa a lei.
   > Viva a Maioridade!
   >
   > Portal MultiRio. Disponível em: <http://www.multirio.rj.gov.br/historia/modulo02/antecipacao.html>.
   > Acesso em: 19 set. 2014.

   a) Os versos se referem a qual acontecimento histórico?

   b) Há divergência de opinião entre eles? Justifique.

2. Leia este texto e responda às questões a seguir.

   > Passada a festa [após o Golpe da Maioridade], era preciso governar. A tarefa não era fácil. A maioridade fizera-se exatamente por causa das dificuldades políticas. A Regência mostrara-se incapaz de prover um ambiente de convivência entre liberais e conservadores, gerando um clima propício a constantes revoltas.
   >
   > José Murilo de Carvalho. *D. Pedro II*. São Paulo: Companhia das Letras, 2007. p. 41-42.

   a) Comente a frase: "Passada a festa, era preciso governar". A que "festa" o texto se refere?

   b) Quais eram, segundo o texto, os principais problemas enfrentados pelo governo regencial?

3. Este texto trata da questão partidária durante o Segundo Reinado. Leia-o e responda às questões a seguir.

   > As consequências da descentralização [...] pelo Ato Adicional de 1834 e as rebeliões provinciais da Regência é que iriam, ao final da década, possibilitar a formação dos dois grandes partidos que, com altos e baixos, dominaram a vida política do Império até o final. O Partido Conservador surgiu de uma coalizão de ex-moderados e ex-restauradores [...] e propunha a reforma das leis de descentralização, num movimento chamado [...] Regresso. Os defensores das leis descentralizadoras se organizaram então no que passou a ser chamado Partido Liberal.
   >
   > José Murilo de Carvalho. *A construção da ordem*: a elite política imperial; *Teatro de sombras*: a política imperial. Rio de Janeiro: Ed. da UFRJ, Relume-Dumará, 1996. p. 184.

   a) Quais fatores possibilitaram a formação dos partidos que dominaram a cena política imperial?

   b) Segundo o texto, qual era a diferença entre os dois partidos?

   c) Em que consistiu o movimento denominado Regresso?

4. Interprete a frase dita pelo deputado Holanda Cavalcanti a respeito dos partidos políticos no Segundo Reinado: "Nada se assemelha mais a um saquarema do que um luzia no poder".

5. Elabore um pequeno texto discutindo se a situação política e social brasileira se alterou com a coroação de dom Pedro II.

ARTE e CULTURA

A fotografia no Segundo Reinado

Foi ao longo do século XIX que se desenvolveu a técnica da fotografia. Em 1839, na França, Louis Jacques Mandé Daguerre inventou um aparelho que foi um dos precursores da máquina fotográfica, o daguerreótipo. Nessa mesma época, outros cientistas criaram técnicas semelhantes. Na Inglaterra, William Henry Fox Talbot iniciou suas experiências em 1834. No Brasil, em 1833, seis anos antes de Daguerre, o desenhista francês Hércules Florence já havia descoberto a possibilidade de registrar desenhos com a luz.

Com o daguerreótipo, a imagem é fixada em folha de prata aplicada sobre uma placa de cobre disposta dentro de uma câmara escura, como esta que aparece na fotografia ao lado.

Dom Pedro II se encantou com a fotografia e logo adquiriu um aparelho para fazer suas próprias imagens. Esta fotografia de dom Pedro II foi feita por volta de 1855, pelo próprio imperador, no Palácio de São Cristóvão, Rio de Janeiro.

Além de fazer retratos de políticos ou personalidades da época que encomendavam as fotografias, os fotógrafos registravam com suas câmeras o cotidiano das cidades. Na imagem ao lado, rua João Alfredo, em São Paulo, SP, fotografada por Guilherme Gaensly, em c. 1895.

Meninos jornaleiros no Rio de Janeiro, em fotografia de Marc Ferrez, 1899.

Casal de libertos vestidos à moda europeia em c. 1879. Fotografia de Militão Augusto de Azevedo, um dos mais importantes fotógrafos do século XIX no Brasil.

Negros escravizados em terreiro de uma fazenda de café na região do Vale do Paraíba, São Paulo, SP. Fotografia de Marc Ferrez, c. 1882.

Ao longo do Segundo Reinado, os fotógrafos foram se especializando e ampliando seus negócios pelo Brasil. Por volta de 1890, o Rio de Janeiro contava com mais de trinta estúdios fotográficos. Ao lado, anúncio do estúdio de Gaensly e Lindemann, na Bahia, 1883.

■ Atividades

1. O que essas imagens têm em comum?
2. No século XIX, para serem fotografadas, as famílias tinham de se dirigir a estúdios fotográficos, como o que vemos anunciado nesta página. Como são feitas as fotos de família hoje?
3. Sob a orientação do professor, discuta com os colegas sobre o papel da fotografia no século XIX e hoje.

MÓDULO 2

A expansão cafeeira

No século XIX, o café se tornou o principal produto de exportação brasileiro. Sozinho, o Brasil foi responsável por metade da produção mundial do grão. Isso trouxe muitas mudanças econômicas e sociais para o país.

O café vira moda

As propriedades estimulantes e revigorantes do fruto do cafeeiro foram descobertas no século III, na África. No entanto, foram os árabes que difundiram o hábito de beber café, a partir do século VI.

No século XVII, o café já era amplamente consumido na Europa. E o consumo cada vez mais crescente impulsionou a busca por novas áreas para o cultivo, além daquelas no mundo árabe. Cafeeiros foram levados para Ásia e América. As primeiras mudas que chegaram ao Brasil, ainda no século XVIII, foram trazidas da Guiana Francesa e de Goa, na Índia.

A alta dos preços do café no mercado mundial, no final do século XVIII, provocada pela crise política e econômica por que passava o Haiti – na época, o grande produtor mundial do grão –, foi um dos fatores a impulsionar o seu cultivo no Brasil. Os outros fatores foram a queda nas exportações do açúcar brasileiro (em virtude da concorrência do açúcar extraído da beterraba) e demais produtos, como o tabaco, o cacau, o algodão e os couros, além do clima e do solo de determinadas regiões do Brasil serem propícios à implantação da cultura cafeeira.

Os "cafés"

O consumo de café criou novas redes de sociabilidade. No século XIX, muitas "casas de café", ou "cafés", surgiram na Europa e, com elas, novos espaços para conversas, discussões, encontros políticos ou, simplesmente, lazer.

O Café de La Paix, em Paris, França, foi inaugurado em 1862 e até hoje atrai parisienses e turistas. Georges Croegaert. *No Café de La Paix*, 1883.

A obra *Colheita de café*, de J. M. Rugendas, concluída em 1821, representa a colheita na floresta da Tijuca, Rio de Janeiro.

●●● O aumento da produção

As primeiras culturas comerciais de café no Brasil foram introduzidas no Rio de Janeiro para consumo doméstico. Até meados do século XIX utilizavam-se técnicas de cultivo precárias, e predominava a mão de obra escravizada.

A diminuição da produção de café no Haiti e o constante aumento do consumo fizeram que os preços do produto aumentassem no mercado internacional. No Brasil, em meados do século XIX, o café já ultrapassava culturas mais antigas, como o algodão e a cana-de-açúcar, e sua produção correspondia a praticamente metade das exportações do país. Observe a seguir o crescimento da exportação do café.

As cabras de Kaldi

A lenda mais divulgada sobre a origem do café conta que esse fruto foi descoberto na atual Etiópia. Kaldi, um pastor de cabras, percebeu que seus animais ficavam mais agitados e despertos quando comiam o fruto vermelho de um determinado arbusto. Intrigado, Kaldi compartilhou sua observação com religiosos de um mosteiro da região que, depois de alguns experimentos, descobriram que a bebida feita com aquela fruta, depois de seca e torrada, os mantinha acordados por mais tempo. Estava descoberto o café.

Grãos de café torrados, prontos para serem moídos.

Brasil: principais produtos exportados (em %) – 1821-1860				
Produtos	1821-1830	1831-1840	1841-1850	1851-1860
Açúcar	30,1	24,0	26,7	21,2
Algodão	20,6	10,8	7,5	6,2
Café	18,4	43,8	41,5	48,8
Couros e peles	13,6	7,9	8,5	7,2

Fonte de pesquisa: Virgílio Noya Pinto. Balanço das transformações econômicas no século XIX. Em: Carlos Guilherme Mota (Org.). *Brasil em perspectiva*. São Paulo: Difel, 1971.

A expansão cafeeira no Brasil pode ser dividida em três grandes fases. A primeira deu-se pela implantação das lavouras de café no Rio de Janeiro e pela expansão da cultura em direção à parte paulista do Vale do Paraíba. Depois, por volta dos anos 1850, houve a expansão das fazendas de café para o chamado Oeste Paulista, principalmente para a região de Campinas e Jundiaí. A última fase iniciou-se a partir de 1870, com a expansão da cafeicultura ainda mais para o interior de São Paulo, favorecida pela existência de um tipo de solo muito fértil, conhecido como terra roxa.

EXPANSÃO CAFEEIRA POR SÃO PAULO

Legenda:
- Início do século XIX
- Década de 1830
- Década de 1850
- Década de 1880

Fonte de pesquisa: Flavio de Campos; Miriam Dolhnikoff. *Atlas História do Brasil*. São Paulo: Scipione, 2006. p. 24.

●●● Ferrovias para o café

Para acompanhar o crescimento da cafeicultura, que se expandia cada vez mais para o Oeste Paulista, foram construídos milhares de quilômetros de estradas de ferro. Estações ferroviárias eram estabelecidas nas fazendas, o que facilitava o escoamento das sacas de café pelos portos de Santos, em São Paulo, e do Rio de Janeiro, com um baixo custo para os produtores.

As distâncias eram percorridas em espaços de tempo cada vez menores. Até a metade do século XX, as ferrovias foram o principal meio de transporte no sudeste brasileiro tanto de cargas como de passageiros.

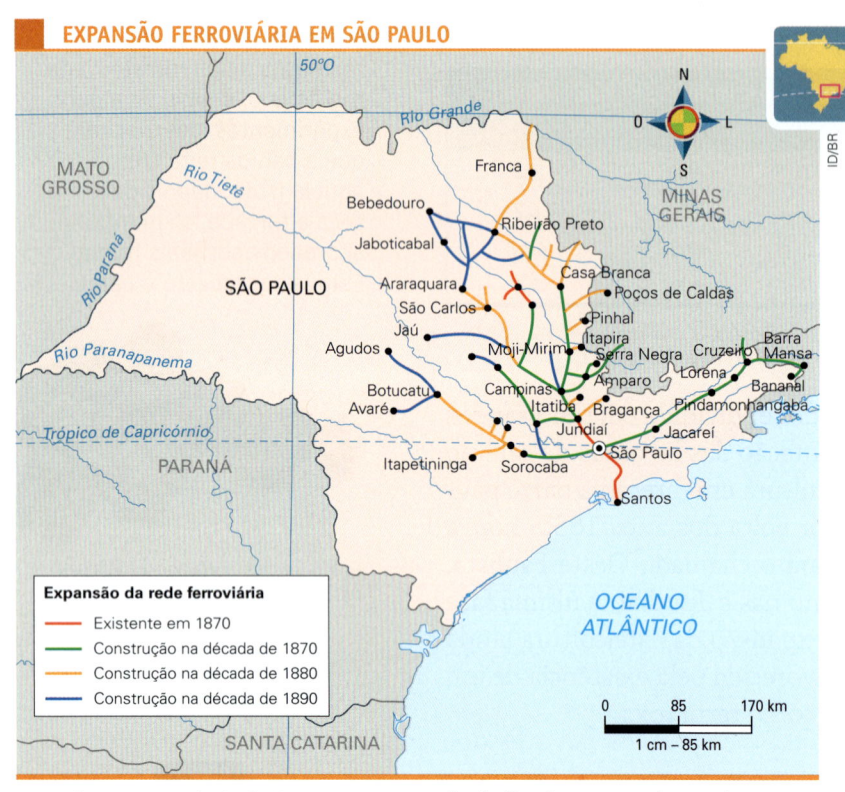

A São Paulo Railway

Ligar o porto de Santos às cidades de São Paulo e Jundiaí facilitaria o escoamento do café paulista para o exterior. Em 1867, a São Paulo Railway – companhia constituída por iniciativa brasileira e investimentos ingleses – finalizou a construção do trecho São Paulo-Jundiaí. A esse ramo ferroviário ligaram-se outras linhas que se espalharam pelo interior paulista.

EXPANSÃO FERROVIÁRIA EM SÃO PAULO

Fonte de pesquisa: Flavio de Campos; Miriam Dolhnikoff. *Atlas História do Brasil*. São Paulo: Scipione, 2006. p. 25.

Os "barões do café"

A elite cafeeira assumiu um papel importante no cenário político nas décadas finais do Segundo Império. Organizados, os cafeicultores pressionavam as autoridades públicas para que subsidiassem a construção de ferrovias, que, em geral, eram planejadas com base na localização das fazendas. A pressão dos fazendeiros também impulsionou uma reforma bancária, que expandiu o crédito rural para os próprios cafeicultores, aplicado na modernização das lavouras. Além disso, muitos fazendeiros foram agraciados com títulos de nobreza, o que originou a denominação "barões do café".

As cidades próximas às fazendas também sofreram transformações, como aumento da população, construção ou reforma de casarões e outras edificações, teatros, jornais e salões literários, demonstrando, assim, o caráter aristocrático da elite cafeeira.

Verifique o que aprendeu ●●●

1. Cite os fatores que impulsionaram a produção de café no Brasil.
2. Como foi descoberta a bebida do café?
3. Como ocorreu a expansão cafeeira no Brasil?
4. Por que a malha ferroviária brasileira cresceu tanto no século XIX?

ATIVIDADES

1. Observe esta imagem e responda às questões.

    a) O que mais chamou a sua atenção na tela de Portinari?

    b) Quais foram as três etapas da produção de café representadas?

    Candido Portinari. *Café*, 1935. Óleo sobre tela.

2. Em novembro de 1854, o *Jornal do Commercio*, do Rio de Janeiro, publicou a propaganda de uma cafeteria. Leia estes versos que compõem o anúncio, escritos segundo as regras ortográficas da época, e faça o que se pede a seguir.

    > No grande café da Fama / Hoje a gaz iluminado / Há o bom café com leite / Por todos apreciado / O salão que é muito extenso / A muitos inveja faz / Principalmente depois / Da iluminação a gaz!
    >
    > Luiz Felipe de Alencastro (Org.). *História da vida privada no Brasil*. v. 2. Império. São Paulo: Companhia das Letras, 1997. p. 86.

    a) Troque ideias com um colega sobre o conteúdo da propaganda. O que mais chama a atenção de vocês?

    b) Que informações contidas no texto podem remeter aos assuntos estudados neste módulo?

    c) Ao observar o texto desse anúncio, por que é possível afirmar que os cafés haviam se tornado "moda" em algumas cidades do Brasil? Justifique.

3. Relacione a expansão da lavoura canavieira à construção de estradas de ferro no Brasil.

4. Leia o texto e responda às questões a seguir.

    > O advento da estrada de ferro alterou a administração das fazendas, permitindo que seus proprietários se mudassem para São Paulo que, como capital do estado, cresceu muito a partir de então. O progresso no campo das comunicações, incluindo-se os serviços telegráficos e postais diários, possibilitou ao fazendeiro, cada vez mais ausente da propriedade, o gerenciamento da lavoura por meio de relatórios diários emitidos por seus administradores, figuras importantes para a condução do processo gerencial.
    >
    > André Munhoz de Argollo Ferrão. A fazenda cafeeira. Disponível em: <http://www2.uol.com.br/historiaviva/artigos/a_fazenda_cafeeira.html>. Acesso em: 22 set. 2014.

    a) Cite as invenções técnicas mencionadas no texto.

    b) Segundo o texto, quais alterações a expansão da estrada de ferro trouxe?

    c) Tais invenções alteraram o trabalho do fazendeiro? Justifique.

    d) Como era usualmente denominado o fazendeiro do café? Por quê?

5. Elabore um texto avaliando o impacto da produção cafeeira no Brasil no decorrer do século XIX.

MÓDULO 3

A imigração europeia

Ao longo do Período Imperial, existiram várias políticas relacionadas ao estímulo à imigração, sobretudo voltadas à ocupação de áreas de fronteiras, pouco habitadas, e ao trabalho nas fazendas de café.

A imigração subvencionada

A partir do reinado de dom João VI e durante todo o Período Imperial, os governos estabeleceram algumas políticas para incentivar a vinda de imigrantes para o Brasil.

Uma dessas políticas foi a imigração subvencionada, em que o governo provincial arcava com parte dos custos da vinda dos imigrantes europeus, diminuindo os gastos tanto dos fazendeiros quanto dos imigrantes.

A imigração subvencionada se tornou bastante comum a partir dos anos 1870, impulsionada por três processos: as campanhas cada vez mais intensas pela abolição da escravidão, a expansão da lavoura cafeeira rumo ao Oeste Paulista e a crise pela qual passavam certos países europeus, o que forçava muitos indivíduos a emigrar.

A chegada de imigrantes europeus aumentou principalmente após a aprovação da Lei do Ventre Livre, de 28 de setembro de 1871, que tornava livres os filhos de cativas nascidos após aquela data. A partir de então intensificaram-se os esforços para incentivar famílias europeias a se transferir e trabalhar no Brasil. A província de São Paulo foi a que mais investiu na subvenção da imigração para substituir a mão de obra escravizada nas fazendas de café.

> **Abolição e imigração: um debate**
>
> Há um debate clássico entre os historiadores sobre a relação entre abolição e imigração. Uns afirmam que as leis e discussões que culminaram com a abolição incentivaram a imigração e as políticas de subvenção aos imigrantes. Outros têm posição oposta: defendem que os interesses pela imigração é que alavancaram o movimento abolicionista no Brasil.

Imigrantes, na Itália, aguardam o embarque para o Brasil. Fotografia de c. 1910.

Por que os europeus?

A elite brasileira não teve interesse no emprego da mão de obra disponível no Brasil nesse período. O motivo principal foi o preconceito. Consideravam negros e mestiços inferiores, tanto os escravizados quanto os ex-escravos e trabalhadores livres, oriundos de várias gerações de descendentes de europeus, africanos e indígenas.

Mas isso não impediu que a maior parte das fazendas empregasse mão de obra escravizada nas lavouras enquanto a escravidão não fosse abolida no país. Com o escasseamento da mão de obra escravizada, a classe dominante optou pelo incentivo à imigração europeia.

Os interesses na imigração

A elite cafeicultora tinha interesses divergentes quanto à vinda de imigrantes. Para alguns fazendeiros não importava a nacionalidade, etnia ou religião, desde que trabalhassem. Já para alguns cafeicultores, políticos influentes ou funcionários do Império, essa seria uma oportunidade de "civilizar", "branquear" e "modernizar" a sociedade brasileira, aderindo às teorias raciais que estavam em voga na época sobre a superioridade dos europeus em relação a outros povos.

Para esse grupo, somente os europeus seriam capazes da dupla tarefa de trabalhar disciplinadamente nas fazendas e, ainda, civilizar a sociedade. Além disso, em razão das crises econômicas e sociais nos países da Europa, prosperar na América era o sonho de muitos dos trabalhadores europeus que mal conseguiam sobreviver em seus países de origem.

A partir de 1880, a maioria dos imigrantes que desembarcaram no Brasil era italiana, espanhola e alemã. Entretanto, vieram também russos, chineses, sírio-libaneses, turcos, japoneses, entre outros.

Apesar do grande número de imigrantes que chegaram ao Brasil, a mão de obra escravizada continuou a ser utilizada nas lavouras de café. Fazenda Quitito, em Jacarepaguá, RJ. Fotografia de c. 1865.

Nos anos 1880, foi construída uma hospedaria na cidade de São Paulo para abrigar os imigrantes até que fossem contratados por um fazendeiro. Nesta fotografia, família de imigrantes italianos na hospedaria, em c. 1900.

●●● O sistema de parceria

Um dos projetos do governo imperial para incentivar a imigração foi a criação das colônias de parceria. Proposto na década de 1840 pelo senador e fazendeiro Nicolau Pereira de Campos Vergueiro, esse sistema de parceria estabelecia que a família de imigrantes, ao chegar ao Brasil, fosse empregada nas fazendas de café, onde deveria trabalhar por pelo menos quatro anos para saldar as despesas da viagem.

Cada família recebia determinado número de mudas de café pelas quais seria responsável. Todos deveriam trabalhar: adultos e crianças. Lucros e prejuízos seriam divididos entre imigrantes e fazendeiros.

No início, o sistema de parceria funcionou bem, porém os constantes atritos entre fazendeiros (pouco acostumados com contratos de trabalho e com a divisão dos lucros) e imigrantes europeus (endividados e trabalhando dia e noite) minaram o projeto.

Imigrantes alemães trabalhando numa lavoura de café em São Paulo, 1902. Fotografia de G. Gaensly em cartão-postal do início do século XX.

O trabalho nas fazendas

O trabalho nas fazendas era árduo. Em geral, os trabalhadores estrangeiros não conseguiam acumular dinheiro suficiente para comprar um lote de terra. E, ainda, endividavam-se com os fazendeiros, que mantinham armazéns com produtos de primeira necessidade, como farinha, sal, açúcar, etc. dentro das fazendas, para onde iam todos os rendimentos da família.

Ao lado das lavouras de café, os trabalhadores cultivavam outros gêneros alimentícios, como arroz e feijão, cuja produção também partilhavam com o fazendeiro.

Os cafeicultores mantiveram com os imigrantes a mesma mentalidade escravista, agindo como se continuassem a lidar com escravizados. Por isso, muitos imigrantes trocaram o trabalho na lavoura pela vida nas cidades.

Verifique o que aprendeu ●●●

1. Como foi a política de imigração no Brasil?
2. Cite dois processos que impulsionaram a imigração subvencionada.
3. Identifique as principais nacionalidades de imigrantes que chegaram ao Brasil na segunda metade do século XIX.
4. O que foi o sistema de parceria?
5. Qual era a condição de trabalho para os imigrantes nas fazendas de café?

ATIVIDADES

1. Leia este fragmento de texto e responda às questões a seguir.

> [...] Se o imigrante viesse trabalhar por conta de outra pessoa, para os fazendeiros, poderia ser de qualquer raça. Em compensação, se viesse cultivar terras por conta própria, deveria preencher as características étnicas e culturais desejadas pelos funcionários do Império.
>
> Luiz Felipe de Alencastro (Org.). *História da vida privada no Brasil*. v. 2: Império. São Paulo: Companhia das Letras, 1997. p. 293.

a) Com base no que você já estudou neste módulo, comente o trecho: "se viesse cultivar as terras por conta própria, deveria preencher as características étnicas e culturais desejadas pelos funcionários do Império".

b) De acordo com o texto, para os fazendeiros pouco importava a origem cultural e étnica dos seus trabalhadores. Em sua opinião, por que eles pensavam assim?

2. Em 1911, o jornal paulistano *La Battaglia*, escrito na língua italiana, publicou a carta de um imigrante italiano, que trabalhava numa fazenda de café, para o cônsul daquele país em São Paulo. Leia alguns trechos e responda às questões a seguir.

> Há três anos trabalho na fazenda na qual o administrador tem o vício infame de maltratar os pobres filhos do trabalhador, em especial o italiano.
>
> [...] Caí doente há três meses e não pude trabalhar por 30 dias, sendo, desde então, objeto de escárnio e maus-tratos por parte dos empregados da fazenda. Resisti pacientemente, até que, não podendo mais suportar as humilhações, resolvi abandonar a fazenda [...].
>
> Mary Del Priore e outros. *Documentos de História do Brasil:* de Cabral aos anos 90. São Paulo: Scipione, 1999. p. 64-65.

a) Qual é a queixa do trabalhador?
b) O que aconteceu com ele?
c) Que atitude tomou?
d) Por qual motivo, você acredita, o trabalhador decidiu levar essa situação ao conhecimento do cônsul?

3. Observe a imagem e leia o poema a seguir.

> Estrangeiro é quem
> mudou de país
> mudou de paisagem
> e fez da viagem
> um modo de estar.
>
> Quem deixou para trás
> o que tinha pela frente.
>
> Quem era igual
> e se tornou diferente.
>
> Estrangeiro é quem
> mudou por inteiro:
> de ares, de amigos
> e até de dinheiro.
> [...]
> Estrangeiro é quem
> perdeu até o direito
> de falar a própria língua
> e o seu novo país
> ele não sabe
> – apenas adivinha.
>
> Alberto Martins. *A floresta e o estrangeiro*. São Paulo: Companhia das Letrinhas, 2000. p. 6-7.

Tela de Antonio Rocco. *Os imigrantes*, c. 1910.

a) O que mais chama a sua atenção na imagem?
b) Sobre o que trata o poema?
c) O que o autor quer dizer com: "Quem deixou para trás / o que tinha pela frente."?
d) É possível associar a imagem e o poema? Justifique a resposta.

MÓDULO 4

A escravidão repensada

No século XIX, o sistema colonial tradicional entrou em crise depois que o trabalho escravizado passou a ser cada vez mais contestado no mundo. No Brasil, a proibição do tráfico, em 1850, foi o início de um longo processo que culminou com a abolição da escravidão, em 1888.

As pressões inglesas e o fim do tráfico negreiro

Com a Revolução Industrial, a escravidão deixara de ser um negócio interessante para os ingleses. Agora, os novos grupos econômicos ligados ao capitalismo industrial – que não lucravam com o sistema escravista e para quem não interessava a sua preservação – passavam também a influir nas decisões políticas inglesas. Os representantes do governo daquele país, por sua vez, aumentaram as pressões sobre as autoridades brasileiras para acabar com a escravidão. Esse processo foi lento e gradual. Vários acordos foram feitos entre Inglaterra e Brasil, mas até 1850 eles não saíram do papel. Essa data marca a proibição do tráfico de pessoas cativas da África para o Brasil. A partir de então, as estruturas tradicionais da economia colonial começavam a ruir.

Bill Aberdeen

Em 1845, o governo britânico promulgou a *Bill Aberdeen*, uma lei que autorizava a apreensão de navios negreiros no Atlântico pela marinha inglesa.

O tráfico negreiro, que era a parte mais rentável de todo o negócio que envolvia escravizados, continuou a ser praticado, tornando-se verdadeira pirataria.

Ao desembarcar no Brasil, os africanos já eram expostos para venda. Johann Moritz Rugendas. *Desembarque*, século XIX.

As leis de 1850

Em 1850, foi aprovada a **Lei Eusébio de Queirós**, que propunha o fim do tráfico negreiro. Dias depois, o Império promulgou a **Lei de Terras**, com vistas a organizar as terras distribuídas no Período Colonial, legalizar as áreas ocupadas e retomar as desocupadas, as chamadas terras devolutas.

O capital antes investido na compra de cativos poderia, enfim, ser aplicado na modernização da lavoura. O fato, no entanto, acabou por selar o modelo brasileiro de latifúndio monocultor.

●●● O crescimento do Abolicionismo

Com a proibição do tráfico, o debate em torno da abolição se intensificou. Alguns acontecimentos contribuíram para esse fato, como a formação de sociedades com ideais abolicionistas, a ocorrência de revoltas, fugas e insurreições.

Enquanto os movimentos em prol da abolição ganhavam cada vez mais força no Brasil, os britânicos continuavam a pressionar as autoridades brasileiras para abolir a escravidão. E, depois de 1865, após o término da Guerra de Secessão nos Estados Unidos, o Brasil se tornava a única nação independente da América a manter pessoas trabalhando na condição de escravizados.

O movimento abolicionista nos anos 1880

Mesmo diante das fortes correntes abolicionistas, as elites agrárias brasileiras resistiam à ideia de acabar com a escravidão. A questão tornou-se efetivamente o problema central do império brasileiro nos anos 1880, quando o movimento abolicionista passou a agrupar diversos setores da sociedade e diferentes partidos políticos em torno dessa causa.

O debate sobre a abolição encontrava eco tanto na Corte como entre jornalistas e profissionais liberais. As opiniões eram difundidas por meio da imprensa, de livros, de associações e de comícios.

As leis abolicionistas

O questionamento da abolição entre os políticos do Império, as pressões externas e as revoltas de negros escravizados acabaram forçando a elaboração de leis cujo objetivo era pôr fim à escravidão no Brasil, ainda que gradativamente.

A **Lei do Ventre Livre** (28 de setembro de 1871), também chamada Lei Rio Branco, tornava livres os filhos de cativas nascidos no Brasil a partir daquela data. Os recém-nascidos ficariam sob cuidados dos senhores até os 8 anos. Após essa idade, os senhores de escravos poderiam "entregar" as crianças ao poder público e receber uma indenização do Estado, ou mantê-los cativos até que completassem 21 anos.

A **Lei dos Sexagenários** (28 de setembro de 1885), ou Lei Saraiva-Cotegipe, tornava livres os escravizados com 65 anos de idade ou mais.

Os direitos das crianças e dos idosos

Na sociedade brasileira do século XIX, poucos cidadãos tinham direitos assegurados, e as leis existentes não beneficiavam as pessoas mantidas escravizadas. A realidade brasileira atual é diferente. A Constituição vigente garante que todos sejam iguais perante a lei. E, ao contrário daquela época, existem leis específicas em defesa das crianças e dos adolescentes (Estatuto da Criança e do Adolescente – ECA) e também dos idosos (Estatuto do Idoso).

I. Você já ouviu falar nesses dois conjuntos de leis? Discuta com os colegas sobre a necessidade e importância de haver legislação específica para determinados grupos da sociedade.

II. Na opinião de vocês, esses códigos especiais ajudam na defesa de crianças, adolescentes e idosos? Justifiquem sua resposta.

Luiz Gama. Ilustração de Ângelo Agostini publicada em *Revista Illustrada*, Rio de Janeiro, ano 7, n. 313, p. 1, 26 ago. 1882.

A abolição

Em 1884, as províncias do Ceará e depois do Amazonas se anteciparam ao restante do país e aboliram a escravidão. Nessa mesma época, várias cidades do sul do país também já não mantinham mão de obra escravizada.

Por mais que as elites agrárias e os conservadores se manifestassem contra, o movimento abolicionista tinha se fortalecido e se espalhado. Cativos continuavam a organizar fugas e alforrias coletivas. Ex-escravos manifestavam-se nos centros urbanos.

Em 13 de maio de 1888, a Câmara e o Senado aprovaram a lei que punha definitivamente fim à escravidão. A princesa Isabel, que ocupava o trono como princesa regente uma vez que dom Pedro II estava fora do país, assinou a **Lei Áurea**. Essa lei continha apenas dois artigos: "1º – É declarada extinta, desde a data desta Lei, a escravidão no Brasil; 2º – Revogam-se as disposições em contrário".

A escravidão estava, portanto, abolida, sem indenizações aos proprietários de escravos e determinando nulo qualquer dispositivo legal que estabelecesse algo em contrário.

> **Verifique o que aprendeu**
> 1. Por que, no século XIX, a escravidão deixou de interessar à Inglaterra?
> 2. O que determinava a Lei Eusébio de Queirós, de 1850?
> 3. Que acontecimentos intensificaram os debates sobre a abolição?
> 4. Como as ideias abolicionistas foram divulgadas?

Festejos na cidade do Rio de Janeiro quando a escravidão foi abolida. Fotografia de Augusto Elias, 1888.

ESCRAVOS APÓS A LIBERDADE

O período que se seguiu à abolição não apresentou mudanças radicais: muitos ex-escravos continuaram trabalhando nas fazendas para os mesmos senhores. Outros dirigiram-se para os centros urbanos em busca de trabalho.

Vendedora ambulante na Bahia. Detalhe de cartão-postal com fotografia feita por M. Lindemann, c. 1905-10.

ATIVIDADES

1. A gravura abaixo foi elaborada por um abolicionista. Ela retrata um grupo de africanas sendo vendidas em um mercado de escravizados no Rio de Janeiro.

    a) Descreva a imagem levando em consideração as personagens, sua postura e atitudes.

    b) Em sua opinião, por qual motivo um abolicionista faria esse tipo de gravura? Discuta com um colega e elabore um parágrafo com suas conclusões.

    Paul Harro-Harring. *Inspeção de negras recentemente desembarcadas da África*, 1840. Aquarela.

2. O poeta baiano Castro Alves foi um importante abolicionista. Um de seus poemas mais conhecidos chama-se *Navio Negreiro*. Leia um trecho.

    > Presa nos elos de uma só cadeia,
    > A multidão faminta cambaleia,
    > E chora e dança ali!
    > Um de raiva delira, outro enlouquece...
    > Outro, que martírios embrutece,
    > Cantando, geme e ri!
    > No entanto o capitão manda a manobra
    > E após, fitando o céu que se desdobra
    > Tão puro sobre o mar,
    > Diz do fumo entre os densos nevoeiros:
    > "Vibrai rijo o chicote, marinheiros!
    > Fazei-os mais dançar!..."
    >
    > Castro Alves. *Obra completa*. 3. ed. Rio de Janeiro: Nova Aguilar, 1976. p. 280-281.

    S. R. Ferreira. *Castro Alves*, s. d. Óleo sobre tela.

    a) Destaque do texto as passagens que reforçam a ideia de que as condições de viagem em um navio que transportava africanos cativos eram desumanas.

    b) Quais são, segundo o poema, as reações dos escravizados? O que elas demonstram?

    c) De que maneira esse texto poderia contribuir para o movimento abolicionista?

3. Em grupo de quatro ou cinco alunos, montem uma peça de teatro que aborde o movimento abolicionista no Brasil. Sigam o roteiro abaixo.

    a) Realizem uma pesquisa sobre o assunto em livros de História, enciclopédias, jornais, revistas e na internet.

    b) O texto a ser usado como base para a construção dos diálogos deve ser criado coletivamente.

    c) Combinem a distribuição dos papéis e também os horários dos ensaios.

    d) Façam os cenários e os figurinos, tomando por base imagens de época.

    e) No dia marcado pelo professor, apresentem para o restante da turma o resultado do trabalho.

MÓDULO 5
O enfraquecimento do Império

A partir da década de 1870, o regime imperial no Brasil começou a apresentar sinais de enfraquecimento. Esse período foi marcado por acontecimentos como a Guerra do Paraguai, o nascimento do Partido Republicano e o avanço do movimento pelo fim da escravidão.

●●● A Guerra do Paraguai (1864-1870)

Entre 1864 e 1870, Brasil, Argentina e Uruguai, unidos pelo acordo da **Tríplice Aliança**, entraram em guerra contra o Paraguai e o derrotaram. Antes da guerra, a economia paraguaia era sólida e independente, ao contrário da dos vizinhos sul-americanos, que se submetiam aos interesses ingleses. As causas do conflito foram as disputas pelo controle da bacia do rio da Prata e a interferência do Paraguai, da Argentina e do Brasil na política interna do Uruguai.

Em 1864, o governo brasileiro apoiou para as eleições uruguaias o candidato do Partido Colorado (conservador) contra o candidato do Partido Blanco (liberal). O Paraguai, que apoiava o Partido Blanco, temendo o controle do Brasil sobre a embocadura do rio da Prata, respondeu à intervenção com a apreensão de um navio brasileiro e, em 13 de dezembro de 1864, declarou guerra ao Brasil.

Inicialmente, houve a ofensiva paraguaia, avançando sobre os territórios dos países da Tríplice Aliança. Depois de algumas vitórias, o Paraguai foi derrotado na batalha naval do Riachuelo, em 1865. No ano seguinte iniciou-se a contraofensiva dos aliados que, em 1869, tomaram a capital paraguaia, Assunção. Com isso, Francisco Solano López, o ditador paraguaio, organizou nova ofensiva, mas foi derrotado e morto em 1870.

A vitória da Tríplice Aliança sobre o Paraguai contou com o apoio militar e financeiro da Inglaterra, que tinha todo o interesse em ver o Paraguai desestabilizado política e economicamente. A guerra arrasou o Estado paraguaio que perdeu quase a metade da sua população, entre soldados e civis. A economia daquele país, desde então, nunca mais se recuperou.

Fonte de pesquisa: *Atlas histórico escolar*. Rio de Janeiro: FAE, 1991. p. 40-41.

O combate naval do Riachuelo foi um dos mais importantes da Guerra do Paraguai. Com a vitória, a Tríplice Aliança passou a controlar os rios da bacia Platina até a fronteira com o Paraguai. De Martino. *Batalha naval do Riachuelo*, século XIX. Óleo sobre tela.

O crescimento do movimento republicano

Em 3 de dezembro de 1870 foi publicado no Rio de Janeiro o *Manifesto republicano*. Esse documento, que deu origem ao Partido Republicano, atacava o Poder Moderador e a centralização política na Corte imperial.

Nos anos que se seguiram à criação do Partido Republicano, a monarquia foi perdendo força. Os políticos temiam pela sucessão de dom Pedro II. Muitos fazendeiros de café estavam descontentes com a postura do governo imperial diante do movimento abolicionista, crise que se intensificou após a abolição da escravidão, em 1888, pela recusa do governo em indenizar os proprietários de escravos. Até alguns setores militares estavam descontentes com o fato de as decisões do país estarem centralizadas na figura do monarca.

Não havia consenso sobre como deveria ocorrer a transição da monarquia para a república. Alguns, como Quintino Bocaiuva, queriam que a transição fosse pacífica. Outros, como o jornalista e estudante de Medicina Lopes Trovão, defendiam um levante popular pela república.

Quintino Bocaiuva foi um dos principais integrantes da campanha republicana. Seu nome de batismo era Quintino Antonio Ferreira de Sousa, mas adotou o nome Bocaiuva (espécie de palmeira brasileira) para afirmar seu amor pelo Brasil. Obra de Henrique Távora. Óleo sobre tela, s. d.

Partido Republicano Paulista

As ideias republicanas foram rapidamente incorporadas pela elite cafeeira paulista. Em 1873, durante a **Convenção de Itu**, fundou-se o Partido Republicano Paulista (PRP), com ampla participação dos fazendeiros do oeste do estado de São Paulo. Os cafeicultores queriam, basicamente, a constituição de um sistema federativo, descentralizado, com maior autonomia para as províncias. Outros setores sociais, sobretudo urbanos, juntaram-se à elite cafeeira, como os profissionais liberais e os jornalistas.

J. Barros. *Convenção de Itu*, 1921. Nela o artista retratou a fundação do Partido Republicano Paulista, em 1873.

••• Vitória republicana

Dois eventos enfraqueceram ainda mais o Império. O primeiro foi a chamada **Questão Religiosa**, que consistiu nos conflitos entre a Igreja e o Império durante os anos 1870. A questão tinha como fundo as discussões a respeito da submissão da Igreja ao Estado, herdada do período Colonial e consagrada na Constituição de 1824. Esses debates foram levados ao Vaticano e resultaram, no Brasil, na prisão de alguns bispos. Isso fez que a Igreja retirasse o seu apoio ao Império.

O outro evento foi a **Questão Militar**, uma série de tensões entre o Exército e o Império. O Exército, que havia se fortalecido após a Guerra do Paraguai, não apoiava a continuidade da escravidão no Brasil. Além disso, a alta cúpula militar desejava maior participação política.

Alforriados servindo como soldados na Guerra do Paraguai. Século XIX.

Com o apoio dos republicanos, em 15 de novembro de 1889, os militares, liderados pelo marechal Deodoro da Fonseca, tomaram o Ministério da Guerra. Foi o estopim para a queda da Monarquia. Formou-se então um Governo Provisório, presidido pelo marechal, e a família imperial foi forçada a ir embora do país.

Monarquistas na República

Inconformados, súditos fiéis do imperador procuraram restaurar a Monarquia. Eduardo Prado, dono do jornal paulista *O Comércio de São Paulo*, liderou o movimento antirrepublicano. Pouco a pouco, porém, os monarquistas foram perdendo espaço. A Constituição de 1891 proibia que fossem apresentadas ao Poder Legislativo propostas que atentassem contra a forma republicana de governo. Ao longo da história não faltaram tentativas de regresso à Monarquia em torno dos descendentes da família imperial brasileira.

> **Verifique o que aprendeu** •••
> 1. O que motivou a Guerra do Paraguai?
> 2. O que foi o *Manifesto republicano*?
> 3. Quais foram as causas do enfraquecimento do regime imperial brasileiro após 1870?
> 4. Quais eram os principais anseios do Partido Republicano Paulista?

Dom Pedro II (ao centro) e família. Fotografia de Otto Haes, Petrópolis, 1889.

ATIVIDADES

1. Em relação à Guerra do Paraguai, responda.
   a) Qual era o interesse da Inglaterra no conflito?
   b) De que maneira os ingleses interferiram na guerra?
   c) Discuta com um colega: o apoio inglês foi decisivo para a vitória da Tríplice Aliança? Justifique a resposta.

2. Observe a imagem, leia a legenda e o fragmento de texto e responda às questões.

Famílias se despedem de jovens que vão lutar na Guerra do Paraguai. Ilustração publicada em *A Semana Ilustrada*, 1865.

> [...] o recrutamento de soldados para o exército sempre foi problemático. Na Guerra do Paraguai havia os "voluntários da pátria", mas também os "voluntários da corda", homens livres compulsoriamente incorporados nas tropas imperiais.
>
> Luiz Felipe de Alencastro (Org.). *História da vida privada no Brasil*. v. 2: Império. São Paulo: Companhia das Letras, 1997. p. 308.

   a) Descreva a imagem. Quais são os elementos dela que mais chamaram a sua atenção?
   b) Segundo o texto, o que eram os "voluntários da corda"?
   c) Relacione a imagem ao texto.

3. Leia um trecho do *Manifesto republicano*, de 3 de dezembro de 1870, e responda às questões.

> [...] Somos da América e queremos ser americanos. A nossa forma de governo é, em sua essência e em sua prática, antinômica [contrária] e hostil aos interesses dos Estados americanos. A permanência dessa forma tem de ser forçosamente, além da origem da opressão no interior, a fonte perpétua da hostilidade e das guerras com os povos que nos rodeiam.
>
> Marcello Otávio N. C. Basile. O Império brasileiro: panorama político. Em: Maria Yedda Linhares (Org.). *História geral do Brasil*. 9. ed. Rio de Janeiro: Campus, 1990. p. 267.

   a) Interprete o trecho "somos da América e queremos ser americanos".
   b) Segundo o texto, qual é a origem das hostilidades e guerras com os países vizinhos do Brasil?
   c) A que guerra o *Manifesto republicano* se referia especificamente?

DOSSIÊ

A literatura brasileira no Império

Após a Independência do Brasil, em 1822, e a criação de um Estado autônomo, era preciso pensar sobre a **nação** e a **cultura** brasileiras. Logo nos anos seguintes a 1822, ocorreram manifestações que procuravam expressar a identidade brasileira: narrativas históricas, literárias e produções nas artes plásticas e na música.

Algumas instituições foram criadas em meio ao projeto de formação da cultura brasileira: em 1837, foi fundado o Colégio Dom Pedro II, no Rio de Janeiro, um local destinado à formação de uma elite para participar da vida política e intelectual brasileira; em 1838, foi fundado o Arquivo Público do Império e o Instituto Histórico e Geográfico Brasileiro (IHGB), com o objetivo de reunir documentos e propiciar a preservação da História do Brasil.

Durante o Período Colonial, a Coroa portuguesa não permitiu a criação de universidades no Brasil. Logo após a Independência, teve início o projeto de criar cursos superiores. Em 1827 foram fundados os cursos de Direito, nas cidades de São Paulo (SP) e Olinda (PE).

Independentemente dos interesses políticos que pudessem estar ligados à fundação dessas instituições, havia um objetivo de pensar e fundar a nação brasileira. Entre essas manifestações, as produções literárias tiveram papel importante, tanto a prosa como a poesia e o teatro. Muitas obras abordavam temas e questões que traziam à tona o debate acerca da nação e da cultura brasileiras.

O Romantismo

O Romantismo foi o estilo literário que marcou as letras brasileiras desde o Período Regencial até os anos 1880. Na Europa, o Romantismo aborda dois grandes temas: a **nação** e o **herói**. No Brasil – e em outros países da América Ibérica – a literatura romântica também privilegiou esses temas, sobretudo porque coincidiu com o período posterior às independências.

Em 1836, dois eventos dão início ao Romantismo brasileiro: o lançamento, em Paris, da *Niterói, revista brasiliense*, por Gonçalves de Magalhães, Araújo Porto Alegre e Francisco de Sales Torres Homem, entre outros; e a publicação, também na capital francesa, da obra *Suspiros poéticos e saudades*, por Gonçalves de Magalhães (1811-1862).

Indianismo

Uma das principais vertentes do Romantismo brasileiro foi o Indianismo, movimento nacionalista que privilegiava a busca do "específico brasileiro" que deveria ser encontrado no **indígena**. Além disso, tanto a poesia como a lírica valorizavam a natureza e os temas religiosos. Autores como Gonçalves Dias (1823--1864) – que chegou a escrever um dicionário da língua tupi – e José de Alencar (1829-1877) – que produziu o que se chama de "romance indianista" – são representantes do Indianismo, com obras como: *I-Juca-Pirama*, de Gonçalves Dias; e *Iracema* e *O Guarani*, de José de Alencar.

Mais que políticos

A intenção dos políticos que planejaram a criação dos cursos jurídicos no Brasil era educar jovens da elite para ocupar os cargos

Gonçalves Dias. Óleo sobre tela de Édouard Viénot, s. d.

de liderança na política e na economia. Muitos desses estudantes, porém, tornaram-se importantes escritores, poetas, teatrólogos e jornalistas.

Durante os anos que passavam na faculdade, muitos jovens tinham contato com obras literárias estrangeiras. Formavam grupos teatrais e de estudo literário, organizavam jornais acadêmicos, entre outras atividades. Toda a produção era realizada pelos próprios estudantes, algumas vezes apoiados por professores. A criação literária foi intensa, tanto é que boa parte dos nossos expoentes da literatura do século XIX passaram por essas faculdades, sobretudo a Faculdade de Direito do Largo São Francisco, em São Paulo. Alguns desses estudantes se tornaram mitos no meio acadêmico, em razão de sua intensa produção e por terem falecido enquanto ainda cursavam a faculdade, como os poetas Álvares de Azevedo, Fagundes Varela e Castro Alves.

Faculdade de Direito do Largo São Francisco, em São Paulo, SP. Fotografia de Militão Augusto de Azevedo, 1887.

Nos últimos anos do século XIX, Sílvio Romero – político, crítico literário e poeta – dizia que o Romantismo era um "ocultamento da realidade". As críticas evidenciavam o enfraquecimento do movimento, que perdia parte do seu vigor e começava a ser substituído, gradualmente, por um novo movimento na literatura, o Realismo.

A temática indianista também foi valorizada nas artes plásticas. Rodolfo Amoedo. O *último Tamoio*, 1883. Óleo sobre tela.

■ Discussão sobre o texto

1. O que ocorreu com as artes no Brasil no período pós-independência?
2. Por qual motivo foram criadas instituições de ensino no país nesse período?
3. Lemos no texto que, após 1822, várias instituições foram fundadas, novas manifestações artísticas foram produzidas. Havia algo em comum entre todos esses acontecimentos?
4. As faculdades de Direito auxiliaram na formação apenas de políticos? Justifique.

FAZENDO HISTÓRIA

A questão abolicionista

Os textos a seguir mostram diferentes abordagens do tema escravidão. O primeiro analisa o abolicionismo sob o ponto de vista do jornalista e abolicionista José do Patrocínio, publicado no jornal carioca *Gazeta da Tarde*, em agosto de 1882. O segundo reproduz um telegrama publicado no jornal *O Paiz*, em 1886, relatando a reação do povo diante da devolução de quatro escravos fugitivos para os seus respectivos senhores. Leia-os com atenção.

Documento 1

A abolição da escravidão é uma necessidade da honra e da paz nacional. O escravo é na nossa sociedade uma vergonha e uma ameaça. [...] O escravo assimilou a nação e se tornou o seu símbolo. Concentrando em si nossa riqueza, a nossa pátria está nos seus músculos. No dia em que as claridades do direito forem alvorear [acordar], na espessa e agoureira [que traz mau agouro] sombra de três séculos de ignorância e submissão, o dia da justiça; neste dia se interromperá [...] para as atuais classes dirigentes a vida de prestígio e de força e o país se verá fatalmente abalado por uma crise tremenda.

José do Patrocínio. *Gazeta da Tarde*. Rio de Janeiro, 7 ago. 1882. Em: Mary Del Priore e outros. *Documentos de História do Brasil:* de Cabral aos anos 1990. São Paulo: Scipione, 1997. p. 61.

José do Patrocínio. Página da *Revista Illustrada*, 1888.

Documento 2

Santos, 20 de novembro – Veio a esta cidade o chefe de polícia da província com uma escolta de quarenta praças no intuito de conduzir para as fazendas do interior quatro escravos que estavam recolhidos à cadeia. O povo opôs a que se fizesse o tráfico, por estar redimida [livre da escravidão] a cidade, e seguir o chefe de polícia com a escolta que rodeava os escravos. Na estação da estrada de ferro as assuadas [vaias] que acompanhavam a "ponta" levada pelo chefe de polícia aumentaram, havendo grande tumulto e desordem. O povo armado de paus e de pedras procurou tirar os escravos do poder da polícia, travando-se luta, de que resultaram apenas contusões. O chefe da polícia fugiu para o vagão, logo no começo da luta. Apenas pôde ser tomado um escravo.

Wanderley Pinho. Cartas do imperador Dom Pedro II ao barão de Cotegipe. São Paulo: Nacional, 1933. p. 287. Em: Mary Del Priore e outros. *Documentos de História do Brasil*: de Cabral aos anos 1990. São Paulo: Scipione, 1997. p. 62-63.

1. O que pensava José do Patrocínio sobre a manutenção da escravidão no Brasil? A que setor da sociedade você acredita que o seu discurso se destinava?

2. Comente com um colega a notícia divulgada no documento 2. Na sua opinião, por que o povo reagiu daquela maneira quando a escolta policial chegou à cidade de Santos para buscar os fugitivos?

3. Após a leitura dos dois documentos acima, ambos publicados em jornais brasileiros na década de 1880, você diria que a abolição da escravidão era um assunto que despertava interesse na opinião pública da época? Justifique.

LENDO HISTÓRIA

Antes de ler

- O título dos textos a seguir indica o tema de que tratarão. Na sua opinião, que artigos seriam importantes para a economia do Brasil no século XIX?
- Observe a fotografia e relacione-a com o título dos textos.

A economia no Império

A lavoura do café marca na evolução econômica do Brasil um período bem caracterizado. Durante três quartos de século concentra-se nela quase toda a riqueza do país; e mesmo em termos absolutos ela é notável: o Brasil é o grande produtor mundial, com um quase monopólio, de um gênero que tomará o primeiro lugar entre os produtos primários no comércio internacional. A frase famosa, "o Brasil é o café", pronunciada no Parlamento do Império e depois largamente vulgarizada, correspondia então legitimamente a uma realidade: tanto dentro do país como no conceito internacional o Brasil era efetivamente, e só, o café. Vivendo exclusivamente da exportação, somente o café contava seriamente na economia brasileira. Para aquela exportação, o precioso grão chegou a contribuir com mais de 70% do valor.

Caio Prado Júnior. *História econômica do Brasil*. São Paulo: Brasiliense, 2008. p. 167.

Embarque de café no porto de Santos, SP. Fotografia de Marc Ferrez, c. 1880.

A historiografia clássica sugere que o café reforçou a estrutura tradicional da economia brasileira: exportadora, latifundiária e escravista. Contudo, há estudos sobre o vale do Paraíba tanto fluminense quanto paulista, que apresentam estrutura fundiária e posse de escravos bem menos espetaculares do que o suposto. Ao lado de grandes cafeicultores latifundiários e escravistas, havia um contingente expressivo de pequenos e médios produtores. A "febre do café" provocou, inclusive, a ocupação de áreas geograficamente pouco propícias, mas que reproduziam, em menores proporções, as estruturas de poder, de apropriação de terras e escravos e de acumulação de riquezas. Mas não resta dúvida de que, nas últimas décadas da escravidão, a cafeicultura de São Paulo e do Rio de Janeiro absorveu boa parte dos cativos – cerca de 30% do total do país, em 1872 –, embora parte importante dos escravos da província fluminense estivesse engajada no norte açucareiro campista.

Ronaldo Vainfas (Org.). *Dicionário do Brasil Imperial*. Rio de Janeiro: Objetiva, 2002. p. 107.

De olho no texto

1. Qual é o tema comum aos dois textos?
2. Identifique os principais argumentos de cada texto.
3. Os textos são contraditórios? Justifique.

QUESTÕES GLOBAIS

1. Observe o mapa ao lado.
   a) Qual região apresentava maior número de africanos cativos?
   b) Consulte um mapa político do Brasil atual para localizar em quais estados havia maior concentração de escravizados na década de 1870. Registre no caderno o nome desses estados.
   c) Explique a concentração de cativos nessa região durante o século XIX.

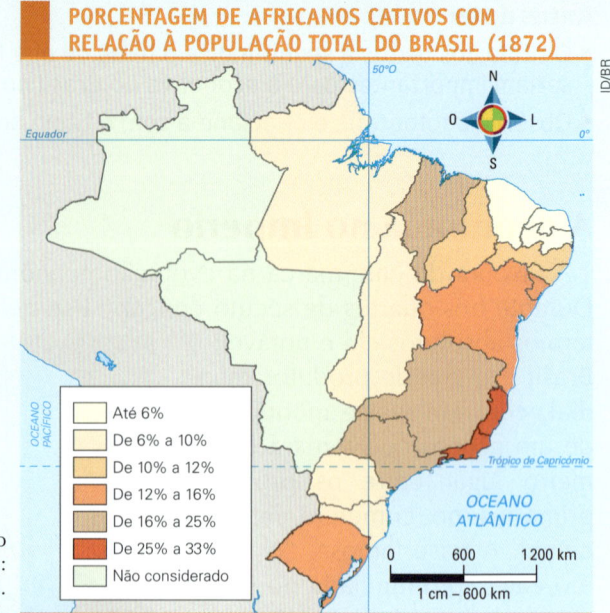

PORCENTAGEM DE AFRICANOS CATIVOS COM RELAÇÃO À POPULAÇÃO TOTAL DO BRASIL (1872)

Legenda:
- Até 6%
- De 6% a 10%
- De 10% a 12%
- De 12% a 16%
- De 16% a 25%
- De 25% a 33%
- Não considerado

1 cm – 600 km

Fonte de pesquisa: Luiz Felipe de Alencastro (Org.). *História da vida privada no Brasil*. v. 2: Império: a Corte e a modernidade nacional. São Paulo: Companhia das Letras, 2006. p. 247.

2. O texto a seguir trata da questão da mão de obra durante o Segundo Reinado.

> A mudança para um país tropical e escravista, as péssimas condições de trabalho e moradia e o crescente endividamento dos imigrantes, que, por mais que trabalhassem, estavam sempre devendo à venda do patrão, causaram revolta, e esse sistema de trabalho fracassou.
>
> Com a abolição da escravatura, em 1888, o escravo ficou livre, mas se tornou o "negro", o "homem de cor" marginalizado. Alguns continuaram a viver com os antigos donos; outros foram para as cidades, onde viviam de "bicos", com pouca chance de se integrarem à sociedade.
>
> A concepção de trabalho mudou com a chegada de novas levas de imigrantes, financiadas pelo governo. Eles encaravam o trabalho como uma chance de adquirir riqueza e ascensão social, mas poucos puderam concretizar este sonho.
>
> No século XIX, escravos e imigrantes, tanto crianças como adultos, compartilharam a mesma experiência de trabalho duro nos cafezais, de submissão ao latifundiário e de sonhos frustrados, por mais simples que fossem.
>
> Ivan Jaf. *Jovens brasileiros*: uma aventura literária em dez momentos da nossa história. São Paulo: Ática, 2002. p. 86.

a) Elabore um título para o texto.
b) Aponte semelhanças entre o trabalhador escravizado e o imigrante.
c) O texto diz que escravizados e imigrantes compartilhavam da mesma experiência de sonhos frustrados. Qual seria o sonho de cada um?

PARA SABER MAIS

Livros

Revolta de colonos imigrantes, de Eliane Robert Moraes. São Paulo: Ática.
Adaptação do relato do imigrante suíço Thomas Davatz sobre sua experiência como colono numa fazenda de café no interior paulista no século XIX.

Luiz Gama, de Myriam Fraga. São Paulo: Callis.
A história de um mulato baiano que venceu os obstáculos da escravidão, defendeu seus direitos e lutou pela liberdade dos negros.

Site

<http://www.ims.com.br/ims/>. Site do Instituto Moreira Salles (IMS).
O IMS preserva os mais abrangentes acervos sobre o século XIX e o início do século XX no Brasil, além de coleções contemporâneas. Acesso em: 22 set. 2014.

Síntese

Dom Pedro II, imperador do Brasil
- Golpe da Maioridade
- Liberais e conservadores
- Revoltas liberais

A expansão cafeeira
- O café vira moda
- Centro econômico no Sudeste
- Novas ferrovias

A imigração europeia
- Imigração subvencionada
- Por que os europeus?
- Sistema de parceria

A escravidão repensada
- Pressões internacionais
- Lei Eusébio de Queirós
- Movimento abolicionista
- Lei Áurea

O enfraquecimento do Império
- Guerra do Paraguai
- Movimento republicano
- Partido Republicano Paulista
- O fim do regime imperial

Linha do tempo

1840 O Golpe da Maioridade

1841 Revoltas Liberais

1841 Dom Pedro II é coroado imperador do Brasil

1848 Revolução Praieira

1850 Lei Eusébio de Queirós; Lei de Terras

1864 Guerra do Paraguai

1870 Início da imigração subvencionada; Publicação do *Manifesto republicano*

1871 Lei do Ventre Livre

1885 Lei dos Sexagenários

1888 Lei Áurea

1889 Proclamação da República

PROJETO

Artigo de opinião: as emancipações políticas latino-americanas

Objetivos

Produzir um artigo de opinião sobre os processos de independência nos diversos países da América Latina entre a segunda metade do século XVIII e o início do século XIX. O artigo deverá ser elaborado a partir da comparação de dois países latino-americanos selecionados pelo aluno.

Guerrilheiros cubanos na guerra da independência de seu país. Fotografia de 1896.

Orientações para o início do trabalho

- Forme um grupo com mais quatro ou cinco colegas.
- Cada grupo deverá escolher dois dos países da América Latina listados neste quadro.

Brasil	Uruguai
Cuba	Paraguai
México	Chile
Argentina	Colômbia
Venezuela	Panamá
Equador	Bolívia

Países da América Latina que proclamaram a independência no século XIX.

- As questões abaixo deverão guiar a coleta de dados realizada pelo grupo.
    a) Antes da emancipação política, a qual metrópole pertenciam os países que o grupo escolheu? E o Brasil?
    b) Em que ano os países escolhidos pelo grupo se emanciparam?
    c) Quais foram as principais personagens e grupos sociais que participaram desses processos de independência?
    d) Quais foram os motivos fundamentais que levaram à luta pela emancipação de cada um dos países escolhidos? E quais foram os motivos do Brasil?
    e) Como ficaram os dois países logo após a proclamação da independência?
- A divisão das tarefas é fundamental para o bom andamento do trabalho.

Para produzir um artigo de opinião

No artigo de opinião, o autor expressa e defende o que pensa a respeito de determinado assunto com base nos dados que conhece. No decorrer da produção, são fornecidos apenas alguns dados ao leitor. No entanto, o autor utiliza esses dados para convencer o leitor de sua opinião. Por isso, ele precisa dominar muitas informações a respeito do assunto tratado para utilizá-las em sua argumentação.

Dessa forma, para você e seu grupo emitirem uma opinião sobre o processo de independência dos países latino-americanos, terão de cumprir duas etapas.

Etapa 1: A pesquisa e a organização dos dados

Antes de iniciar a coleta de dados, organizem uma lista de palavras-chave que os ajude na busca, seja na internet, seja em livros.

O grupo deve fazer um levantamento bibliográfico.

- A bibliografia pode ser distribuída entre os integrantes do grupo que deverão procurar o assunto mais diretamente ligado ao tema a ser pesquisado.
- Os textos selecionados deverão ser lidos, acompanhados de um dicionário para eventuais consultas de vocabulário. Durante a leitura, é interessante grifar (ou copiar) as informações pertinentes.

O grifo só pode ser feito em livros próprios. Jamais se devem grifar livros de biblioteca ou emprestados.

- Após ou simultaneamente à leitura dos textos, devem-se registrar os dados coletados em folhas avulsas, tendo em mente as perguntas que o grupo levantou no início do trabalho. É importante debater as informações encontradas, levantar as hipóteses e chegar a um consenso sobre aquilo que será colocado no quadro comparativo.

Consulte as orientações sobre *como montar quadro comparativo* na seção "Aprender a..." do capítulo 3 deste volume.

> **DICAS DE PESQUISA**
> - Utilizem diferentes fontes para coletar dados, entre elas livros (didáticos e temáticos), revistas e *sites*.
> - Registrem fonte e a data em que as informações foram coletadas, no caso da internet, pois elas podem ser alteradas ou retiradas da rede.

Etapa 2: A elaboração do artigo

Depois de coletar os dados e elaborar o quadro comparativo, você e seu grupo produzirão o artigo.

- Elaboração do roteiro do artigo: Que argumentos o artigo vai responder? Que fatos históricos serão relatados? Como será o fechamento do texto?
- Uma ou duas pessoas poderão se encarregar de escrever o texto.
- A produção deverá ser socializada com o grupo e revisada por todos.
- Todo o grupo deverá fazer uma última leitura verificando as informações fornecidas e as opiniões emitidas.

A veiculação do artigo de opinião

Para que o artigo de opinião chegue ao leitor é preciso escolher o suporte sobre o qual ele circulará.

- Junto com a turma, e sob orientação do professor, o aluno deverá decidir qual será o suporte: revista, jornal, coletânea, etc.
- Depois de decidido o suporte, o grupo deverá se organizar para reunir os textos produzidos.
- O material deverá ser paginado e, caso seja uma revista ou uma coletânea, um sumário deverá ser elaborado.
- Por último, a turma decidirá se o material será reproduzido ou somente apresentado aos colegas.

A República foi proclamada em 1889, pelo marechal Deodoro da Fonseca. Os militares foram responsáveis pela consolidação do regime republicano.

Em 1891 foi promulgada a Carta republicana, que consagrava o federalismo no país e a divisão dos poderes. Os cafeicultores dominaram a política, impuseram ao país seus interesses e favoreceram a expansão das lavouras cafeeiras.

Nas primeiras décadas da República, a urbanização cresceu e as tensões intensificaram-se, provocando a eclosão de conflitos por todo o país.

A República no Brasil

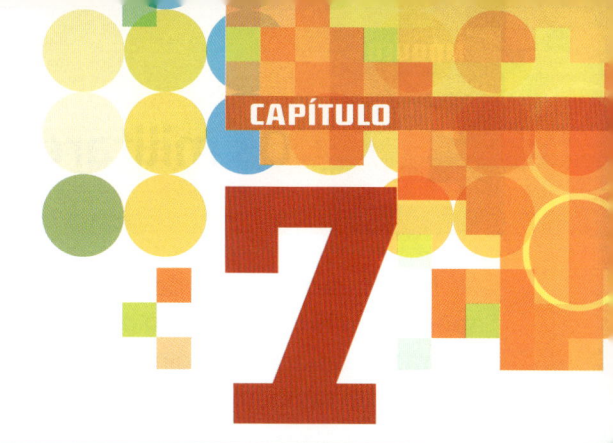

CAPÍTULO 7

O QUE VOCÊ VAI APRENDER

- O governo do marechal Deodoro da Fonseca
- A Guerra de Canudos e a Guerra do Contestado
- A Revolta da Chibata
- O cangaço
- A oligarquia cafeeira
- A crise do café

CONVERSE COM OS COLEGAS

1. Muitas imagens fornecem informações importantes para o estudo da História. Observe a fotografia ao lado, da Avenida Central, Rio de Janeiro, feita por Marc Ferrez, em cerca de 1910.

   a) Descreva a cena retratada. O que mais chamou a sua atenção nela?

   b) Que meios de transporte aparecem na fotografia?

   c) Compare a cena retratada na imagem com uma cena que você costuma ver com frequência no centro da cidade onde você mora. Observe o tipo de calçamento das ruas, a maneira como as pessoas estão vestidas, a quantidade de carros e outros meios de transportes, as edificações, etc. Responda no caderno: há elementos da cena retratada neste livro que também estão presentes no centro da cidade onde você vive? E quais diferenças você destacaria entre a sua observação sobre o centro da sua cidade e a fotografia que você analisou?

2. Em sua opinião, o que o fotógrafo pretendeu destacar quando tirou a fotografia?

Avenida Central, Rio de Janeiro, cerca de 1910.

MÓDULO 1 — Os militares no poder

Nos anos que antecederam à República, o Império vinha se enfraquecendo e perdendo apoio, e em 15 de novembro de 1889 um movimento militar pôs fim à monarquia no Brasil. Com o novo regime, os cafeicultores, que já detinham o poder econômico, alcançaram também o poder político.

Os defensores da República

Após a assinatura da Lei Áurea, em 13 de maio de 1888, os fazendeiros escravocratas deixaram de apoiar dom Pedro II. Eles esperavam alguma indenização pelas perdas do patrimônio (os escravizados) que a abolição havia lhes causado, mas nada receberam do governo brasileiro.

Os cafeicultores paulistas, que estavam em plena ascensão social, defendiam a República e maior autonomia política. Apesar de a monarquia do Brasil ser parlamentarista, dom Pedro II se beneficiava dos dispositivos do Poder Moderador para tomar decisões sem precisar do respaldo do primeiro-ministro, podendo inclusive destituí-lo do cargo e nomear outra pessoa para o lugar dele.

Nos quartéis, oficiais e soldados desaprovavam a indisciplina e a desorganização, segundo eles algo que o regime monárquico não se preocupava mais em combater. O apoio dos militares foi fundamental para a instauração da República e seus objetivos para o país, como ficariam impressos na bandeira brasileira: "Ordem e Progresso".

Os primeiros industriais e a classe média urbana também abraçaram a causa republicana. Viam nela uma forma de governo moderna, que livraria o Brasil do modelo político autoritário da monarquia. Intelectuais e estudantes defendiam a mudança de regime para modernizar as instituições e a vida brasileira.

Caricatura de dom Pedro II feita por Rafael Bordalo Pinheiro e publicada no *Álbum das Glórias*, n. 5, 1880. Nela, o artista critica as frequentes viagens do monarca.

●●● O Positivismo e a República

Após a Guerra do Paraguai, de 1865 até 1870, o Exército brasileiro se fortaleceu, e os oficiais e soldados começaram a manifestar sua insatisfação com a monarquia. Influenciados pelo **Positivismo** – criado pelo francês Auguste Comte –, professores da Escola Militar da Praia Vermelha, na cidade do Rio de Janeiro, passaram a ensinar aos cadetes os fundamentos dessa doutrina.

Os militares defendiam uma ditadura republicana. Nela, o presidente e os deputados seriam eleitos e receberiam plenos poderes para exercê-los em nome do povo. O governo deveria estimular a ciência e a técnica para desenvolver o país, consolidar sua economia e tirar o povo da miséria e da ignorância. O lema da ala positivista do Exército era: "ordem por base e o progresso por fim".

Escola Militar da Praia Vermelha, Rio de Janeiro, em imagem registrada por Marc Ferrez, c. 1890.

Na madrugada do dia 15 de novembro de 1889, o marechal Deodoro da Fonseca, convencido por políticos e militares influentes, liderou um movimento militar contra a monarquia. Inicialmente, Deodoro recusou-se a comandar a ação, porque era amigo de dom Pedro II. Mas acabou por aceitar o papel por causa de boatos de que seria preso e o Exército teria seu poder reduzido, ou até mesmo seria extinto.

As unidades militares marcharam pelas ruas, ocuparam edifícios públicos e Deodoro iniciou um Governo Provisório. Dom Pedro II e sua família foram banidos do Brasil e partiram, na madrugada do dia 17 de novembro. A ideia era impedir qualquer manifestação popular a favor do imperador.

A família imperial foi para Portugal e depois para a França, onde dom Pedro II morreu dois anos após a Proclamação da República.

GLOSSÁRIO

Banir: ser expulso de um lugar, em especial do país onde vive; ser enviado ao exílio.

●●● A Constituição de 1891

O marechal Deodoro da Fonseca governou provisoriamente até 1891, quando foi promulgada a primeira **Constituição republicana**. A Assembleia Constituinte, eleita para escrever a nova Constituição, também determinou que o primeiro presidente republicano não fosse escolhido por voto popular, mas pela própria Assembleia. Deodoro venceu por poucos votos o candidato dos cafeicultores paulistas, Prudente de Morais. O vice-presidente eleito foi o marechal Floriano Peixoto, vice na chapa do candidato derrotado e aliado político dos cafeicultores.

Deodoro está retratado ao centro, tendo Floriano à sua direita. Aurélio Figueiredo. *Juramento constitucional*, 1891. Óleo sobre tela.

O Encilhamento

Durante o governo provisório, Deodoro escolheu o advogado Rui Barbosa para o Ministério da Fazenda.

Rui Barbosa opunha-se à economia agrária do Brasil e adotou medidas para estimular a criação de indústrias. Autorizou a emissão de papel-moeda (dinheiro) por bancos particulares, e concedeu empréstimos para a abertura de empresas, mas muitas delas eram de fachada. Na Bolsa de Valores do Rio de Janeiro, as ações desvalorizaram, a emissão de moeda gerou inflação, e o dinheiro emprestado pelo governo aos futuros empresários desapareceu. Rui Barbosa demitiu-se, e o primeiro plano econômico da República revelou-se um fracasso.

Essa política econômica ficou conhecida como **Encilhamento**. O nome é uma referência aos ruídos provocados pelos corretores na Bolsa de Valores, semelhante ao barulho que se faz ao se encilhar um cavalo, isto é, colocar-lhe a sela.

Os interesses divergentes

Logo após a proclamação da República, as várias forças republicanas passaram a defender seus próprios interesses. Deodoro sofria forte oposição por manter um ministério que ainda defendia ideias monarquistas.

Em 3 de novembro de 1891, Deodoro dissolveu o Congresso, gerando fortes reações entre políticos, cafeicultores, militares e na população em geral. Movimentos grevistas eclodiram contra o golpe. Um almirante da Marinha ameaçou bombardear o palácio presidencial, caso o marechal não renunciasse. Sem apoio político e militar, Deodoro da Fonseca renunciou à presidência do país, em 23 de novembro.

Floriano Peixoto assumiu o governo, apesar de a Constituição prever que o vice só poderia ocupar o cargo de presidente decorridos dois anos de governo. Seu mandato foi marcado por revoltas em diversas partes do país.

Em 1894, assumiu o poder o primeiro presidente eleito por voto popular, Prudente de Morais, representante dos cafeicultores.

Marechal Deodoro da Fonseca, retratado por B. Kronstrand. Óleo sobre tela, c. 1900.

O QUE DETERMINAVA A CONSTITUIÇÃO DE 1891

Federação: o Brasil seria uma República Federativa constituída de um governo central e vinte estados. Cada estado teria autonomia administrativa, jurídica e fiscal, isto é, leis próprias, administração autônoma e podia arrecadar seus impostos. O governo federal praticamente não interferia nos estados, que também mantinham suas próprias Forças Armadas, a Força Pública Estadual.

Poder Executivo Federal: o poder seria exercido por um presidente eleito pelo voto direto e por seus ministros.

Poder Legislativo Federal: as leis seriam elaboradas pelo Congresso Nacional, composto da Câmara dos Deputados e do Senado Federal.

Voto universal masculino: as mulheres, os analfabetos, os mendigos, os menores de 21 anos, os religiosos e os soldados não tinham direito ao voto.

Verifique o que aprendeu

1. Qual fato foi decisivo para que os fazendeiros escravocratas deixassem de apoiar dom Pedro II, no fim do Império?
2. Que outros setores da sociedade brasileira estavam insatisfeitos com a Monarquia?
3. O que foi o Encilhamento?
4. Quais são as principais características da Constituição de 1891?

ATIVIDADES

1. Observe a imagem ao lado.
   a) Descreva o lugar onde se passa a ação.
   b) Que fato histórico a obra representa?
   c) Na visão do autor, houve participação popular nesse episódio? Justifique.
   d) Com base nas informações que você levantou até aqui, sobre a tela reproduzida ao lado, escreva um texto analisando o conteúdo desse quadro de Benedito Calixto.

   Benedito Calixto. *Proclamação da República*, 1893. Óleo sobre tela.

2. Leia os textos a seguir e responda às questões.

   > O dia de ontem foi de surpresas para a pacífica população industrial desta cidade. Um ministério forte deposto sem combate, uma revolução militar triunfante, os corpos constitucionais arredados sem discussão alguma e o regime de governo atacado com êxito inesperado, são fatos que pareciam inexplicáveis se não se conhecesse a índole especial desta cidade, sempre disposta a aceitar os fatos consumados.
   >
   > *Diário do Commercio*, 16 nov. 1889.

   > Desde anteontem que o Brasil é uma república federativa. O exército e a armada nacionais, confraternizando com o povo, completaram a limpeza da pátria, começada no dia 13 de maio de 1888.
   >
   > Jornal *Vida Fluminense*, 17 nov. 1889.

   a) Qual fato é abordado em ambos os jornais?
   b) Qual é a posição de cada um dos textos jornalísticos, em relação aos fatos ocorridos?

3. Explique o papel dos militares na consolidação da República no Brasil.

4. O escritor Artur de Azevedo tratou do Encilhamento na sua peça *Tribofe*. Leia um trecho da obra e, em seguida, responda no caderno.

   > *Que ajuntamento*   *Toda esta gente*
   > *Que movimento*   *Quer de repente*
   > *No Encilhamento*   *Rapidamente*
   > *Se faz notar!*   *Cobre apanhar!*
   >
   > Artur Azevedo. *O Tribofe*. Belém: Núcleo de Educação a distância. Disponível em: <http:www.biblio.com.br/conteudo/arturazevedo/OTribofe.htm>. Acesso em: 22 set. 2014.

   a) Neste trecho da obra, o autor faz uma crítica ou um elogio ao Encilhamento?
   b) Como você chegou a essa conclusão?

MÓDULO 2

O sertão e Canudos

Em 1898, quase 65% da população brasileira vivia no campo e só tomou conhecimento da queda da monarquia tempos depois. A população rural não sabia nada sobre a nova forma de governo e quem substituiria o imperador.

●●● A pobreza sertaneja

O primeiro presidente civil da República foi Prudente de Morais, que governou o país de 1894 a 1898. Cafeicultor paulista, cujo principal objetivo era consolidar o poder da oligarquia cafeeira, Prudente conseguiu pôr fim à Revolução Federalista de 1893, movimento que reuniu os inimigos do governador do Rio Grande do Sul, Júlio de Castilhos, com o intuito de derrubá-lo do poder.

O arraial de Canudos

O grande problema do governo de Prudente de Morais foi a **Guerra de Canudos** (1896-1897), ocorrida em um vilarejo no sertão da Bahia, denominado Belo Monte ou Canudos.

As origens do conflito estão na injusta distribuição de terras no Brasil, agravada no sertão do Nordeste pelos sucessivos períodos de seca. A maior parte das terras pertencia a latifundiários, que as arrendavam a lavradores pobres. O Estado, completamente ausente, não realizou obras de infraestrutura ou serviços básicos para a população, como estradas, escolas, hospitais, fornecimento de água ou apoio para a agricultura. O isolamento de Belo Monte favoreceu o surgimento, naquela comunidade, de um líder messiânico, Antônio Conselheiro.

> **O sebastianismo**
>
> O rei católico português dom Sebastião desapareceu em uma batalha contra os árabes no norte da África, em 1578, aos 24 anos de idade.
>
> Como seu corpo não foi localizado, a Coroa de Portugal divulgou a notícia de que ele poderia estar vivo. A partir de então, os portugueses passaram a acreditar na volta de dom Sebastião, crença que ficou conhecida como sebastianismo. Nas pregações de Antônio Conselheiro, no final do século XIX, em pleno sertão nordestino, eram comuns as referências ao sebastianismo.

Litogravura do arraial de Canudos, 1897, no sertão do atual estado da Bahia.

Litografia que representa Antônio Conselheiro, extraída de um folheto que circulou em Pernambuco em 1897.

Antônio Conselheiro

Antônio Vicente Mendes Maciel nasceu em Quixeramobim, no interior do Ceará, em 1826. Educado para ser padre, teve boa formação escolar, mas não chegou a se ordenar. Casou-se e teve dois filhos. Para manter a família, mudava constantemente de cidade e de profissão. Foi comerciante, professor, balconista e advogado sem diploma. Sua vida mudou quando descobriu que sua mulher o traía com um cabo da polícia de Ipu, cidade onde então morava.

Profundamente decepcionado, Antônio Vicente abandonou a família e a cidade. Deixou o cabelo e a barba crescerem e começou a percorrer vilas e cidades do sertão vestido com uma batina de brim azul, segurando um cajado. Em cada lugar que visitava reformava as igrejas e cemitérios e pregava sua fé para as pessoas. Começou então a ser seguido pelo povo, que o chamava de Antônio Conselheiro, devido às suas pregações e conselhos.

Contra a República

Durante a Monarquia, a Igreja era ligada ao Estado. Os registros de nascimento, casamento e morte eram feitos pelos padres. Com a República, houve a separação entre o Estado e a Igreja, e os registros passaram a ser feitos nos cartórios. Também os cemitérios, antes controlados pela Igreja, passaram a ser administrados pelas prefeituras. Conselheiro via nessas mudanças a intromissão do Estado em questões religiosas e pregava contra a República.

Antônio Conselheiro deixou vários textos que foram encontrados pela expedição que destruiu Canudos em 1897. Em um de seus diários, registrou suas ideias em defesa da Igreja:

"É necessário que se sustente a fé de sua Igreja. [...] A religião santifica tudo e não destrói cousa alguma, exceto o pecado. Daqui se vê que o casamento civil ocasiona a nulidade do casamento, conforme manda a santa madre Igreja de Roma, contra a disposição mais clara do seu ensino (sempre benigna, sempre caridosa e sábia no seu ensino) [...]"

Portfolium Laboratório de Imagens. Disponível em:
<http://www.portfolium.com.br/Sites/Canudos/>.
Acesso em: 10 out. 2011.

Em seu discurso antirrepublicano, juntava lendas e crendices, como o sebastianismo, e pregava a existência de um local sagrado, onde todos poderiam viver com fartura e felicidade, seguindo a fé em Cristo. O carisma do pregador e suas promessas de um paraíso na Terra iam ao encontro das dificuldades da população pobre do sertão. Centenas de pessoas acreditaram que Antônio Conselheiro era um verdadeiro santo e passaram a segui-lo em suas andanças, construindo igrejas, cemitérios e açudes para enfrentar a seca.

Charge de Ângelo Agostini sobre Antônio Conselheiro, publicada na *Revista Illustrada*, c. 1896.

Os sertões, de Euclides da Cunha

Euclides da Cunha retratado por F. Domingo, século XIX. Óleo sobre tela.

O jornal *O Estado de S. Paulo* enviou um de seus melhores jornalistas para cobrir a Guerra de Canudos. Euclides da Cunha partiu para o sertão, acreditando que Canudos era um reduto de fanáticos religiosos. Mudou de opinião quando testemunhou a luta daquela população para preservar a única esperança de vida digna que tinham. Euclides da Cunha escreveu *Os sertões*, obra-prima da literatura brasileira, descrição e testemunho da sofrida Guerra de Canudos.

●●● O arraial de Canudos

Em 1893, Antônio Conselheiro e centenas de seguidores chegaram ao interior da Bahia, em um povoado abandonado às margens do rio Vaza-Barris, batizado por Conselheiro como Belo Monte ou **Canudos** (como foi mais tarde denominado pelos inimigos). Ergueram a Igreja de Bom Jesus, construíram casebres de taipa e cultivaram a terra de forma coletiva. O local representava um paraíso na terra para ex-escravizados, brancos, mulatos, mestiços e os Kaimbé e Kiriri, grupos indígenas que haviam perdido suas terras para latifundiários.

Havia regras rigorosas no povoado, como horários para as orações, proibição de jogos de azar ou o consumo de bebidas alcoólicas e a prostituição.

Exemplo de habitação em Canudos. Fotografia do final do século XIX.

A fama de Canudos espalhava-se pelo sertão. Pequenos proprietários arruinados, camponeses expulsos de suas terras, devido às prolongadas secas do fim do século XIX, famílias inteiras sem recursos, ex-escravizados, indígenas, jagunços, marginalizados de todo o sertão refugiavam-se no arraial, em busca de uma vida melhor.

O extermínio de Canudos

A quantidade de pessoas que migravam para Canudos começou a preocupar os fazendeiros da região, que se ressentiam da falta de mão de obra em suas fazendas. Algumas atitudes de Antônio Conselheiro, como a expulsão dos cobradores de impostos municipais do arraial, e os boatos de que o povo de Canudos invadiria a cidade de Juazeiro alarmaram as autoridades. O juiz local pediu tropas ao presidente da Bahia para defender o município e foi atendido. As primeiras expedições eram modestas, mas foram aumentando diante da resistência dos sertanejos. Somente na quarta expedição, após um ano de guerra, em 1897, Belo Monte foi arrasado e queimado.

> **Verifique o que aprendeu** ●●●
> 1. Que fatores levaram ao surgimento de Canudos?
> 2. Quais eram as principais ideias de Antônio Conselheiro?
> 3. Por que Euclides da Cunha foi para Canudos?
> 4. Canudos foi facilmente derrotado? Justifique.

Tropa do Exército acampada dentro do arraial de Canudos, após a derrota da população, século XIX.

ATIVIDADES

1. Observe a fotografia abaixo. Em seguida, responda às questões a seguir.

Vista do arraial de Canudos, século XIX.

a) O que mais chamou a sua atenção nessa imagem? Justifique.

b) Com base na fotografia, como você avalia as condições em que viviam os habitantes de Canudos?

c) Considerando o que você estudou sobre Antônio Conselheiro e sobre o arraial de Canudos, em sua opinião, por que o governo republicano viu-se ameaçado pelos habitantes desse vilarejo?

d) Você conhece alguma localidade ou cidade do Brasil em que, hoje em dia, a população enfrenta problemas semelhantes?

2. Leia o texto abaixo, retirado do final da obra intitulada *Os sertões*, escrita por Euclides da Cunha em 1901, e responda às questões.

> Fechemos este livro.
>
> Canudos não se rendeu. Exemplo único em toda a história, resistiu até ao esgotamento completo. Expugnado palmo a palmo, na precisão integral do termo, caiu no dia 5, ao entardecer, quando caíram os seus últimos defensores, que todos morreram. Eram quatro apenas: um velho, dois homens feitos e uma criança, na frente dos quais rugiam raivosamente 5 mil soldados.
>
> [...] Caiu o arraial a 5. No dia 6 acabaram de o destruir desmanchando-lhe as casas, 5 200, cuidadosamente contadas.
>
> Euclides da Cunha. *Os Sertões*. São Paulo: Ed. Três, 1984.

a) Por que Euclides da Cunha afirma, no texto, que "Canudos não se rendeu"?

b) Por que o Exército destruiu fisicamente Canudos derrubando as casas e incendiando o povoado?

MÓDULO 3

A República dos coronéis

Depois das dificuldades enfrentadas por Prudente de Morais na presidência, a República se estabilizou e seus sucessores, também representantes dos fazendeiros e cafeicultores, puderam governar o país de acordo com os interesses das oligarquias rurais. O período político que se seguiu foi chamado de Primeira República ou República Oligárquica (1894-1930).

●●● Os fazendeiros no poder

Os cafeicultores conseguiram chegar ao poder e controlar a máquina do Estado exatamente na época em que acontecia a desvalorização do café. A principal causa dessa crise foi o aumento da produção, que resultava na queda do preço do produto no mercado internacional.

A dívida externa brasileira tinha aumentado muito com a política do Encilhamento. Além disso, a queda dos preços do café diminuiu a arrecadação dos impostos de exportação. Soma-se a isso o fato de a inflação estar muito alta, e a moeda brasileira, bastante desvalorizada. O Brasil estava à beira da falência e precisava fazer empréstimos para pagar dívidas e o juro que essas dívidas geravam.

Políticas de valorização do café

Campos Sales, sucessor de Prudente de Morais, que governou o país de 1898 a 1902, teve de renegociar a dívida externa com os banqueiros ingleses. O governo brasileiro fez um empréstimo de 10 milhões de libras, suspendeu o pagamento do juro da dívida por três anos e o pagamento da dívida por 11 anos. As garantias para o empréstimo eram as rendas da alfândega do Rio de Janeiro. Essa medida foi chamada de ***funding loan***, ou dívida flutuante, e significou um alívio para os cafeicultores, que poderiam aguardar a recuperação do preço do café.

Caricatura de Ângelo Agostini, publicada na *Revista Illustrada* em 1898, representando a volta do presidente Campos Sales da Europa, após obter empréstimo junto a bancos ingleses.

O atentado a Prudente de Morais

O marechal Machado Bittencourt, século XIX.

Após destruir Canudos, as tropas do Exército brasileiro foram homenageadas no Rio de Janeiro por Prudente de Morais e seu ministro da Guerra, o marechal Machado Bittencourt. Durante a cerimônia, Marcelino Bispo, um militar do Exército, tentou atirar no presidente; porém, a arma falhou, e Marcelino esfaqueou o ministro da Guerra, que morreu. O atentado foi planejado por militares radicais, ligados a Floriano Peixoto, que lutavam por um governo mais próximo às classes populares.

O coronelismo: voto de cabresto

Ao longo do império brasileiro, as eleições eram frequentemente fraudadas, e esse costume permaneceu após a Proclamação da República. As fraudes eram facilitadas pelo voto aberto, pelo qual os eleitores declaravam à mesa eleitoral em quem iriam votar.

Cerca de 70% da população vivia na zona rural, sob a influência direta dos grandes latifundiários, os "coronéis", que escolhiam os candidatos aos cargos executivos e legislativos para dar seu apoio. Em troca, obtinham favores das autoridades, como a construção de escolas, hospitais, estradas ou postos de saúde, que a população julgava ser obra dos coronéis, e não do poder público.

Para conseguir os votos para seus candidatos, os coronéis ofereciam benefícios simples como alimentos, um par de botas, dinheiro, emprego ou uma vaga no hospital para um familiar que estivesse doente. As pessoas que não aceitavam esses favores sofriam ameaças e agressões físicas. E o eleitor resistente acabava mudando seu voto, como mandava o coronel.

Outro recurso usado era a fraude: antes ou após as votações, o presidente da mesa eleitoral preenchia a ata e falsificava as assinaturas. Era o "voto a bico de pena", uma fraude pura e simples. Havia também o uso do título de eleitor de pessoas mortas, para que outros votassem no lugar delas.

O coronel também mantinha eleitores fiéis que sempre votavam nos candidatos indicados por ele. O voto determinado pelo coronel era conhecido como **"voto de cabresto"**, em referência à correia usada na cabeça do cavalo para conduzi-lo. Os eleitores eram "guiados" como os cavalos com cabresto, daí o termo.

O poder do voto

No Brasil, o voto é um direito e uma obrigação para adultos alfabetizados maiores de 18 anos e menores de 70.

I. Discuta com os colegas as contribuições que as eleições democráticas trazem ao país, e os problemas que ainda existem nesse sistema representativo.

Charge de Storni sobre o "voto de cabresto", publicada na Revista *Careta*, Rio de Janeiro, em fevereiro de 1927.

A política dos governadores

Além de adiar o pagamento da dívida externa para um futuro bem distante, o presidente Campos Sales, que governou o país entre 1898 e 1902, criou um mecanismo para garantir a aprovação dos projetos de lei governamentais, a **política dos governadores**. Seu funcionamento era simples: nas eleições para o Congresso Nacional, as oligarquias de cada estado tomariam "precauções" para que apenas os candidatos da situação, favoráveis aos cafeicultores, fossem eleitos. Para isso, entravam em cena os coronéis e suas manobras eleitorais, com fraudes, violência ou simples compra de votos.

Depois de eleitos, os deputados federais e senadores tinham de ser aprovados pela Comissão Verificadora de Poderes, órgão do Congresso Nacional que averiguava se o candidato poderia ser diplomado e assumir o cargo. Nos raros casos em que um candidato da oposição conseguia se eleger, a Comissão não o diplomava. Era a "degola": o candidato eleito não podia assumir o mandato sem o diploma.

O presidente da República Campos Sales, c. 1900.

A política do café com leite

Na República das oligarquias, as eleições para a presidência da República também eram um jogo de cartas marcadas.

Minas Gerais era o estado mais populoso e com o maior número de eleitores do Brasil, além de ser um grande produtor de leite e de seus derivados. São Paulo era o estado mais rico, graças à cafeicultura. Desse modo, paulistas e mineiros formavam as oligarquias mais poderosas do país. Para garantir a hegemonia política, São Paulo e Minas contavam com o apoio das oligarquias de outros estados importantes, como o Rio Grande do Sul e o Rio de Janeiro.

Para garantir a alternância de seus representantes no poder, os proprietários de terras paulistas e mineiros utilizavam todos os recursos possíveis: o voto de cabresto, a fraude, a violência, a troca de favores. Quando os dois lados divergiam, sempre surgia um candidato alternativo, não ligado diretamente à **política do café com leite**, mas que fazia o jogo dos estados mais poderosos do país.

Verifique o que aprendeu

1. Qual foi a principal causa da desvalorização do café brasileiro?
2. O que era o "voto de cabresto"?
3. Explique a política do café com leite.

ALIANÇA CAFÉ COM POLÍTICA

A historiadora Claudia Viscardi argumenta que a política do café com leite deveria chamar-se "café com café", porque Minas Gerais, no período da Primeira República, era o segundo maior produtor de café do país, o que correspondia a 20% da produção nacional; São Paulo, a 55%; e o Rio de Janeiro, a 20%. Minas Gerais tinha também grande projeção política por ter uma expressiva bancada parlamentar no Congresso Nacional, composta de 37 deputados.

Segundo a historiadora, São Paulo e Minas Gerais não controlaram sozinhos a política nacional. Rio Grande do Sul, Rio de Janeiro, Bahia e Pernambuco também tiveram grande relevância no cenário político da época.

ATIVIDADES

1. Leia o texto a seguir.

   > O coronel é o homem que comanda a política nacional, porque ele é quem elege os homens que a fazem. Sem ele, ninguém é eleito [...]. Em verdade, o coronel é o homem que resolve os casos sem solução. É ele quem atende o cidadão que bate à sua porta às três horas da madrugada, porque não tem recursos. [...] Ele se levanta e vai procurar um médico, que o atende porque é seu amigo e leva a pessoa para a Santa Casa ou ao hospital. [...]
   >
   > Todo mundo pensa que o sujeito vai para o "curral eleitoral" à força. Não, ele vai porque quer. [...].
   >
   > José Bonifácio Lafayette de Andrada. Coronel é quem comanda a política nacional. Em: Margarida de Souza Neves. *A ordem é o progresso*. São Paulo: Atual, 1991. p. 71.

   a) O texto foi escrito por um partidário do coronelismo. Transcreva um trecho no qual o autor argumenta que o coronel exerce um importante papel social junto à comunidade da sua região.

   b) Quais vantagens uma pessoa passava a ter por apoiar um coronel?

2. Veja o cartaz abaixo e responda ao que se pede.

   a) Relacione a mensagem do cartaz com o sistema eleitoral brasileiro na Primeira República.

   b) Outro nome pelo qual é conhecida a Primeira República é a "República dos coronéis". Explique por que esse período da História política do Brasil recebeu tal nome.

   Cartaz do Partido Democrático, São Paulo, 1928.

3. Leia o texto a seguir.

   > [...] Campos Sales concebeu um arranjo conhecido como política dos governadores. Seus objetivos podem ser assim resumidos: reduzir ao máximo as disputas políticas no âmbito de cada Estado, prestigiando os grupos mais fortes; chegar a um acordo básico entre a União [o Brasil] e os Estados; pôr fim à hostilidade existente entre Executivo e Legislativo, domesticando a escolha dos deputados. O governo central sustentaria assim os grupos dominantes nos Estados, enquanto estes, em troca, apoiariam a política do presidente da República.
   >
   > Boris Fausto. *História do Brasil*. 12. ed. São Paulo: Edusp, 2006. p. 258-259.

   a) Qual é o assunto central do texto?
   b) Quem foi Campos Sales?
   c) Com qual intenção, segundo o texto, Campos Sales apoiaria os grupos políticos dominantes em cada Estado?
   d) Em dupla, elaborem uma pergunta e a respectiva resposta usando as informações contidas nesse texto. Procurem levantar um tema que seja complementar às três questões sobre o texto, respondidas anteriormente.

APRENDER A...

Interpretar hinos oficiais

Você já deve ter percebido que, em aberturas de eventos oficiais esportivos ou políticos, o hino nacional é executado. Quando se trata de um evento internacional, como a Copa do Mundo de Futebol, é possível ouvir o hino de diferentes países a cada jogo realizado. No Brasil, além do hino nacional há o hino à Bandeira, o hino à Independência e o hino da Proclamação da República.

Para os historiadores, essas composições solenes são fontes de estudo importantes, pois permitem conhecer as ideias que circulavam na sociedade na época em que os hinos foram compostos.

Nesta atividade, você vai analisar o hino da Proclamação da República, criado no final do século XIX.

- **Contextualização da produção**

Para poder entender o hino da Proclamação da República é preciso obter algumas informações sobre o contexto em que a obra foi produzida.

1. Identifique a autoria do hino (letra e música).
2. Pesquise em livros, enciclopédias ou na internet o ano de sua produção.
3. Levante informações sobre o motivo que levou à produção desse hino (o contexto imediato).

- **Leitura de um hino**

Os hinos são feitos para exaltar determinado acontecimento ou para ressaltar as características heroicas de um grupo ou povo. Seu objetivo maior é promover sentimentos de orgulho e amor (pela pátria, pelo time, por algum santo, etc.) naqueles que o ouvem, convencendo-os a compartilhar desse sentimento.

Para isso, são utilizadas diversas estratégias, como o uso de palavras rebuscadas (requintadas) ou de melodias arrebatadoras.

O primeiro passo para a análise de um hino é conhecer a melodia e a letra desse hino. Preste atenção também no ritmo e na interpretação.

4. Que sentimentos a música lhe desperta?
5. Ouça o hino quantas vezes for necessário e anote no caderno as palavras que não conhece.

HINO DA PROCLAMAÇÃO DA REPÚBLICA

Música: Leopoldo Miguez
Letra: Medeiros e Albuquerque

Estrofe 1
Seja um pálio de luz desdobrado.
Sob a larga amplidão destes céus
Este canto rebel que o passado
Vem remir dos mais torpes labéus!
Seja um hino de glória que fale
De esperança, de um novo porvir!
Com visões de triunfos embale
Quem por ele lutando surgir!

Refrão
Liberdade! Liberdade!
Abre as asas sobre nós!
Das lutas na tempestade
Dá que ouçamos tua voz!

Estrofe 2
Nós nem cremos que escravos outrora
Tenha havido em tão nobre País...
Hoje o rubro lampejo da aurora
Acha irmãos, não tiranos hostis.
Somos todos iguais! Ao futuro
Saberemos, unidos, levar
Nosso augusto estandarte que, puro,
Brilha, avante, da Pátria no altar!

Refrão
Liberdade! Liberdade!
(repete refrão)

Estrofe 3
Se é mister que de peitos valentes
Haja sangue em nosso pendão,
Sangue vivo do herói Tiradentes
Batizou este audaz pavilhão!
Mensageiros de paz, paz queremos,
É de amor nossa força e poder
Mas da guerra nos transes supremos
Heis de ver-nos lutar e vencer!

Refrão
Liberdade! Liberdade!
(repete refrão)

Estrofe 4
Do Ipiranga é preciso que o brado
Seja um grito soberbo de fé!
O Brasil já surgiu libertado,
Sobre as púrpuras régias de pé.
Eia, pois, brasileiros avante!
Verdes louros colhamos louçãos!
Seja o nosso País triunfante,
Livre terra de livres irmãos!

Refrão
Liberdade! Liberdade!
(repete refrão)

Disponível em: <http://www.brasilescola.com/historiab/hinodaproclamacaodarepublica.html>.
Acesso em: 22 set. 2014.

6. Em duplas, tentem compreender o significado das palavras no contexto da letra do hino.

7. Em seguida, usem o dicionário para organizar um glossário com as palavras desconhecidas. Verifiquem se o significado que vocês atribuíram é coerente com aquele encontrado no dicionário.

8. Leia o trecho abaixo e responda: o hino à Proclamação da República convoca seus ouvintes a fazer o quê?

> Seja um hino de glória que fale
> De esperança, de um novo porvir!
> Com visões de triunfos embale
> Quem por ele lutando surgir!

▪ Ligação com as referências históricas

Os hinos oficiais geralmente fazem referência a fatos históricos, estabelecendo uma ligação entre o presente e o passado. Na maioria das vezes também se reportam a um futuro ou a um passado de lutas e de vitórias.

9. Leiam a estrofe 2 do hino da Proclamação da República.
   a) A que fato histórico o trecho se refere?
   b) O que o autor quis dizer utilizando "hoje" e relacionando-o à expressão "acha irmãos"?

10. Na estrofe 3, o autor refere-se a Tiradentes. Respondam:
    a) Quem foi Tiradentes?
    b) A referência feita a sua figura é positiva ou negativa? Justifiquem.

▪ Elaboração da análise

A análise de um hino é feita unindo o significado das palavras, das expressões, as referências históricas que faz e as informações sobre o contexto histórico no qual ele foi produzido.

11. Façam um levantamento dos principais acontecimentos da época da Proclamação da República (registrem informações sobre as causas da proclamação, como funcionava o regime que foi derrubado, como estava a economia na época e qual era a situação da população).

12. Descubram quais foram os outros símbolos nacionais criados por ocasião da Proclamação da República.

13. Finalmente, considerando as informações obtidas nos passos anteriores desta atividade, escrevam um texto analisando o papel do hino à Proclamação da República no contexto da mudança do regime monárquico para o republicano.

Bandeira Nacional.

Brasão de Armas.

Selo Nacional.

MÓDULO 4

Novos tempos, velhas ideias

Apesar de o Brasil ter se tornado uma República e das tentativas isoladas de inserção do país no mundo desenvolvido e industrializado, ainda predominava a herança agrária e escravocrata.

●●● A Revolta da Chibata contra a mentalidade escravista

Em 1910, a Marinha brasileira era uma das mais modernas do mundo. Possuía dois encouraçados poderosos: o *São Paulo* e o *Minas Gerais*. No entanto, as condições de vida dos marinheiros, em sua maioria negros e mulatos, eram semelhantes às de seus ancestrais escravizados, no século XIX.

A disciplina na Marinha era bastante rigorosa. Qualquer falta era punida com castigos físicos, como as chibatadas. Os oficiais, pertencentes a famílias tradicionais, eram elitistas e desprezavam os subalternos, quase todos descendentes de africanos escravizados.

Quatro dias após a posse do presidente Hermes da Fonseca, no dia 22 de novembro de 1910, os marinheiros dos encouraçados, liderados por João Cândido, aproveitaram como pretexto o severo castigo aplicado a um colega e iniciaram uma revolta, que já havia sido previamente preparada. Durante o conflito, um comandante resistiu e foi morto, os demais oficiais foram presos.

Em 9 de dezembro houve nova revolta por causa das prisões de quatro marujos. Os marinheiros então manobraram os navios sem os oficiais e apontaram os canhões para a cidade do Rio de Janeiro. Os revoltosos pediam o fim dos castigos corporais, melhores condições de trabalho e anistia aos presos no conflito. Caso não fossem atendidos, bombardeariam a capital da República. Diante da ameaça, o governo brasileiro aceitou as reivindicações, mas não cumpriu todas elas.

Quando a revolta foi controlada, os líderes foram presos e vários morreram em situações suspeitas. João Cândido sobreviveu, mas foi preso no Hospital dos Alienados, apesar de não ter problemas mentais, e expulso da Marinha. Julgado em 1912, e absolvido, foi trabalhar como carregador de peixes no porto do Rio de Janeiro. Morreu aos 89 anos de idade, pobre e esquecido pela Marinha.

> **A primeira eleição disputada na República**
>
> No ano de 1910 houve uma campanha eleitoral realmente disputada, com dois fortes candidatos: de um lado, o marechal Hermes da Fonseca, apoiado pelo poderoso senador Pinheiro Machado, que controlava a máquina eleitoral; de outro lado, Rui Barbosa, apoiado pelo PRP, o partido dos cafeicultores paulistas. Rui Barbosa lutou contra o domínio dos militares no poder e pela moralização das eleições. Apesar de a campanha eleitoral ter ficado conhecida como Campanha Civilista, a fraude foi usada em favor dos dois candidatos. Hermes da Fonseca venceu a eleição.

Os marinheiros da Revolta da Chibata; destacado, ao centro, o líder do movimento, João Cândido. Rio de Janeiro, 1910.

Jagunços e cangaceiros

Além de movimentos messiânicos como o de Canudos, outro fenômeno surgiu no sertão nordestino: o **cangaço**. Sua origem está na formação de milícias armadas pelos fazendeiros, os "coronéis", que sustentavam bandos de "jagunços" ou "cabras" para protegê-los ou para praticar atos criminosos em benefício de seus interesses, como os confrontos com rivais ou na reafirmação do poder.

Alguns cangaceiros, porém, começaram a formar seu próprio bando, independentemente das ordens de um coronel. Armados, estabeleciam suas próprias regras e eram chefiados por um líder a quem obedeciam e respeitavam.

Para sobreviver e movimentar-se com agilidade pela Caatinga, formavam bandos pequenos, com vinte a trinta homens. Vestiam-se com a roupa típica dos vaqueiros, gibões e chapéus de couro, que os protegiam da vegetação espinhosa do Sertão.

Lampião e Maria Bonita

Maria Deia era casada com um sapateiro, com quem vivia brigando. Tinha 23 anos quando conheceu Lampião na pequena fazenda de seu pai, em Jeremoabo, no interior da Bahia. Foi amor à primeira vista. Lampião apelidou-a de Maria Bonita. Ela juntou suas roupas, despediu-se dos pais e seguiu Lampião até morrer, quando, em 1938, o bando de cangaceiros foi cercado em seu esconderijo, em Sergipe, e fuzilado.

Lampião e Maria Bonita, no centro da foto, com seu bando de cangaceiros. Fotografia de Benjamim Abrahão, 1936.

O cangaço começou no final do século XIX e atingiu seu apogeu na década de 1920, com o bando chefiado por Virgulino Ferreira da Silva, o Lampião. Outros líderes importantes foram Antônio Silvino e Corisco, cuja morte, em 1940, marcou o fim do cangaço no Brasil.

Os cangaceiros estão envoltos em lendas e heroísmo romântico. Na verdade, eram indivíduos marginalizados socialmente. Tentavam sobreviver em meio ao poder dos grandes proprietários, que dominavam as terras, as leis, a polícia, a Igreja e o povo. O cangaço representou uma opção pelo banditismo como alternativa às regras estabelecidas pelos coronéis e à opressão representada pelo latifúndio.

GLOSSÁRIO

Anistia: perdão político.

Encouraçado: navio de guerra cujo casco é protegido por couraças de aço.

Gibão: casaco curto que se vestia sobre a camisa.

Messiânico: que se refere a um messias ou a ações que pregam a salvação pela fé.

A Guerra do Contestado

Desde a Guerra dos Farrapos e durante as revoltas que ocorreram no governo do marechal Deodoro no Rio Grande do Sul, milhares de gaúchos ocuparam uma região situada entre Santa Catarina e o Paraná que era disputada pelos dois estados e conhecida como **Contestado**.

Em 1908, a empresa norte-americana Brazil Railway iniciou a construção de uma ferrovia ligando o Rio Grande do Sul a São Paulo, passando por Santa Catarina e pelo Paraná. A área de 30 quilômetros de largura ao longo da ferrovia foi cedida à empresa pelo governo brasileiro. A região do Contestado estava incluída no trecho, e os pequenos proprietários que viviam na área foram expulsos.

Após a construção da ferrovia, a Brasil Railway vendeu as terras a imigrantes alemães, italianos e poloneses. Os 8 mil trabalhadores, contratados em várias regiões do país para a construção da ferrovia, ficaram desempregados. A situação piorou quando uma madeireira, do mesmo grupo da Brasil Railway, adquiriu terras na região para a exploração de madeiras e tentou expulsar a população local.

Desempregadas e desesperadas, as pessoas passaram a seguir o líder messiânico José Maria, que afirmava operar milagres e a cura de doenças com plantas e chás medicinais. Assim como em Canudos, José Maria formou uma comunidade religiosa igualitária, chamada Monarquia Celeste, sem comércio nem trabalho assalariado, e regida pelos códigos dos cavaleiros medievais, que ele aprendera em leituras de romances de cavalaria.

Centenas de desempregados e miseráveis liderados por José Maria combateram as tropas do governo, que iniciaram os ataques à Monarquia Celeste após a denúncia de latifundiários da região. Mesmo depois da morte de José Maria, ocorrida durante uma das batalhas, os revoltosos não cederam, e as ocupações na região do Contestado começaram a aumentar.

O governo brasileiro mobilizou 8 mil soldados e, pela primeira vez, usou aviões para combater os rebeldes. A luta terminou em 1916, após cinco anos e um saldo de 20 mil mortos.

> **Verifique o que aprendeu**
> 1. O que foi a Revolta da Chibata?
> 2. Qual foi a origem do cangaço?
> 3. Por que a Guerra do Contestado foi chamada assim?

A REGIÃO DO CONTESTADO

Fonte de pesquisa: *O Exército na História do Brasil*: mapas, esquemas e esboços. Rio de Janeiro-Salvador: Biblioteca do Exército-Odebrech, s. d. p. 115.

Os rebeldes da colônia de Iracema, região do Contestado, em fotografia de 1915.

ATIVIDADES

1. Leia o texto a seguir.

> A Revolta da Chibata rapidamente chegou às manchetes dos principais jornais e revistas na Europa e nos Estados Unidos. Primeiro, devido à natureza da rebelião. Seria um golpe de Estado, envolvendo personagens influentes na política e nas forças armadas? O governo brasileiro negou essa possibilidade repetidamente, afirmando que a revolta não passava de reivindicações trabalhistas dos alistados na Marinha. Os jornais parisienses *Le Temps* e *Le Figaro*, o norte-americano *The New York Times* e o embaixador britânico nos Estados Unidos que se encontrava no Rio durante a revolta, James Bryce, concordavam. Tanto o *New York Times* como o *Outlook* – um semanário influente que frequentemente contava com Theodore Roosevelt (1858-1919), presidente dos Estados Unidos de 1901 a 1909, como colaborador – se referiam à rebelião como uma "greve trabalhista".
>
> Joseph Love. Marinheiros negros em águas internacionais. *Revista de História da Biblioteca Nacional*, ano 1, n. 9, abr. 2006. Disponível em: <http://www.revistadehistoria.com.br/secao/capa/marinheiros-negros-em-aguas-internacionais>. Acesso em: 22 set. 2014.

   a) Considerando o que você já sabe sobre a Revolta da Chibata, qual das afirmações do texto, destacadas abaixo, você acha que está mais coerente com o que de fato aconteceu em 1910, no Rio de Janeiro?
   - O movimento ocorrido na Marinha brasileira foi uma tentativa de golpe de Estado, com objetivos de destituir do poder o presidente da República.
   - Tratava-se apenas de "reivindicações trabalhistas dos alistados da Marinha".

   Justifique sua resposta.

   b) Agora, escreva um pequeno texto explicando por que, na sua avaliação, os marinheiros se revoltaram.

2. Leia este texto e, com base em seus conhecimentos sobre a Guerra do Contestado, responda no caderno à questão a seguir.

> Vários autores destacam que esta guerra [do Contestado] não pode ser entendida sem levar em consideração as transformações econômicas, políticas e sociais ocorridas na região a partir de finais do século XIX.
>
> Tarcísio Motta de Carvalho. *Terra, luta de classes e Estado*: a Guerra do Contestado (1912-1916). Disponível em: <http://alasru.org>. Acesso em: 22 set. 2014.

   Quais são as transformações econômicas, políticas e sociais ocorridas na região e que são referidas no texto?

3. Leia os versos a seguir, escritos por um poeta popular anônimo. Responda no caderno.

> Seo Virgulino Ferreira,
> conhecido Lampião,
> Muito fala que é bandido
> o Imperador do Sertão.
>
> Disponível em: <http://www.tvcultura.com.br/aloescola/historia/cenasdoseculo/nacionais/lampiao.htm>. Acesso em: 22 set. 2014.

   a) Do que falam os versos?
   b) O que você já sabe sobre essa personagem?
   c) Segundo esses versos, o autor defende ou condena a personagem citada? Justifique sua resposta com uma passagem do texto.
   d) Em dupla, façam uma pesquisa sobre a personagem citada nos versos. Tentem descobrir outros poemas, cordéis e músicas que abordem o tema, defendendo-a ou condenando-a. Na data marcada pelo professor, as duplas deverão apresentar os resultados da pesquisa.

MÓDULO 5

A supremacia do café

O excesso de oferta do café no mercado internacional se refletiu no preço do produto. Mesmo com cotações mais baixas e diminuição nas margens de lucro, a oligarquia cafeeira continuou a ditar as regras da economia e a controlar a política brasileira, garantindo dessa forma, ainda por algum tempo, sua permanência no poder.

●●●● O aumento da produção

Ao longo do século XIX, a elevação dos preços do café no mercado internacional e o esgotamento do solo da Baixada Fluminense e do Vale do Paraíba determinaram a busca de novas áreas de cultivo. Foi assim que o café atingiu a Zona da Mata de Minas Gerais e o **Oeste Paulista**.

O governo brasileiro, controlado pelos cafeicultores, não tomou providências para conter a superprodução. A crise no setor era previsível, mas os cafeicultores apostavam que o consumo aumentaria, e que a produção seria vendida tanto no mercado interno quanto no externo. Mas essa expectativa dos cafeicultores não se concretizou, e os lucros obtidos com o produto ficavam cada vez menores. Veja, na tabela abaixo, o preço médio da saca de café, nos valores da época, em dois momentos distintos:

Período	Preço médio da saca de café em libras	Preço médio da saca de café em mil-réis
1891-1900	£ 252	62$986
1901-1910	£ 187	32$005

Fonte de pesquisa: Nosso Século. *1900-1910*: a era dos bacharéis. São Paulo: Abril Cultural, 1980. p. XIV.

Ao analisar os valores da tabela, concluímos que, na década de 1890, os cafeicultores recebiam 252 libras pela saca de café vendida no mercado externo, mas, na década seguinte, a cotação do café já estava menor: 187 libras. Portanto, o cafeicultor lucrava menos cada vez que vendia seu café no mercado internacional: 252 − 187 = 65. Neste caso, observa-se que o preço médio da saca de café na década de 1901-1910 foi 65 libras menor do que na década de 1891-1900.

Se observarmos quanto custava a saca de café para os consumidores brasileiros, veremos que a crise do setor também se refletiu no preço no mercado interno: na década de 1890, a saca custou, em média, 62,986 mil-réis, enquanto na década seguinte (1901-1910), o preço já havia caído quase pela metade: 32,005 mil-réis.

As casas comissárias de café

Casa Comissária Schmit & Trost, em Santos (SP). Fotografia publicada na edição especial da *Revista da Semana – Jornal do Brasil*, janeiro de 1902.

O café saía das fazendas e era transportado por trens até o porto de Santos. Antes de ser embarcado, era depositado no armazém de uma casa comissária que vendia o café aos exportadores.

Os comissários recebiam esse nome porque cobravam uma comissão pelas vendas e pelo armazenamento do café no porto. Os comissários também financiavam lavouras cafeeiras cobrando juro dos fazendeiros.

Produção de café	
Período	Produção (em sacas de 60 quilogramas)
1890-1900	72 226 562
1901-1907	93 802 726

Fonte de pesquisa: Nosso Século. *1900-1910*: a era dos bacharéis. São Paulo: Abril Cultural, 1985. p. 13.

O Convênio de Taubaté

No ano de 1906, o preço do café continuava caindo, ainda um reflexo da superprodução. A produção brasileira atingiu o volume de 20 milhões de sacas, e o consumo mundial não atingia os 16 milhões. Os cafeicultores não tinham saída para a queda inevitável dos preços internacionais do café.

Os presidentes (como eram chamados os governadores) dos maiores estados produtores de café decidiram tomar algumas medidas para acabar com a crise.

Reunidos na cidade de Taubaté, no Vale do Paraíba, em um encontro que ficou conhecido como **Convênio de Taubaté**, os presidentes de São Paulo, Minas Gerais e Rio de Janeiro e os mais influentes cafeicultores do Brasil tomaram algumas decisões, entre elas:

- Impedir novas plantações de café.
- Garantir o preço mínimo da saca de café, independentemente das oscilações do mercado externo.
- Os governos estaduais comprariam parte da produção para estocar o produto e aguardar a alta de preços. Eram os "estoques reguladores", que retiravam do mercado uma parte da produção, reduzindo assim sua oferta.
- O dinheiro para financiar a compra do excedente de café, 15 milhões de libras esterlinas, seria obtido junto aos banqueiros internacionais.

As decisões tomadas em Taubaté favoreciam diretamente os cafeicultores, mas penalizavam os cofres públicos na tentativa de evitar prejuízos aos produtores.

O voo do 14-Bis

Capa do *Le Petit Journal*, 1906. Publicação francesa.

O café financiou as invenções de Alberto Santos-Dumont. Seu pai era um riquíssimo cafeicultor do Oeste Paulista.

Ainda adolescente, Santos-Dumont foi estudar em Paris, onde aprimorou o balão dirigível e desenvolveu o aeroplano 14-Bis. Em 23 de outubro de 1906, na capital francesa, o 14-Bis decolou, no campo de Bagatelle, sem nenhum impulso externo, diante dos boquiabertos parisienses.

Colheita de café em sacos de juta. Fazenda do Oeste Paulista no início do século XX.

Uma solução de curto prazo

O então presidente da República, Rodrigues Alves, foi contra as propostas do Convênio de Taubaté, mas o Congresso Nacional aprovou-as e, após três anos, os resultados apareceram: o preço do café subiu e os lucros dos cafeicultores cresceram; porém, o endividamento do país se agravava. Com os preços novamente em alta, os cafeicultores aumentaram a produção, aproveitando a alta dos preços. A crise foi adiada, mas custaria aos cafeicultores a perda do poder.

A crise econômica

Depois de contornarem a crise com o Convênio de Taubaté, os cafeicultores se acomodaram e voltaram a lançar mão do recurso dos "estoques reguladores". O porto de Santos (SP) ficou abarrotado de sacas do produto, e novos armazéns foram construídos no interior de São Paulo.

Muitos cafeicultores defendiam que as medidas de emergência do Convênio de Taubaté deveriam se tornar permanentes. O Estado assumiria o compromisso de sempre comprar o excedente, enquanto os cafeicultores ficariam na posição confortável de ter um destino garantido para os grãos produzidos.

A cláusula de impedir novas plantações foi esquecida. Os campos de café espalhavam-se pelo interior de São Paulo, Minas Gerais, Espírito Santo e até no esgotado Vale do Paraíba, onde eram empregadas novas técnicas de cultivo a custo mais alto.

O câmbio favorecia as exportações, a moeda brasileira (o mil-réis) estava desvalorizada e os cafeicultores comemoravam. No entanto, o fantasma da superprodução continuava rondando o mercado: as previsões para a safra de 1927-1928 eram assustadoras, cerca de 28 milhões de sacas, o dobro da média dos últimos três anos.

O problema foi contornado com um novo empréstimo e a compra de 10 milhões de sacas para os **estoques reguladores**. A safra do ano seguinte foi menor, e os preços ficaram equilibrados. A crise estourou em 1929-1930, quando a maior safra de todos os tempos coincidiu com a **quebra da Bolsa de Nova York**.

Ninguém queria comprar nada, apenas vender. Os cafeicultores tinham uma supersafra e nenhum comprador. Os governos federal e estaduais também não conseguiram empréstimos suficientes para comprar tanto café.

As elites descontentes com a política do café com leite pretendiam derrubar os cafeicultores instalados no poder desde 1894. O futuro governo herdaria um sério problema: toneladas de café estocadas e sem compradores.

A chegada do café no porto de Santos. Fotografia de Marc Ferrez, c. 1890.

Porto de Santos (SP). Fotografia de 2011.

Verifique o que aprendeu

1. Por que houve superprodução de café na virada do século XIX para o XX?
2. Identifique as causas e as consequências do Convênio de Taubaté.
3. O que eram os "estoques reguladores"?

ATIVIDADES

1. Leia este texto e responda às questões a seguir.

   > [...] o café continuava a reinar absoluto no cenário político e econômico do país. A Monarquia tinha acabado, mas o café manteve a "majestade" na República, como o grande centro dinâmico da economia [...].
   >
   > Francisco Maria Pires Teixeira. *História concisa do Brasil*. São Paulo: Global, 1993. p. 213.

   A que o autor se refere com a frase: "o café manteve a 'majestade' na República"?

2. Analise e justifique a afirmação a seguir.
   O café favorecia poucos e penalizava uma nação.

3. Leia o texto a seguir.

   > [...] o Estado – no sentido de poder central – não foi um simples clube dos fazendeiros de café. O Estado se definiu como articulador de uma integração nacional que, mesmo frágil, nem por isso era inexistente. Tinha de garantir uma certa estabilidade no país, conciliar interesses diversos, atrair investimentos estrangeiros, cuidar da questão da dívida externa. Isso não quer dizer que os negócios do café [...] tivessem importância secundária. Pelo contrário, eles foram o eixo da economia do período. Ao longo da República Velha [Primeira República], o café manteve de longe o primeiro lugar na pauta das exportações brasileiras, com uma média em torno de 60% do valor total.
   >
   > Boris Fausto. *História do Brasil*. 12. ed. São Paulo: Edusp, 2006. p. 273.

   a) Segundo o texto, por que o café era importante para a economia brasileira?
   b) O autor diz que o Estado "não foi um simples clube dos fazendeiros de café". Por que ele afirmou isso?
   c) Durante a Primeira República, o governo tomou uma série de medidas para manter estável a economia. Segundo o texto, por que essas medidas foram tomadas?

4. Leia o texto a seguir e faça o que se pede.

   > ### A crise de 1929 chega ao Brasil
   >
   > A sustentação do crescimento da cafeicultura brasileira dependia [...] do controle quase monopolista do mercado mundial e da política interna de defesa do café. Se, de um lado, isso garantia bons preços aos exportadores brasileiros, por outro lado, atraía novos produtores para o mercado internacional. Esse fato vinha enfraquecendo a posição brasileira no mercado e contribuindo para o agravamento dos problemas do setor em virtude do crescimento da concorrência e da tendência à redução dos preços.
   >
   > Foi nesse quadro de dificuldades que o Brasil recebeu a onda de choque da crise econômica mundial. O colapso e a paralisação quase total da economia americana, a partir de outubro de 1929, provocaram longo período de depressão econômica nos Estados Unidos. Todas as economias do mundo capitalista foram atingidas, pois dependiam basicamente da economia americana, que era seu centro econômico e principal mercado produtor e consumidor.
   >
   > Francisco M. P. Teixeira; Maria Elizabeth Totini. *História econômica e administrativa do Brasil*. São Paulo: Ática, 1989. p. 161.

   a) Em dupla, elaborem duas questões com base nas informações do texto desta atividade.
   b) Escrevam no caderno as respostas às questões elaboradas.
   c) Seguindo a orientação do professor, cada dupla fará suas perguntas para outra dupla.
   d) Quando questionada, a dupla tentará responder à pergunta dos colegas.
   e) Ao final da atividade, façam um resumo do que foi perguntado com base nesse texto, procurando não consultar os livros ou os cadernos.

ARTE e CULTURA

A cafeicultura representada na arte

O café dominava a vida econômica, política e social do sudeste brasileiro. O atual estado de São Paulo se tornou o mais importante polo produtor do grão, e as fortunas se multiplicavam. Muitos artistas plásticos passaram a registrar em suas obras a vida cotidiana dos cafeicultores e dos trabalhadores nos cafezais. A invenção da fotografia também possibilitou o registro mais espontâneo da sociedade que se formou em torno da economia cafeeira.

Esses registros são excelentes fontes históricas, que nos possibilitam conhecer detalhadamente a sociedade e a economia daquela época.

Neste minucioso desenho realizado no século XIX por Jean-Baptiste Debret, *Ramo de café*, é possível visualizar a delicada estrutura dos frutos do cafeeiro.

Nas salas de visita dos barões do café, os quadros com fotografias do patriarca e sua família eram obrigatórios. São exemplos os retratos feitos por Robin & Favreau, em 1865, do comendador João Maria de Oliveira Cesar e sua irmã Ambrosina Marcondes Cesar. As imagens feitas em estúdio eram realçadas por rebuscadas molduras.

Esta *Fazenda de café*, pintada por George Grimm, no século XIX, mostra como eram as grandes fazendas produtoras de café: construções imensas, com extensos terreiros onde o café, depois de colhido, era posto para secar. Óleo sobre tela.

Na colheita do café, realizada manualmente, homens, mulheres e, muitas vezes, crianças faziam longas jornadas de trabalho. É o que nos mostra A. Ferrigno, em sua tela *A colheita*, de 1903. Óleo sobre tela.

■ Atividades

1. Explique qual é a importância histórica das imagens reproduzidas nestas páginas.
2. Quais são os principais produtos para a economia brasileira atual?
3. Faça uma pesquisa, em revistas, jornais e na internet, para descobrir como esses produtos são representados na arte atualmente. Compartilhe suas descobertas com os colegas.

DOSSIÊ

A borracha e seu curto reinado

A borracha começou a ser utilizada na indústria europeia entre 1820 e 1830, como matéria-prima para a confecção de botas e de tecidos impermeabilizados. Porém, esses produtos ficavam duros e quebradiços no inverno e moles e pegajosos no verão.

Em 1842, Charles Goodyear descobriu, acidentalmente, que acrescentar enxofre à borracha e aquecê-la tornava-a resistente e flexível. Ele havia descoberto o processo de vulcanização.

A borracha então passou a ser utilizada na fabricação de vários produtos como brinquedos, bolas, câmaras e pneus de bicicletas. Em 1895, o francês Edouard Michelin adaptou os pneus de borracha para os automóveis.

Hevea brasiliensis

A matéria-prima da borracha é o látex, extraído principalmente da *Hevea brasiliensis*, ou seringueira, como é popularmente chamada. Nativas da Amazônia, essas árvores encontram-se espalhadas pela floresta, distantes umas das outras. Isso torna a extração do látex trabalhosa, pois o seringueiro é obrigado a percorrer vários quilômetros para coletar uma pequena quantidade de látex.

A extração do látex da seringueira.

O sacrifício do seringueiro

O auge da borracha transformou o norte do Brasil. Em meados do século XIX, mais de 500 mil nordestinos pobres abandonaram suas terras para tentar enriquecer com a borracha. Pouquíssimos conseguiram, porque as terras passaram rapidamente para o domínio de latifundiários e políticos influentes.

Os que vieram de longe para trabalhar nos seringais já saíam devendo o valor da passagem de navio a vapor até o Pará ou o Amazonas para o dono do seringal. A dívida aumentava com as despesas de alimentação e de acomodação. Trabalhando até 16 horas por dia, os seringueiros passavam semanas no interior da floresta coletando o látex, recebendo um salário que não dava sequer para pagar as dívidas, que iam se acumulando dia após dia.

Muitos seringueiros eram vítimas de ataques de animais, malária, febre amarela e outras doenças, isolados na selva amazônica, sem nenhuma assistência médica. Vários morriam.

Sobreviver na floresta era tão difícil, que o governo federal às vezes enviava para a Amazônia seus adversários políticos, como fez com os marinheiros da Revolta da Chibata.

A fortuna do seringalista

Enquanto milhares de seringueiros sofriam os horrores do trabalho na floresta, os seringalistas e comerciantes de borracha enriqueciam rapidamente, e fortunas surgiam em Manaus e Belém. O Brasil era o maior produtor mundial de borracha. Em 1878, forneceu 100% da borracha comercializada no planeta; em 1890, mais de 90%.

Os novos-ricos construíam palacetes em estilo *art nouveau* ou neoclássico, com lustres de cristal, pisos de mármore italiano e porcelana francesa. A riqueza transformou Manaus e Belém, antes pequenas capitais, em belas cidades de estilo europeu em meio à floresta equatorial.

Entre os palacetes e sobrados, duas construções destacavam-se: o Teatro da Paz, em Belém, e o Teatro Amazonas, em Manaus, que recebiam companhias brasileiras e europeias de teatro, ópera e balé.

A questão do Acre

O Acre pertencia à Bolívia, mas era constantemente invadido pelos seringueiros brasileiros, o que gerou inúmeros atritos com o governo boliviano. A guerra entre os dois países foi evitada graças à intervenção do Barão de Rio Branco. Após diversas negociações diplomáticas, foi assinado o **Tratado de Petrópolis**, em 17 de novembro de 1903. Conforme o acordo, o Acre foi cedido ao Brasil, mediante o pagamento de 2 milhões de libras. O governo brasileiro se comprometeu ainda a construir a ferrovia Madeira-Mamoré, para escoar a borracha produzida pela Bolívia.

A ferrovia do diabo

As empresas contratadas para a construção da ferrovia desistiram do empreendimento após as inúmeras ocorrências de malária e os constantes ataques de indígenas. Em 1907, as obras foram retomadas pela empresa Madeira-Mamoré Railway Co., que contratou cerca de 30 mil trabalhadores, entre os quais muitos imigrantes. Em poucos meses, centenas de trabalhadores haviam morrido de malária ou outras doenças tropicais. Havia também os ataques dos Caripuna, que arrancavam os dormentes dos trilhos para impedir a continuidade da obra. A empresa decidiu eletrificar os trilhos para impedir a ação dos indígenas, e centenas deles morreram eletrocutados. Houve ainda diversos casos de loucura entre aqueles que sobreviveram às doenças tropicais.

Em 1912, após a morte de quase todos os trabalhadores, a ferrovia foi concluída. Mas não havia mais o que transportar: a borracha brasileira e boliviana perdera a concorrência para a borracha inglesa, cultivada de forma organizada na Malásia, no Ceilão (atual Sri Lanka) e em Cingapura, com mudas de seringueiras contrabandeadas do Brasil.

Obras em trecho da ferrovia Madeira-Mamoré, com betoneiras movidas a vapor. Fotografia de Dana Merrill, c. 1909-1910.

■ Discussão sobre o texto

1. Qual foi a importância industrial da borracha?
2. Por que o Brasil perdeu a supremacia no comércio internacional da borracha?

FAZENDO HISTÓRIA

Lampião, uma viagem pelo cangaço

Observe as fotos a seguir. Repare na roupa, nos acessórios e equipamentos utilizados pelos cangaceiros em suas andanças pelo sertão. As imagens fizeram parte da exposição *Lampião, uma viagem pelo cangaço*, que mostrava os aspectos culturais do cangaço e o cotidiano de Lampião e seus companheiros no sertão.

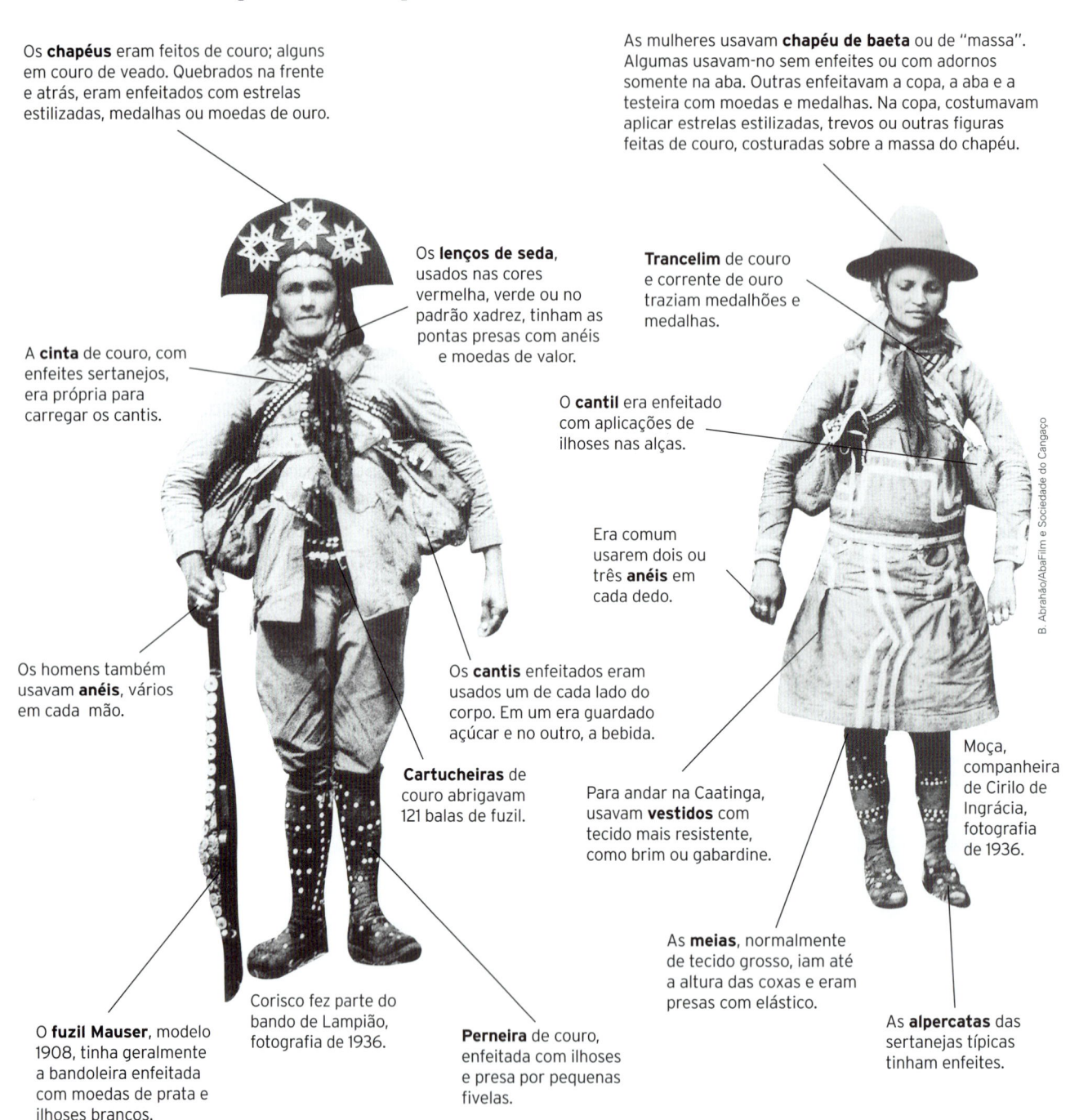

Os **chapéus** eram feitos de couro; alguns em couro de veado. Quebrados na frente e atrás, eram enfeitados com estrelas estilizadas, medalhas ou moedas de ouro.

Os **lenços de seda**, usados nas cores vermelha, verde ou no padrão xadrez, tinham as pontas presas com anéis e moedas de valor.

A **cinta** de couro, com enfeites sertanejos, era própria para carregar os cantis.

Os homens também usavam **anéis**, vários em cada mão.

Cartucheiras de couro abrigavam 121 balas de fuzil.

Os **cantis** enfeitados eram usados um de cada lado do corpo. Em um era guardado açúcar e no outro, a bebida.

Corisco fez parte do bando de Lampião, fotografia de 1936.

O **fuzil Mauser**, modelo 1908, tinha geralmente a bandoleira enfeitada com moedas de prata e ilhoses brancos.

Perneira de couro, enfeitada com ilhoses e presa por pequenas fivelas.

As mulheres usavam **chapéu de baeta** ou de "massa". Algumas usavam-no sem enfeites ou com adornos somente na aba. Outras enfeitavam a copa, a aba e a testeira com moedas e medalhas. Na copa, costumavam aplicar estrelas estilizadas, trevos ou outras figuras feitas de couro, costuradas sobre a massa do chapéu.

Trancelim de couro e corrente de ouro traziam medalhões e medalhas.

O **cantil** era enfeitado com aplicações de ilhoses nas alças.

Era comum usarem dois ou três **anéis** em cada dedo.

Para andar na Caatinga, usavam **vestidos** com tecido mais resistente, como brim ou gabardine.

As **meias**, normalmente de tecido grosso, iam até a altura das coxas e eram presas com elástico.

Moça, companheira de Cirilo de Ingrácia, fotografia de 1936.

As **alpercatas** das sertanejas típicas tinham enfeites.

B. Abrahão/AbaFilm e Sociedade do Cangaço

1. Descreva a roupa usada pelos cangaceiros.
2. Relacione o uso do couro à paisagem do sertão.
3. Que elementos demonstram cuidado com a aparência na indumentária dos cangaceiros?

LENDO HISTÓRIA

Antes de ler
- Leia o título do texto abaixo. O que ele sugere? Você sabe o que significa "bruzundanga"?
- O fragmento a seguir foi retirado de um livro de Lima Barreto. O que você sabe sobre ele?

As riquezas da Bruzundanga

Com o café dá-se uma cousa interessante. O café é tido como uma das maiores riquezas do país; entretanto é uma das maiores pobrezas. Sabem por quê? Porque o café é o maior "mordedor" das finanças da Bruzundanga.

Eu me explico. O café, ou antes, a cultura do café é a base da oligarquia política que domina a nação. [...]

Os proprietários dos latifúndios vivem nas cidades, gastando à larga, levando vida de nababos e com fumaças de aristocratas. Quando o café não lhes dá o bastante para as suas imponências e as da família, começam a clamar que o país vai à [guerra]; que é preciso salvar a lavoura; que o café é a base da vida econômica do país; e – zás – arranjam meios e modos do governo central decretar um empréstimo de milhões para valorizar o produto. [...]

A manobra da "valorização" consiste em fazer que o governo compre o café por um preço que seja vantajoso aos interessados e o retenha em depósito; mas, acontece que os interessados são, em geral, governo ou parentes dele, de modo que os interessados fixam para eles mesmos o preço da venda, preço que lhes dê fartos lucros, sem se incomodar que "o café" venha a ser, senão a pobreza, ao menos a fonte da pobreza da Bruzundanga, com os tais empréstimos para as valorizações. [...]

Na Bruzundanga, como no Brasil, todos os representantes do povo, desde o vereador até o Presidente da República, eram eleitos por sufrágio universal e, lá, como aqui, de há muito que os políticos práticos tinham conseguido quase totalmente eliminar do aparelho eleitoral este elemento perturbador – "o voto".

[...] os mesários da Bruzundanga lavravam as atas conforme entendiam e davam votações aos candidatos, conforme queriam. [...]

Às vezes semelhantes eleitores votam até com nome de mortos, cujos diplomas apresentam aos mesários solenes e hieráticos que nem sacerdotes de antigas religiões.

Lima Barreto em desenho de P. Smallovitch, 1920.

Lima Barreto. *Os Bruzundangas*. Disponível em: <http://www.dominiopublico.gov.br/download/texto/br000023.pdf>. Acesso em: 22 set. 2014.

De olho no texto

1. A sátira escrita por Lima Barreto critica a economia e a política dos bruzundangas.
   a) Explique o que Lima Barreto está criticando no terceiro parágrafo.
   b) O que o autor critica no último parágrafo?

2. Por que o café é o "mordedor" das finanças de Bruzundanga?

QUESTÕES GLOBAIS

1. Durante a Primeira República, ocorreram duas guerras no Brasil.
   a) Quais foram elas e onde ocorreram?
   b) Caracterize os dois movimentos.
   c) Há semelhanças entre eles? Quais?

2. Leia o texto abaixo e responda às questões.

   > [...] Segundo um jornal da época, "todos jogaram, o negociante, o médico, o jurisconsulto, o funcionário público, o corretor, o zangão; com pouco pecúlio próprio, com muito pecúlio alheio, com as diferenças do ágio, e quase todos com a caução dos próprios instrumentos do jogo". Falta acrescentar à lista de especuladores os fazendeiros do estado do Rio de Janeiro, que afluíram à capital para jogar na especulação o dinheiro dos empréstimos. Os anos de 1890 e 1891 foram de loucura, segundo a observação de um observador estrangeiro, o qual acrescenta ter havido corretores que obtinham lucros diários de 50 a 100 contos e que [a] oscilação do câmbio fazia e desfazia milionários. Por dois anos, o novo regime pareceu uma autêntica república de banqueiros, onde a lei era enriquecer a todo custo com dinheiro de especulação.
   >
   > As consequências não se fizeram esperar. Desde logo, houve enorme encarecimento dos produtos importados devido ao aumento da demanda e ao consumo conspícuo dos novos-ricos. A seguir, a inflação generalizada e a duplicação de preços já em 1892. Ao mesmo tempo, começou a queda do câmbio, encarecendo mais ainda os produtos de importação, que na época abrangiam quase tudo.
   >
   > José Murilo de Carvalho. *Os bestializados*: o Rio de Janeiro e a República que não foi. São Paulo: Companhia das Letras, 1987. p. 21.

   a) O texto se refere a qual política econômica brasileira?
   b) Quais foram as suas consequências para o país?

3. O cangaço surgiu no nordeste brasileiro em finais do século XIX. Na década de 1920, sob a liderança de Lampião, atingiu seu apogeu. Junte-se com um colega e façam uma pesquisa para descobrir diferentes manifestações artísticas que tenham o cangaço como tema. Levem o que descobriram para a sala de aula e compartilhem com os demais colegas.

PARA SABER MAIS

Livros

Barões do café, de Sheila de Castro Faria. São Paulo: Atual.
Apresenta um panorama da vida cotidiana, do prestígio e da decadência dos ricos cafeicultores escravistas do período imperial do Brasil.

Mistério no Museu Imperial, de Ana Cristina Massa. São Paulo: Biruta.
Para desvendar um mistério, os Invencíveis, um grupo de amigos e amigas, vão a Petrópolis e ao Museu Imperial, antiga residência de verão de dom Pedro II, procurar informações do presente e do passado.

O sertão vai virar mar, de Moacyr Scliar. São Paulo, Ática.
Gui e seus amigos estão lendo *Os sertões*, de Euclides da Cunha, e se impressionam com a Guerra de Canudos. O que não esperavam é que, quase um século depois, a situação se repetisse na cidade onde moram.

Sites

<http://www.euclidesdacunha.org.br/>. *Site* sobre Euclides da Cunha elaborado pela Academia Brasileira de Letras.
Traz informações sobre o autor, sua obra e seus desdobramentos. Acesso em: 22 set. 2014.

<http://www.eravirtual.org/mrepublica_01_br/>. *Tour* virtual no Museu da República.
Mostra o antigo Palácio Nova Friburgo (no Império), depois Palácio do Catete (na República) que, durante 63 anos, foi o coração do Poder Executivo no Brasil. Acesso em: 22 set. 2014.

●●● Síntese

Os militares no poder
- Os defensores da República: militares, cafeicultores paulistas, camadas médias
- A influência do Positivismo no Exército brasileiro
- Características da Constituição de 1891
- O Encilhamento

O sertão e Canudos
- O poder dos latifundiários
- A vida de Antônio Conselheiro
- As expedições militares a Canudos e sua destruição

A República dos coronéis
- Coronelismo, a base do controle político
- A política dos governadores
- São Paulo e Minas Gerais dominam a política nacional

Novos tempos, velhas ideias
- Revolta da Chibata
- O cangaço
- O Contestado

A supremacia do café
- O café domina a economia
- Queda do preço do café no mercado internacional
- O Convênio de Taubaté e a política de valorização do café
- A crise chega: a quebra da Bolsa de Nova York

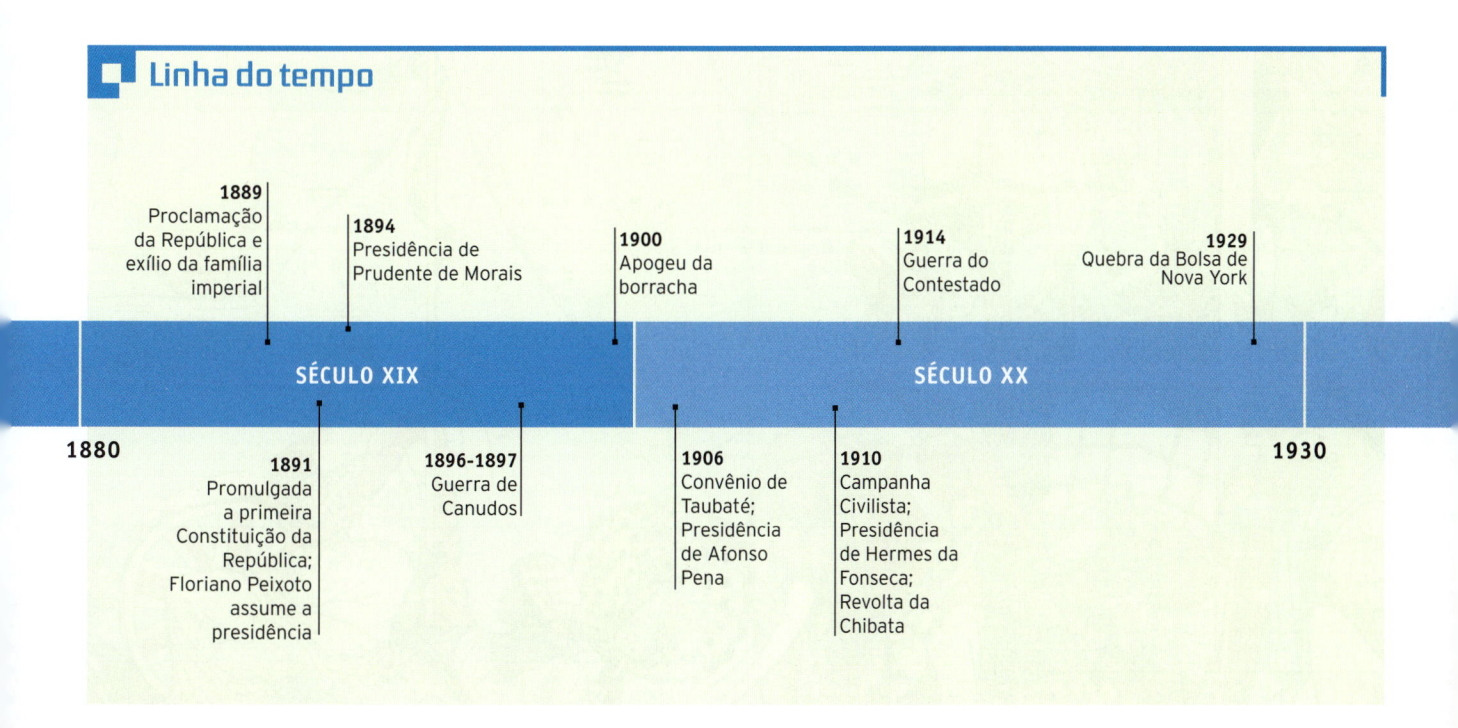

Linha do tempo

SÉCULO XIX

- **1889** Proclamação da República e exílio da família imperial
- **1891** Promulgada a primeira Constituição da República; Floriano Peixoto assume a presidência
- **1894** Presidência de Prudente de Morais
- **1896-1897** Guerra de Canudos

SÉCULO XX

- **1900** Apogeu da borracha
- **1906** Convênio de Taubaté; Presidência de Afonso Pena
- **1910** Campanha Civilista; Presidência de Hermes da Fonseca; Revolta da Chibata
- **1914** Guerra do Contestado
- **1929** Quebra da Bolsa de Nova York

1880 — 1930

No século XIX, alguns países da Europa e os Estados Unidos progrediram industrialmente. Em razão desse progresso, necessitaram ampliar seu mercado consumidor. Devido à falta de oportunidades na Europa, algumas nações europeias estabeleceram novas colônias na África e na Ásia, sob o argumento de que seus habitantes eram inferiores e precisavam ser reeducados segundo os padrões ocidentais.

O imperialismo no século XIX

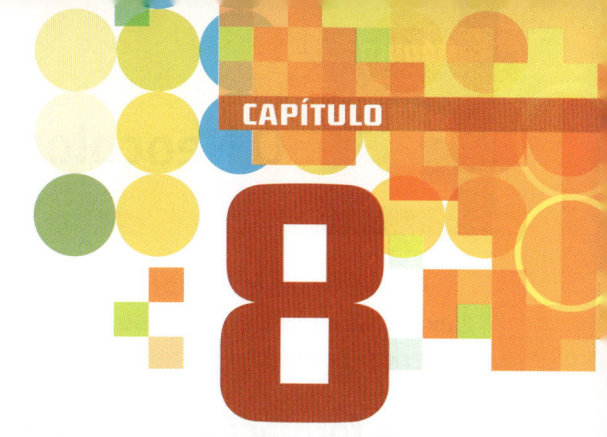

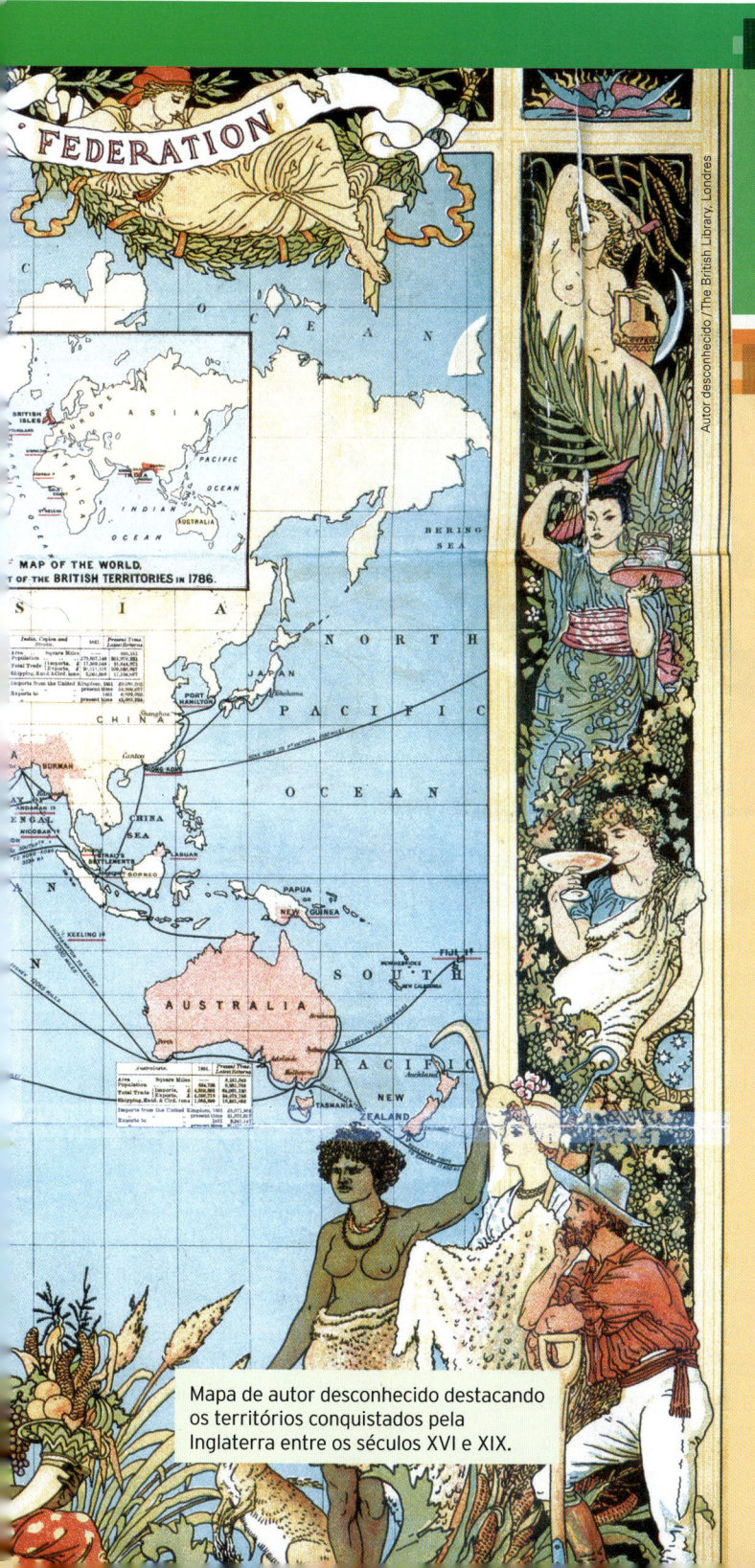

CAPÍTULO 8

Mapa de autor desconhecido destacando os territórios conquistados pela Inglaterra entre os séculos XVI e XIX.

O QUE VOCÊ VAI APRENDER

- O imperialismo europeu e a Revolução Industrial
- A Conferência de Berlim e a divisão da África
- O império colonial inglês
- A colonização da Ásia
- O expansionismo dos Estados Unidos

CONVERSE COM OS COLEGAS

Este mapa-múndi, produzido em 1886, em Londres, aponta todos os territórios conquistados pela Inglaterra entre os séculos XVI e XIX. As áreas dominadas foram destacadas em cor-de-rosa.

1. Quais territórios você consegue identificar?

2. Nas margens do mapa há uma moldura ricamente ilustrada com imagens que simbolizam as áreas dominadas pelos ingleses. Observe-as e identifique as pessoas e os animais.

3. Na parte superior do mapa, três mulheres seguram faixas nas quais está escrito em inglês: *Freedom* (Liberdade), *Fraternity* (Fraternidade) e *Federation* (Federação, União). Em sua opinião, qual seria o significado dessas palavras no contexto do mapa?

4. Na parte inferior do mapa, observe as figuras retratadas no centro da moldura. Um homem — o deus grego Atlas — segura o globo terrestre apoiado sobre seus ombros. Sentada no globo está a deusa da sabedoria, Palas Atena. Seu escudo foi decorado com as cores da bandeira da Grã-Bretanha.

   a) Qual é a postura das demais pessoas retratadas em relação a esses deuses?

   b) Em sua opinião, qual é o significado desses símbolos no centro desse mapa?

5. Após observar todos os elementos do mapa, discuta com seus colegas a mensagem proposta pela imagem.

225

MÓDULO 1 — O Neocolonialismo europeu

A industrialização espalhou-se pela Europa no século XIX. Para dar continuidade à expansão fabril, era preciso ampliar o mercado consumidor e também as fontes de matérias-primas.

●●● A formação dos impérios coloniais

No início do século XIX, grandes banqueiros europeus começaram a investir em empresas, comprando indústrias ou concedendo-lhes empréstimos.

Dessa maneira, os investidores passaram a controlar várias empresas de um mesmo ramo. O objetivo era manter o controle sobre toda linha de produção, desde a compra da matéria-prima até a venda do produto industrializado. Essa prática é conhecida como **truste**.

Caricatura de governantes das potências industriais "dividindo" a China. Litografia, de Henri Meyer, publicada no jornal francês *Le Petit Journal*, de 1898.

Mas o mercado consumidor europeu crescia em uma proporção menor do que a produção de suas indústrias. Isso fez com que grupos financeiros, que lucravam muito, realizassem grandes investimentos no exterior com o apoio do Estado. Países como Inglaterra, França e Alemanha começaram a estabelecer-se em outros continentes, formando verdadeiros impérios comerciais.

A corrida colonial

Assim, no final do século XVIII e durante o século XIX ocorreu uma corrida colonial em direção à Ásia e à África, em busca de matéria-prima, mão de obra barata e a conquista de novos mercados consumidores.

Os conflitos entre as nações industrializadas na disputa por territórios coloniais e os territórios sujeitos a suas ações colonizadoras não tardaram a surgir.

Novas matérias-primas

O desenvolvimento tecnológico do século XIX permitiu a utilização de novas matérias-primas na indústria, muitas delas existentes em pouca quantidade na Europa. Entre elas, destacam-se o látex, obtido na Amazônia, em parte da África e da Ásia; e o cobre, extraído no Chile, no Peru e no Congo.

A missão civilizadora

As potências europeias apossaram-se de territórios na África e na Ásia, muitas vezes por meio da força. Elas ignoravam as fronteiras estabelecidas, a política, as leis, as culturas locais, as tradições dos povos que viviam nos territórios invadidos.

Como justificativa ideológica para suas práticas imperialistas, os europeus se autorrepresentavam como seres superiores, racial e culturalmente, em relação aos demais povos não europeus. Afirmavam ainda que, por serem detentores da "civilização", cabia a eles a missão de civilizar esses povos.

Táticas de conquista

Os imperialistas utilizaram várias táticas para consolidar sua dominação. Uma das mais praticadas era "ocidentalizar" os colonizados. Para isso, valeram-se da presença de missionários religiosos cristãos – protestantes e católicos –, que pretendiam converter africanos e asiáticos à sua religião.

Os missionários pregavam a inferioridade das religiões desses povos e a superioridade dos valores cristãos. As conversões não significavam apenas uma mudança de religião, mas também a substituição dos valores tradicionais locais por valores ocidentais.

Entretanto, muitas vezes os colonizados resistiam à conversão.

Outra forma eficiente de garantir a dominação foi conhecer as rivalidades entre os grupos africanos. Assim, os conquistadores exploravam os conflitos locais, enfraquecendo e mantendo a desagregação entre os diferentes povos da África. Isso facilitava aos colonizadores introduzir as formas de organização ocidental na sociedade, na política e na economia.

O fardo do homem branco

Rudyard Kipling, 1865-1936.

Rudyard Kipling, escritor inglês que personificou o ideal do imperialismo colonial, escreveu um poema inspirado na invasão das Filipinas pelos Estados Unidos. Ele dizia que o homem branco tinha um fardo, uma carga insuportável, que era sacrificar seus melhores filhos na missão de civilizar povos "semidiabos e semicrianças". O texto era racista e preconceituoso, mas expressava aquilo que os imperialistas acreditavam na época.

Esta imagem, publicada na capa de uma revista francesa de 1900, reforça a visão imperialista de que a França era a portadora de progresso e civilização para suas colônias.

Caricatura estadunidense satirizando o "fardo do homem branco", 1899. Note a ironia da obra, ao mostrar os homens brancos (a quem era atribuído o "fardo") sendo carregados pelos colonizados.

África, um continente retalhado

O interesse voraz dos colonizadores ingleses e franceses pela África preocupou Portugal, que já tinha colônias no continente. Temendo perdê-las, o governo português propôs uma conferência sobre a partilha da África. Para garantir as possessões alemãs, Otto von Bismarck, primeiro-ministro da Alemanha, patrocinou então a **Conferência de Berlim**.

Entre novembro de 1884 e fevereiro de 1885, as principais potências europeias, os Estados Unidos e o Império Otomano, reunidos em Berlim, decidiram questões que iriam direcionar a **partilha da África**.

Sátira à disputa das potências europeias pelo Marrocos. Caricatura do início do século XX, onde se lê: "para quem, o Marrocos?".

Desprezando os diferentes grupos étnico-culturais, as fronteiras e as organizações políticas tradicionais africanas, os países participantes defenderam os próprios interesses. O poder político-militar determinou o tamanho das fatias dos territórios que cada país iria controlar.

Portugal, por exemplo, pretendia unir Angola a Moçambique, mas foi suplantado pela Inglaterra, que queria unir Egito, Sudão e Quênia à África do Sul.

A Conferência de Berlim estabeleceu a criação do Estado Livre do Congo, de interesse belga, e da livre navegação e comércio nas bacias dos rios Congo e Níger. Também ficou sinalizada que a condição para o domínio de um território seria a sua efetiva ocupação. A partir da Conferência uma série de tratados bilaterais foi delimitando as áreas de domínio de cada país participante.

Itália e Alemanha, recém-unificadas, estabeleceram colônias menores. Portugal e Espanha, cujos impérios coloniais já haviam entrado em declínio, mantiveram suas antigas possessões. As possessões coloniais europeias se definiram no continente até 1914.

> **Verifique o que aprendeu**
> 1. Relacione os lucros gerados pelos bancos à expansão industrial.
> 2. O que foi a "missão civilizadora"?
> 3. O que foi a Conferência de Berlim?
> 4. Por que houve e como foi a partilha da África pelos europeus?

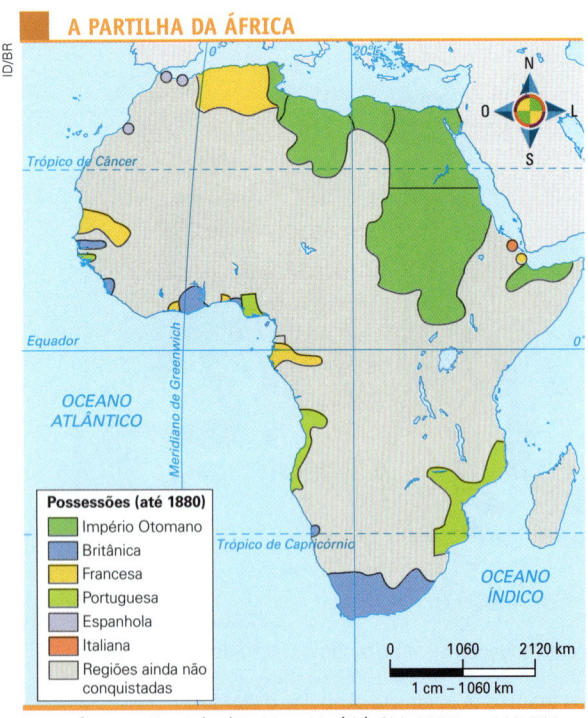

Fonte de pesquisa: *Atlas histórico*. Madrid: SM, 2007. p. 112-113.

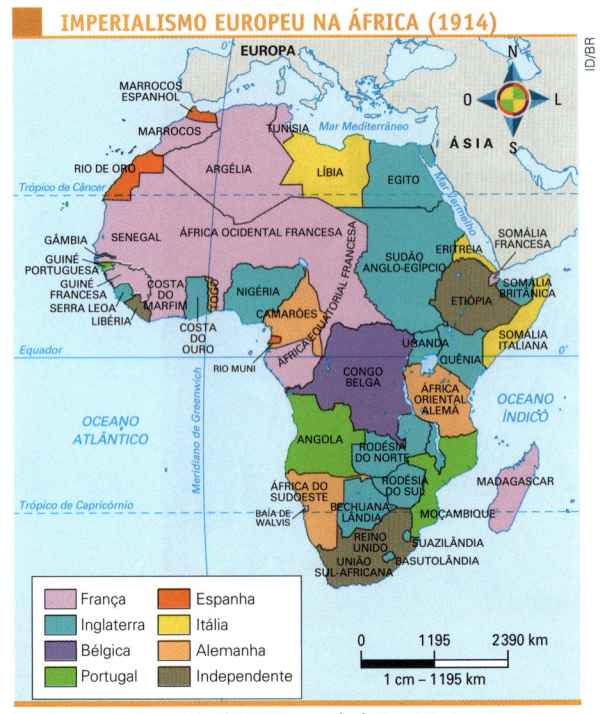

Fonte de pesquisa: *Atlas histórico*. Madrid: SM, 2007. p. 113.

ATIVIDADES

1. Observe a imagem ao lado. Trata-se da propaganda do sabonete Pears, da década de 1880. A propaganda se apoiava na crença imperialista de ser um fardo para o homem branco ensinar as virtudes da limpeza. Assim, o sabonete Pears seria um poderoso agente para iluminar os cantos escuros da Terra à medida que a civilização avançasse, enquanto as culturas de todas as nações seriam conduzidas para um lugar melhor.

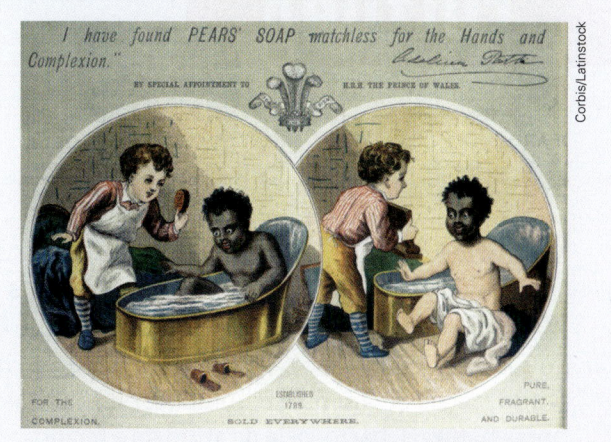

   Propaganda divulgada na imprensa inglesa, 1880.

   a) Associe a propaganda com o ideal da missão civilizadora.
   b) Identifique e explique como o anúncio do sabonete Pears representa uma ideologia racista.

2. Leia este trecho do texto do escritor irlandês George Bernard Shaw (1856-1950) sobre o imperialismo britânico no século XIX e a mentalidade colonialista inglesa.

   > Na qualidade de grande defensor da liberdade e independência, conquista metade do mundo e chama isso de colonização. Quando precisa de um novo mercado para seus produtos desqualificados de Manchester, envia um missionário para ensinar o evangelho da paz.
   >
   > Bernard Shaw. *Homem do destino*. Disponível em: <http://pt.wikiquote.org/wiki/George_Bernard_Shaw>. Acesso em: 22 set. 2014.

   a) Segundo Shaw, quais eram os métodos utilizados pelos britânicos em suas práticas imperialistas?
   b) Em relação à frase: "Na qualidade de grande defensor da liberdade e independência, conquista metade do mundo e chama isso de colonização", qual é a postura do autor? Ele demonstra a mesma posição na frase seguinte? Justifique.

3. Leia este texto e responda às questões a seguir.

   > [...] O imperialismo é o capitalismo na fase de desenvolvimento em que ganhou corpo a dominação dos monopólios e do capital financeiro, adquiriu marcada importância a exportação de capitais, começou a partilha do mundo pelos *trusts* internacionais e terminou a partilha de toda a terra entre os países capitalistas mais importantes.
   >
   > Vladimir Ilich Lenin. *O Imperialismo*: fase superior do capitalismo. São Paulo: Centauro, 2008. p. 90.

   a) Por que o autor afirma que durante o imperialismo "começou a partilha do mundo"?
   b) Relacione o trecho acima com a Conferência de Berlim.

4. A frase a seguir é atribuída a Jomo Kenyatta, um dos líderes da independência do Quênia, país africano colonizado pela Inglaterra.

   > Quando os brancos chegaram a África, nós tínhamos as terras e eles tinham a *Bíblia*. Ensinaram-nos a rezar de olhos fechados. Quando abrimos os olhos, os brancos tinham a terra e nós tínhamos a *Bíblia*.
   >
   > Louis Michel. *África-Europa*: a indispensável aliança. p. 8. Disponível em: <http://infoeuropa.eurocid.pt/registo/000041684/>. Acesso em: 22 set. 2014.

   Elabore um texto comentando a declaração de Jomo e inserindo-a no contexto do Neocolonialismo do século XIX.

ARTE e CULTURA

Máscaras africanas

A arte produzida pelos povos africanos foi descoberta pelo Ocidente na segunda metade do século XIX, quando alguns países europeus decidiram partilhar a África entre si.

Entre os objetos que despertaram interesse estavam as máscaras, por causa da diversidade do material empregado, da temática ligada a rituais e da magia a elas relacionada. Apresentando traços de animais e homens, eram feitas geralmente sobre suportes de madeira, com fibras naturais, barro, pele de animais e tecidos, e finalizadas com pinturas, sementes, conchas. A madeira era muito utilizada porque se acreditava que a máscara conservaria o espírito da árvore, dotando o usuário com mais poderes espirituais.

As máscaras eram usadas em várias cerimônias e rituais, como os relacionados às colheitas, aos ritos de passagem da infância para a vida adulta e aos funerais. Podiam remeter a uma entidade divina, a uma força da natureza, a um antepassado. Também podiam fazer referência à sexualidade masculina ou feminina, à fertilidade, aos ciclos do Sol e da Lua, etc. O momento mágico ocorreria quando uma pessoa usasse a máscara para dançar. Ao som de uma música, o dançarino incorporaria a entidade representada na máscara e estabeleceria uma ponte entre o mundo natural e o sobrenatural.

No início do século XX, o artista plástico espanhol Pablo Picasso se encantou com a beleza e a complexidade dessas máscaras, que muito influenciaram sua obra a partir daquele momento.

Ritual baoulé com dançarinos mascarados, vila de Kondeyaokro, Costa do Marfim. Os Baoulé fazem parte do grupo Akan, um dos 65 grupos étnicos que vivem na Costa do Marfim. Originários do país vizinho, Gana, os Baoulé representam, hoje, cerca de 23% da população total da Costa do Marfim.

Dançarino Kuba, etnia do centro da República Democrática do Congo. No século XVII, os Kuba se organizaram em um reino que agrupava cerca de vinte povos.

Pablo Picasso. *As senhoritas de Avignon*, 1907. Óleo sobre tela. O artista inspirou-se na arte africana para compor os rostos.

■ Atividades

1. Observe as imagens e descreva-as.
2. Com o que você identifica essas máscaras?
3. Compare como os africanos adornam seus corpos e como Picasso retratou suas personagens. Qual é a principal diferença? Comente com seus colegas.

231

ARTE e CULTURA

Máscara em madeira entalhada produzida pelos Iorubá. É comum esse tipo de máscara, chamado gueledé, trazer uma cena esculpida em sua parte superior.

Esta máscara coberta por uma peça de couro, ricamente ornamentada com conchas, foi produzida pelos Kuba, povo que habita a República Democrática do Congo. É usada exclusivamente por chefes e regentes.

Máscara do povo Yaka, República Democrática do Congo. Produzida em madeira, fibras vegetais, couro e tecido, é utilizada pelos meninos no ritual de iniciação à vida adulta.

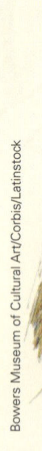

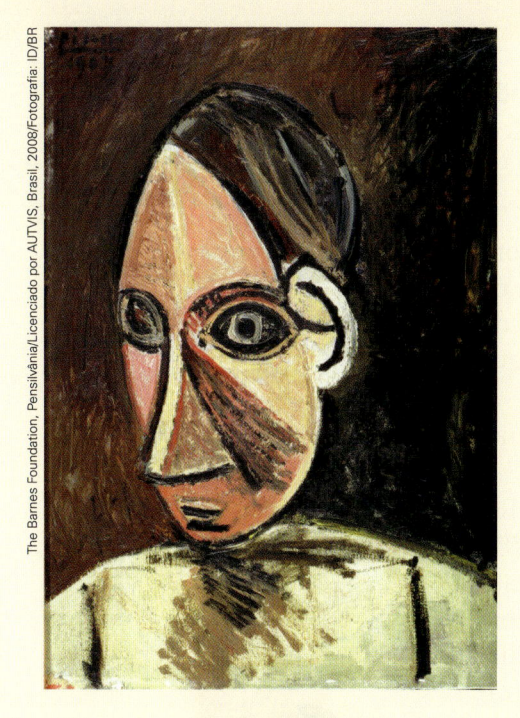

Pablo Picasso. *Cabeça de mulher*, 1907. Óleo sobre tela. Nesta obra é fácil perceber a influência das máscaras africanas.

Máscara cerimonial do povo Bambara, ou Bamana, Mali, s/d. As máscaras dos Bambara representam diversas manifestações de Faro, o deus criador e guia do universo.

Máscara produzida em madeira entalhada pelo povo Senufo, Costa do Marfim, s/d. Para os Senufo, a máscara se tornará sagrada apenas quando for usada em uma dança ritual.

■ Atividades

1. Compare as máscaras apresentadas na página 232. O que elas têm em comum? O que elas têm de diferente?

2. Observe as máscaras e a pintura reproduzidas nesta página. Que detalhes da pintura remetem para estas e para as outras máscaras?

3. Agora é a sua vez. Inspirando-se nas máscaras que você viu nesta seção, elabore uma também. Você pode desenhar ou fazer uma máscara utilizando diferentes materiais.

MÓDULO 2 — O imperialismo inglês

A Inglaterra, extremamente rica em virtude da Revolução Industrial, impulsionou sua política expansionista mundo afora entre os séculos XVIII e XIX.

Inglaterra, a senhora do mundo

Vitoriosa após a **Guerra dos Sete Anos** (1756-1763) – o conflito que envolveu praticamente todas as potências europeias na disputa de fronteiras na América –, a Inglaterra apropriou-se do Canadá e da Louisiana, que pertenciam à França; da Flórida, que era da Espanha; e de algumas ilhas das Antilhas.

Em 1798, a Coroa britânica anexou ao Império o Ceilão – atual Sri Lanka –, localizado no oceano Índico, ao sul da Índia.

A independência das Treze Colônias, transformadas em Estados Unidos da América, foi formalmente reconhecida em 1783 pela Coroa britânica. Mas, ao longo do século XIX, especialmente após a derrota de Napoleão Bonaparte, a Coroa britânica apossou-se de mais colônias, entre elas a Austrália e a Nova Zelândia, na Oceania, além de ilhas em pontos estratégicos no Mediterrâneo, no Caribe e no oceano Índico. Fortalecendo sua supremacia nos mares, a Inglaterra estava cada vez mais próxima daquela que se tornaria a "joia da Coroa": a Índia, formalmente anexada ao Império em 1876.

A rivalidade com a Alemanha

A Alemanha industrializava-se rapidamente e competia diretamente com a Inglaterra, disputando fontes de matéria-prima, mercados consumidores e territórios coloniais. Em 1897, a revista *Saturday Review* publicou um artigo que expunha claramente a disputa anglo-alemã:

"Existem na Europa duas grandes forças de oposição irreconciliáveis, duas grandes nações que procuram estender seu raio de ação pelo mundo todo. No Transvaal [África do Sul] e no Cabo [cidade da África do Sul], na África Central, na Índia, no Oriente, se há uma mina para explorar, uma estrada de ferro para construir, a Alemanha e a Inglaterra se enfrentarão para chegar em primeiro lugar".

> **A Era Vitoriana**
>
> A conservadora rainha Vitória reinou no Império britânico por 64 anos – entre 1837 e 1901. Tornou-se o símbolo do poder do Império. O período no qual reinou ficou conhecido como Era Vitoriana e tornou-se sinônimo de moralismo e conservadorismo.

Sir George Hayter. *Rainha Vitória* (detalhe), 1838. Óleo sobre tela.

Roma Spiridione. *O leste oferece suas riquezas à Inglaterra*, 1778. Óleo sobre tela.

A Índia britânica

Desde o século XV até o século XVIII, reinos e impérios indianos controlavam o comércio com os europeus – exploradores portugueses, espanhóis, ingleses e holandeses –, limitando as trocas a algumas cidades do litoral, como Bombaim e Calicute.

No século XVIII, a Índia tinha cerca de 400 milhões de habitantes, artesanato sofisticado, especiarias, vastos campos de algodão e indústrias têxteis domésticas que produziam tecidos de excelente qualidade. Essas e outras características tornavam esse imenso território bastante atrativo para os europeus.

Rebeldes sipaios enforcados na Índia, em 1858.

Por volta de 1750, uma empresa de comércio inglesa, a Companhia das Índias Orientais, iniciou uma guerra para conseguir o controle do território indiano a partir da região de Bengala.

Aproveitando-se de fatores que provocavam rivalidades internas na Índia – como o sistema de castas e os conflitos entre chefes locais –, e fazendo acordos políticos e comerciais, a Companhia das Índias Orientais manteve-se na região até a **Revolta dos Sipaios**, entre 1857 e 1858.

Os sipaios eram soldados hindus da própria Companhia das Índias, mas sofriam discriminação pelos ingleses. Além disso, as profundas diferenças entre essas duas culturas causaram conflitos. Revoltados, os sipaios mataram famílias inteiras de ingleses. A repressão foi violenta, e a Índia passou para a administração direta do governo britânico. Em 1876, a rainha Vitória foi coroada imperatriz da Índia, anexando ao Império britânico as riquezas desse território, que era visto como a "joia da Coroa", pois, de todas as colônias, a Índia era a que oferecia mais recursos naturais e humanos.

Autodeterminação dos povos

Ainda hoje, alguns povos são pressionados a abrir mão de suas tradições culturais e de sua autonomia econômica e política.

I. Na sua opinião, por que isso acontece? Discuta com seus colegas.

O SISTEMA DE CASTAS

Na Índia, a religião majoritária é o hinduísmo. Os hindus atribuem caráter religioso a todas as atividades humanas, e por isso a sociedade indiana é fortemente influenciada pelos preceitos hinduístas.

A sociedade é dividida em castas ou camadas, que os hindus acreditam ser partes do deus Brahma. Havia cerca de 3 mil delas, uma separada da outra, com seus papéis preestabelecidos.

O sistema de castas foi abolido pelo governo indiano em 1950, mas continua vigorando ainda hoje, principalmente nas áreas rurais, onde a presença do Estado é menos atuante. Além das diferenças entre as castas, há cerca de 160 milhões de pessoas que não pertencem a casta alguma e sofrem segregação das demais. São os "intocáveis", ou dalits, que fazem os trabalhos mais pesados e mal remunerados.

Mulher da casta dalit trabalha na produção de tijolos em Rajabari, Índia. Fotografia de 2010.

●●● Os ingleses na África

Em 1859, o governo egípcio iniciou as obras para a abertura do **canal de Suez**. Esse canal pouparia tempo e dinheiro ao unir o mar Mediterrâneo ao mar Vermelho, pois encurtaria radicalmente a distância para a navegação. Entretanto, o governo egípcio não teve condições para continuar financiando as obras. Para viabilizar a construção e saldar suas dívidas, o Egito foi obrigado a vender sua participação no canal para o Império britânico.

Além de assumir a construção do canal, a Grã-Bretanha, interessada no controle total do canal de Suez, que facilitaria a rota dos navios britânicos à Índia, ocupou o Egito entre 1882 e 1954, apesar da resistência e dos protestos da população local.

Os britânicos também ocuparam o Sudão, a Costa do Ouro (hoje Gana) e a Nigéria.

Inauguração do canal de Suez em 1869. Gravura colorida, século XIX.

A Guerra dos Bôeres

Quando o viajante inglês Cecil Rhodes chegou ao sul da África, em 1870, o Império britânico possuía duas modestas colônias na região: Cabo e Natal. Após ficar milionário com a exploração dos minérios da região, Rhodes, então governador do Cabo, liderou a invasão às colônias dos africânderes, ou **bôeres**, colonizadores de ascendência holandesa estabelecidos nas colônias do Transvaal, desde 1848, e do Orange, desde 1854, na atual África do Sul.

As invasões a essas colônias, ricas em ouro, ferro e diamantes, provocaram o conflito entre colonos britânicos e africânderes denominado **Guerra dos Bôeres** (1899-1902). Conhecedores da região, os bôeres impuseram duras derrotas aos ingleses, mas, em 1902, eles se renderam após terem suas terras arrasadas, tropas cercadas e 25 mil civis bôeres, entre homens, mulheres e crianças, confinados em campos de concentração.

> **Verifique o que aprendeu** ●●●
> 1. Dê exemplos de colônias conquistadas pela Inglaterra no século XVIII.
> 2. De que maneira a Inglaterra conseguiu dominar um país tão populoso como a Índia?
> 3. Por que a Inglaterra se interessava tanto pelo canal de Suez?
> 4. O que foi a Guerra dos Bôeres?

O IMPÉRIO BRITÂNICO (1914)

Fonte de pesquisa: *Atlas histórico*. Madrid: SM, 2005. p. 113.

ATIVIDADES

1. Leia o texto abaixo e responda às questões.

   > Quando os britânicos chegaram pela primeira vez, Bengala [Índia] era um dos lugares mais ricos do mundo. [...]
   >
   > Lá havia ricas áreas agrícolas, que produziam um algodão de rara qualidade, e também uma indústria avançada para os padrões da época. [...]
   >
   > [...] os ingleses destruíram primeiro a economia agrícola, depois transformaram a "carência em fome coletiva". Uma maneira de fazer isso foi transformar terras agrícolas em áreas para a produção de papoulas (já que o ópio era a única coisa que a Grã-Bretanha podia vender à China). Houve então fome em massa em Bengala. [...]
   >
   > A partir do século XVIII, a Grã-Bretanha impôs duras leis tarifárias para impedir que os produtos industrializados indianos competissem com a produção têxtil dos ingleses. Eles tiveram de enfraquecer e destruir as indústrias têxteis indianas, pois a Índia tinha uma relativa vantagem, utilizava um algodão de melhor qualidade, e um sistema industrial, em muitos aspectos, comparável ou superior ao britânico.
   >
   > Noam Chomsky. *A minoria próspera e a multidão inquieta.* 2. ed. Brasília: Ed. da Universidade de Brasília, 1999. p. 84-85.

   a) Como os interesses comerciais ingleses arrasaram a economia de Bengala?
   b) Por que os ingleses enfraqueceram tanto a região de Bengala?

2. Observe a ilustração a seguir.
   a) Descreva a imagem.
   b) Que mensagem a ilustração transmite aos leitores?

   Europeus em banquete com servos indianos. Extraído do livro do capitão George F. Atkinson, Londres, 1860.

3. Sobre o Império Britânico, observe o mapa da página anterior e responda.
   a) Quais regiões foram conquistadas entre os séculos XVIII e XIX? Em quais continentes elas se localizam?
   b) No século XIX, o escritor inglês Christopher North fez a seguinte declaração: "O Sol nunca se põe no Império britânico". O que ele quis dizer com essa frase?

4. Leia o texto abaixo e faça o que se pede a seguir.

   > As vilas hostis são em número de cinco ou seis [...] elas irão requerer alguma coerção. [...] Isto pode ser facilmente conseguido por dois barcos de guerra. Com tais navios, eu poderia ir até lá em julho próximo e garantiria que depois de seis meses nenhum tiro seria disparado novamente no baixo Níger.
   >
   > Richard Francis Burton. Carta de 4/10/1861. Em: Alexsander Lemos de Almeida Gebara. *A África de Richard Francis Burton*: antropologia, política e livre-comércio, 1861-1865. São Paulo: Alameda, 2010. p. 107.

   Com um colega, discuta as ideias centrais do texto e justifique a posição do autor, um dos exploradores ingleses na África, no contexto do imperialismo britânico.

MÓDULO 3

Outras potências coloniais na África

Além da Coroa britânica, outros países disputaram a corrida colonial para se apossar de territórios estratégicos com recursos naturais e farto mercado consumidor e de mão de obra barata. Entre esses países estão a França, a Bélgica, a Alemanha e Portugal.

A França na África

Os interesses imperialistas da França se manifestaram muito antes da Conferência de Berlim. Já em 1830, invadiu a Argélia, no norte da África, utilizando a recém-criada Legião Estrangeira para combater os berberes, que habitavam a região.

Desde a invasão até a independência, em 1962, a Argélia nunca foi completamente dominada, sendo palco de inúmeras revoltas.

Em 1842, a França ampliou seus domínios territoriais para além da África, até as distantes ilhas Marquesas e o Taiti, no sul do Pacífico. A partir daí, a expansão francesa chegou ao Sudeste Asiático, com a ampliação da ocupação na Cochinchina, Camboja e Laos.

Na África, as conquistas se sucederam: Gabão, Marrocos, Tunísia, Senegal, onde o general Faidherbe reorganizou o país e criou um corpo expedicionário de atiradores senegaleses cuja habilidade o levou a participar de todas as batalhas coloniais francesas e também da Primeira Guerra Mundial: cerca de 200 mil atiradores senegaleses combateram entre 1914 e 1918, inclusive na Europa.

No continente africano, a França dominou também os territórios da denominada África Ocidental Francesa, da África Equatorial Francesa, além da atual República Popular do Congo e da ilha de Madagascar.

> **A Legião Estrangeira**
>
> Em meados do século XIX, o rei Luís Filipe criou um exército paramilitar francês, para absorver a quantidade de refugiados estrangeiros que chegavam à França em decorrência das agitações de 1830. Além de estrangeiros, esse exército era composto de criminosos, mendigos e fugitivos. Conhecido como Legião Estrangeira, participou de todas as ocupações coloniais da França e existe até hoje, mas como uma tropa de elite. Após a independência das colônias na África e na Ásia, ganhou outras funções.
>
> Legionários franceses na Argélia. Detalhe de cartão-postal, 1915.

POSSESSÕES FRANCESAS NO MUNDO (1914)

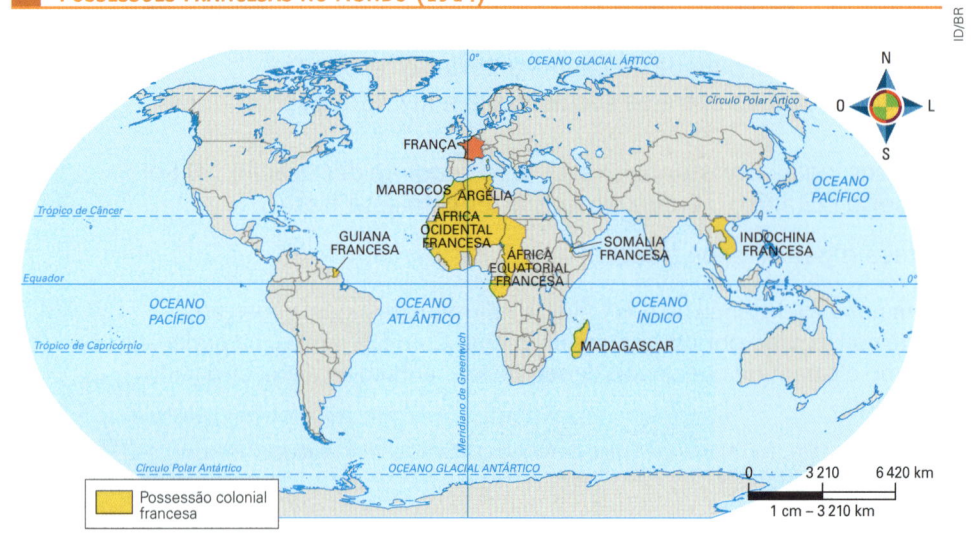

Fonte de pesquisa: *Atlas histórico*. Madrid: SM, 2005. p. 113.

As colônias portuguesas

Portugal era um Império colonial em declínio quando a corrida neocolonialista se iniciou, no final do século XVIII. A Monarquia parlamentar portuguesa, ao constatar as imensas ambições da Inglaterra e da França por colônias, resolveu adotar medidas para manter suas antigas colônias de Angola e Moçambique e dominar mais territórios, com o objetivo de unir suas duas colônias, uma no litoral atlântico e outra no litoral índico.

Inicialmente, Portugal alegou o direito histórico à região, já que foi o primeiro país europeu a estabelecer relações de comércio e de dominação com a África ainda nos séculos XV e XVI. Mas nenhuma nação imperialista reconheceu esse direito. Assim, o governo português iniciou expedições exploratórias a fim de colonizar o território entre Angola e Moçambique, em 1877.

A ambição de expansão territorial portuguesa no continente africano causou um primeiro conflito. Em 1884, a Inglaterra aceitou o pedido português de controlar a foz do rio Congo, mas a França e a Alemanha se opuseram. As discussões a respeito dos limites e posses de colônias na África levaram as nações europeias a se reunir na **Conferência de Berlim**.

O fim da Monarquia portuguesa

Dom Manuel II, o último rei de Portugal, em fotografia de c. 1910.

O recuo de Portugal diante do Ultimato de 1890 foi decisivo para o fim da Monarquia portuguesa. Fortalecido, o movimento republicano português acusou a Monarquia de ser fraca e aceitar os desmandos da Inglaterra sem protestar. Em 1910, o rei teve de abandonar seu palácio em virtude do bombardeio que sofria da Marinha portuguesa. A República foi proclamada, e dom Manuel exilou-se na França.

ÁREA DESEJADA POR PORTUGAL

Fonte de pesquisa: Comissão de cartografia, Paris, França, 1886.

Portugal saiu derrotado em suas pretensões territoriais discutidas na conferência. O governo português passou então a negociar isoladamente com a França e a Alemanha, que não tinham interesse direto na região que Portugal reivindicava. A Coroa britânica, que antes havia aceitado as explorações na foz do rio Congo, voltou atrás e vetou as ações lusitanas.

Para acabar com qualquer pretensão portuguesa, a Inglaterra determinou o **Ultimato de 1890**, segundo o qual Portugal deveria retirar suas forças militares da região pretendida. Caso não se retirasse, a Coroa inglesa declararia guerra. Sem condições de lutar contra a maior potência do mundo, Portugal abandonou suas pretensões.

O Congo Belga

A Bélgica era governada por uma Monarquia constitucional. Assim, o rei belga, Leopoldo II, não tinha poderes suficientes para organizar um projeto colonial na África. Todas as propostas de colonização que ele apresentava a seu Parlamento eram refutadas sob a alegação de que os investimentos e esforços não valiam a pena.

Leopoldo, porém, não abandonou suas pretensões. Em 1878, criou a **Associação Internacional do Congo** e contratou o explorador inglês Henry Morton Stanley, grande conhecedor da região, para estabelecer relações comerciais com o interior do território daquele país.

Em 1884, na Conferência de Berlim, o rei belga conseguiu que o Estado Livre do Congo ficasse sob a sua soberania pessoal, e tomou posse das terras congolesas.

A administração belga

Stanley, seguindo as orientações de Leopoldo II, fez acordos políticos com chefes locais, fomentou conflitos entre os diferentes grupos étnicos e obrigou os camponeses a entregar suas terras ao Estado Livre do Congo.

Leopoldo II queria explorar o látex das seringueiras e o marfim das presas de elefantes para produzir bolas de bilhar e teclas de piano. A fim de recuperar rapidamente o dinheiro investido, o rei belga impôs o mais violento governo estabelecido nas colônias africanas.

Ele exigia cotas de produção da população local e mantinha uma **Força Pública**, que consistia em um exército que reprimia violentamente os trabalhadores que não cumprissem as metas estabelecidas. Muitas pessoas – inclusive crianças – tiveram as mãos decepadas.

As atrocidades no Congo tornaram-se públicas, apesar da vigilância imposta a todos os que entravam e saíam do país e de Leopoldo II desmentir os crimes divulgados. Em 1908, o Parlamento belga anexou o Estado Livre do Congo e assumiu a administração.

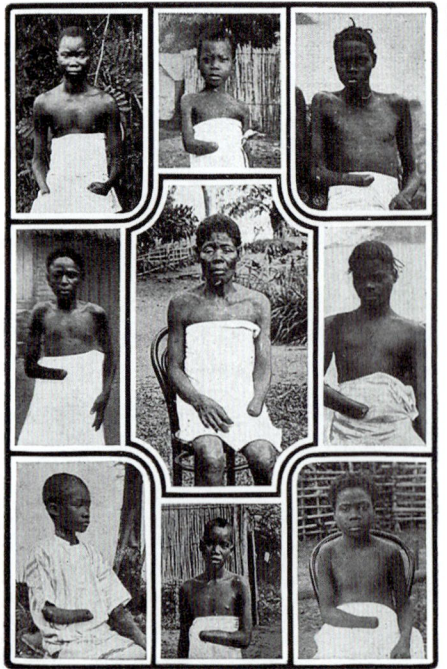

Leopoldo II, rei da Bélgica, em fotografia do século XIX. Apesar de seu discurso de amizade e proteção, o rei impôs um violento governo nas colônias africanas.

Vitimados pela violência da administração belga, muitos congoleses tiveram as mãos mutiladas. Fotografias de autor desconhecido, publicadas em *King Leopold's soliloquy* (O solilóquio do rei Leopoldo). Boston, Estados Unidos, 1905.

Verifique o que aprendeu

1. O povo francês apoiava o colonialismo?
2. Explique o que foi o Ultimato de 1890.
3. Que métodos o explorador Stanley utilizou para formar o Estado Livre do Congo?
4. O que era a Força Pública mantida no Congo pela administração belga?

ATIVIDADES

1.
   > Na história da África jamais se sucederam tantas e tão rápidas mudanças como durante o período entre 1880 e 1935. Na verdade, as mudanças mais importantes, mais espetaculares – e também mais trágicas –, ocorreram num lapso de tempo bem mais curto, de 1880 a 1910, marcado pela conquista e ocupação de quase todo o continente africano pelas potências imperialistas e, depois, pela instauração do sistema colonial.
   >
   > Albert Adu Boahen (Org.). *História geral da África*. VII: África sob dominação colonial, 1880-1935. 2. ed. Brasília: Unesco, 2010. p. 25.

   a) Segundo o texto, por que foi entre os anos 1880 e 1935 que ocorreram tantas mudanças na África?

   b) Considerando o que você aprendeu, explique a que mudanças trágicas o autor se referiu.

2. Em julho de 1885, Jules Ferry, político francês, defendeu na Câmara dos Deputados de Versalhes (França) a política colonial francesa. Leia um trecho de seu discurso.

   > As raças superiores têm um direito perante as raças inferiores. Há para elas um direito porque há um dever para elas. As raças superiores têm o dever de civilizar as inferiores. [...] Vós podeis negar, qualquer um pode negar que há mais justiça, mais ordem e moral, mais equidade, mais virtudes sociais na África do Norte desde que a França a conquistou?
   >
   > M. Dubois; A. Terrier. As colônias francesas, 1902. Em: Laima Mesgravis. *A colonização da África*. São Paulo: Atual, 1994. p. 32.

   a) Que ponto de vista o político defende?

   b) O ponto de vista de Ferry era compartilhado pela população francesa? Justifique.

   c) Jules Ferry menciona um dever das raças superiores em relação às inferiores. Qual é esse dever e quem são as "raças superiores" e as "raças inferiores"?

3. Relacione o Ultimato britânico de 1890 e a queda da Monarquia portuguesa, em 1910.

4. A reforma ortográfica vigente desde janeiro de 2009 pretende unificar a ortografia de todos os países em que se fala português.

   a) Que outros países, além de Brasil e Portugal, têm o português como língua oficial? Pesquise e responda no caderno.

   b) Por que nesses países se fala o português?

   c) "Acho que temos que ser muito tolerantes em relação à maneira diferente com que os outros falam. O português não é só o que nós falamos, é o que falam em todos os lugares do mundo." (Disponível em: <http://www.sesctv.org.br/revista.cfm?materia_id=46>. Acesso em: 22 set. 2014.) Qual é a mensagem do autor? Discuta com os colegas.

5. A caricatura ao lado retrata o rei Leopoldo II, da Bélgica. Observe-a e responda às questões.

   a) Como o rei foi retratado?

   b) Qual é o significado das cabeças ao seu redor?

   c) Que mensagem o autor da caricatura procurou transmitir?

   Caricatura alemã de 1905.

APRENDER A...

Trabalhar com fontes orais

Todos nós gostamos de ouvir histórias de situações vividas por nossos amigos ou familiares. O hábito de contar histórias é antigo, e algumas delas chegaram até nós porque foram passadas de pai para filho durante vários séculos.

Quando ouvimos histórias, procuramos imaginar o cenário onde se passaram, as características do lugar, as roupas com as quais as pessoas estavam vestidas e os motivos que as levaram a fazer certas coisas e não outras, etc. Muitas vezes, comparamos as situações narradas com alguma situação vivida por nós. Essas narrativas são muito importantes, pois, por meio delas, compreendemos melhor o mundo e a vida.

Crianças e adultos gostam de ouvir e contar histórias. Fotografia de 2010.

■ A importância das fontes orais para os especialistas

Pesquisadores de diferentes áreas do conhecimento reconhecem, hoje em dia, a importância das fontes orais. Além de tornarem possível a coleta de informações sobre a vida ou a maneira como as pessoas viam o mundo no passado, as fontes orais possibilitam ao historiador recuperar a memória de pessoas ou povos que não deixaram registros escritos. O uso de documentos orais não era possível há cem anos, pois os especialistas só consideravam as fontes escritas válidas para pesquisa. Além disso, a história oral tornou-se viável com a criação de técnicas para registrar a voz humana (gravadores).

As ciências sociais utilizam não só a entrevista como também outros documentos históricos para construir sua análise. Como ocorre com o uso de qualquer outra fonte, o mais importante é que o historiador saiba *o que* quer investigar e *por quê*.

> O uso de fontes orais na análise de um período histórico jamais dispensa o emprego de outras fontes, como textos escritos, fotos, objetos, etc.

■ Produção de uma análise com base em uma fonte oral

Apesar de as fontes serem orais, para que possam ser analisadas é preciso transcrevê-las. Os especialistas em História oral registram toda a entrevista que realizam e a analisam, separando, às vezes, os fragmentos que lhes interessam para determinado estudo. É o caso de Ecléa Bosi. No livro *Memória e sociedade*, a autora produziu uma análise sobre aspectos da sociedade paulistana baseando-se em entrevistas com pessoas idosas. O trecho que você vai ler é da entrevista feita com o senhor Ariosto, que na época tinha 94 anos de idade.

> Nasci na avenida Paulista, em 1900, numa travessa chamada Antônio Carlos, dia 20 de setembro. Meus pais vieram para cá como imigrantes, deixaram sua família na Europa. Da hospedaria de imigrantes eles já eram tratados para uma fazenda no estado de São Paulo e para lá meu pai foi.
>
> Naquela época não tinha maquinaria, meu pai trabalhava na enxada. Meu pai era de Módena, minha mãe era de Carpi e ficaram muito tempo na roça. Depois a família veio morar nessa travessa da avenida Paulista; agora está tudo mudado, já não entendo nada dessas ruas.
>
> Ecléa Bosi. *Memória e sociedade*: lembranças de velhos. 3. ed. São Paulo: Companhia das Letras, 1994. p. 154.

Por meio da leitura desse fragmento, podemos levantar algumas informações históricas sobre a economia da cidade de São Paulo no início do século XX e produzir uma análise. Leia abaixo uma análise possível do trecho em questão.

Pela entrevista do senhor Ariosto, pode-se saber que algumas famílias de imigrantes europeus vieram viver em São Paulo em travessas próximas à avenida Paulista.

Quando menciona que, na hospedaria de imigrantes, eles "já eram tratados para uma fazenda", ele provavelmente quer dizer que os trabalhadores eram contratados por fazendeiros já na hospedaria.

Ao comentar que "agora está tudo mudado, já não entendo nada dessas ruas", talvez o senhor Ariosto esteja se referindo ao fato de que a cidade de São Paulo, como outras no Brasil, mudou muito durante o século XX, surgindo tantas outras ruas que ele já não consegue conhecer todas.

Ele fala também que "naquela época não tinha maquinaria", indicando que, provavelmente, todo o trabalho nas fazendas era braçal. Por isso, os fazendeiros deviam contratar muita gente.

- **Levantamento de informações históricas com base em uma entrevista**

1. Leia mais um trecho da entrevista com o senhor Ariosto.
2. Com um colega, levantem informações sobre como era a vida dessa família que morava na cidade de São Paulo no início do século XX (utensílios domésticos, alimentação e comércio), e a vida da sua família hoje em dia.
3. Registrem tudo em seu caderno.

> A mamãe levantava cedinho e acendia o fogão a lenha, depois vinha acordar a gente: "– Vamos meus filhos, vamos tomar café!". Mamãe era muito boazinha. Ela servia tigelas grandes, punha o pão, jogava o leite e o café e fazia uma papinha.
>
> Mamãe cozinhava macarrão, bife à milanesa, à "parmegiana", risoto. Antigamente não tinha nada artificial. Hoje, os japoneses quando plantam já põem uma porção de adubo para dar logo, porque é muita gente e a comida não dá. Agora, a barriga fica vazia.
>
> Naquela época existia muito turco, muito mascate, eles carregavam cestas e iam batendo matracas e oferecendo sua mercadoria: "Moça, tenho muito coisa para você, tudo baratinho!". Passava a carrocinha do italiano com queijo e ele gritava: "O *formaggio*! Olha o *formaggio*! É o barateiro, o barateiro!".
>
> Armazém de secos e molhados a gente encontrava, mas era muito distante. Dois quilos de café ou dois quilos de açúcar custavam quinhentos réis. O português vendia verdura de casa em casa, um maço de couve custava um tostão.
>
> Ecléa Bosi. *Memória e sociedade*: lembranças de velhos. 3. ed. São Paulo: Companhia das Letras, 1994. p. 154-155.

No convívio com pessoas mais velhas, como os avós, crianças e jovens podem aprender muito, não só sobre o presente, mas sobretudo a respeito de épocas passadas.

MÓDULO 4

A expansão imperialista

A China e o Japão resistiram durante muito tempo às pressões dos impérios ocidentais para abrir seus portos aos mercados estrangeiros. Mas, em meados do século XIX, após constantes investidas bélicas, o Império chinês foi obrigado a se render às potências imperialistas. O Japão reagiu às investidas e tornou-se uma potência.

●●● Ópio e guerra na China

No início do século XIX, a China era um Império com cerca de 400 milhões de habitantes. O país garantia seu mercado interno e fabricava produtos sofisticados e desejados no estrangeiro.

O imperador tinha poderes absolutos, governando uma sociedade disciplinada e bastante tradicional. As potências imperialistas tentavam de todas as maneiras comprar produtos da China, mas desejavam, principalmente, vender para esse país. Porém, poucos portos ao sul da China escoavam produtos como porcelana, charão (espécie de madeira envernizada), seda e chá.

Diante da resistência chinesa, os comerciantes ingleses estimularam o consumo de ópio pelos chineses. Produzida na Índia a partir da papoula, a droga teve efeito devastador na população chinesa, levando as autoridades locais a combater a entrada de ópio em seu território. Em 1839, o ministro chinês das Relações Exteriores mandou queimar 20 mil caixas desse entorpecente. A ação foi usada como pretexto para os britânicos iniciarem uma guerra contra a China, conhecida como **Primeira Guerra do Ópio**.

A poderosa Marinha inglesa destruiu a Marinha chinesa e o governo chinês foi obrigado a assinar o **Tratado de Nanquim**, abrindo cinco portos chineses aos ingleses, além de a cidade de Hong Kong ficar sob domínio inglês por cem anos.

Batalha entre chineses e britânicos durante a Guerra do Ópio (1840-1842). Desenho de G. W. Terry e gravação de G. Greatbach, 1841.

A resistência chinesa

Outras guerras ocorreram devido ao aumento da pressão das potências estrangeiras, mas também como resultado da resistência de grupos organizados chineses. Em 1851, por exemplo, os *taipings*, integrantes de um movimento social chinês, ofereceram grande resistência ao domínio britânico e só foram completamente submetidos em 1864.

Entre 1900 e 1901, foi a vez dos *boxers*, que formavam um movimento nacionalista de resistência, cujo nome era Punhos Harmoniosos e Justiceiros, para lutar contra o domínio de ingleses, franceses, japoneses e russos em território chinês. Entretanto, esses movimentos foram derrotados e, no início do século XX, a China estava sob controle das mais ricas potências europeias e do Japão, que reagira ao imperialismo, tornando-se uma potência emergente no cenário internacional.

Membro da sociedade secreta dos Punhos Harmoniosos e Justiceiros, China, c. 1900.

O imperialismo japonês

Até o século XIX, o Japão também manteve uma política de isolar-se dos demais países. Sua economia era essencialmente agrária, o que dava grande poder e prestígio aos proprietários de terra.

O país era governado por um imperador que, na prática, não tinha poder político. Esse poder estava nas mãos do **xógum**, o chefe militar. Outro grupo importante na hierarquia japonesa era o dos **samurais**, guerreiros que serviam aos proprietários de terra. Essa estrutura social seria abalada a partir do século XIX.

A Era Meiji

Os estadunidenses, que já comercializavam com a China, necessitavam de uma base de apoio para seus navios no Japão. Em 1853, a esquadra comandada por Mathew Perry ancorou na baía de Tóquio (Edo, na época) e o comandante entregou uma carta do presidente dos EUA ao xógum, declarando sua amizade e seu interesse comercial. No ano seguinte, o xógum abriu os portos aos estadunidenses e posteriormente às potências europeias.

A partir de então, o Japão se abriu ao Ocidente, apesar da grande resistência dos grupos tradicionais.

A elite agrária se uniu então ao jovem imperador **Meiji**, que estabeleceu uma série de reformas: contratou engenheiros e militares ocidentais, construiu fábricas e ferrovias, modernizou a Marinha e o Exército e preparou o Japão para se converter em uma potência imperialista antes que se tornasse vítima da exploração colonial, como a China.

Esse período ficou conhecido como Era Meiji e transformou o Japão agrário em uma sociedade capitalista e imperialista.

Uma potência industrial

No final do século XIX, o Japão já era uma potência industrial. Necessitando de matéria-prima, mão de obra e mercado consumidor, o governo japonês adotou uma política imperialista no Oriente.

Os japoneses avançaram pela Coreia e pela China, quando ocorreu a Guerra Sino-japonesa (1894-1895). O Japão saiu vitorioso e conquistou o território da Manchúria e a ilha de Taiwan.

Entre 1904 e 1905, a Rússia entrou em conflito com o Japão, reivindicando a Manchúria; porém, os japoneses mais uma vez venceram e, além de firmar seu poder na região, conquistaram a ilha de Sacalina.

Os *zaibatsus*

A economia japonesa modernizou-se rapidamente. Alguns clãs familiares criaram os *zaibatsus*, gigantescos conjuntos de empresas de áreas diversas controladas por uma única família. Os *zaibatsus* mais famosos são Mitsubishi, Mitsui, Sumitomo, Honda e Suzuki.

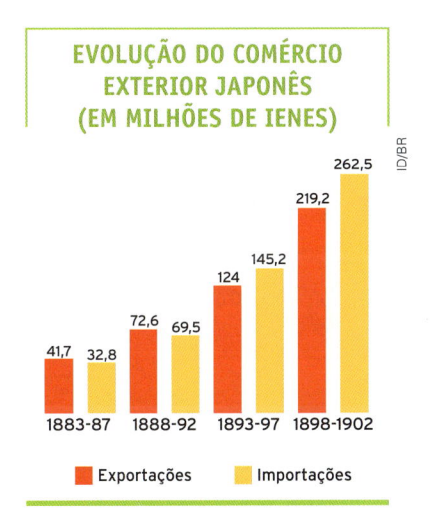

EVOLUÇÃO DO COMÉRCIO EXTERIOR JAPONÊS (EM MILHÕES DE IENES)

Período	Exportações	Importações
1883-87	41,7	32,8
1888-92	72,6	69,5
1893-97	124	145,2
1898-1902	219,2	262,5

Fonte de pesquisa: *Atlas de l'historie du monde*. Bagneux: Sélection du Reader's Digest, 2005. p. 243.

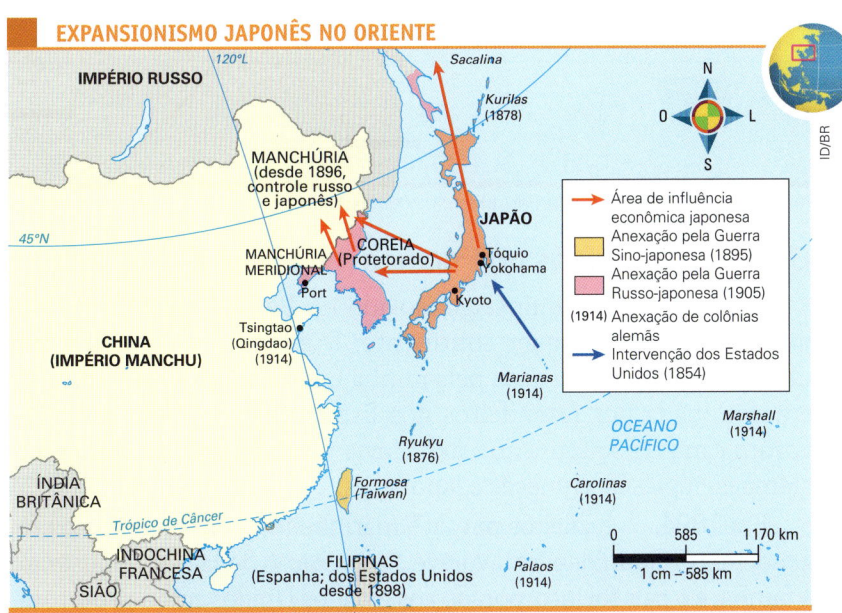

EXPANSIONISMO JAPONÊS NO ORIENTE

Legenda:
- → Área de influência econômica japonesa
- Anexação pela Guerra Sino-japonesa (1895)
- Anexação pela Guerra Russo-japonesa (1905)
- (1914) Anexação de colônias alemãs
- → Intervenção dos Estados Unidos (1854)

Fonte de pesquisa: *Atlas histórico*. Madrid: SM, 2005. p. 114.

●●● Ampliação territorial dos Estados Unidos

Assim como a Inglaterra, sua antiga metrópole, os Estados Unidos também se tornaram imperialistas. A expansão da costa leste para a oeste estendeu seu território do Atlântico até o Pacífico à custa do massacre de povos indígenas e da ocupação de metade do México.

O expansionismo estadunidense voltou-se para as últimas colônias espanholas na América: Cuba e Porto Rico e, no Extremo Oriente, as Filipinas.

Em termos econômicos, Cuba já era uma extensão dos Estados Unidos nas Antilhas. Empresas estadunidenses lá sediadas produziam açúcar, tabaco e frutas tropicais.

Inicialmente, o governo dos Estados Unidos apoiou o fim da dominação espanhola em Cuba e nas Filipinas, chegando a deflagrar um conflito com a Espanha.

Cuba ganhou independência política mas, por mais de meio século, ficou sob a tutela dos Estados Unidos, que controlaram sua economia e sua política até a Revolução Cubana, em 1959.

> **Verifique o que aprendeu** ●●●
> 1. Como a Inglaterra conseguiu romper a barreira comercial do Império chinês?
> 2. De que maneira o Japão evitou ser colonizado?
> 3. Quais eram os interesses dos Estados Unidos em Cuba?
> 4. Como foi a incorporação do Havaí aos Estados Unidos?

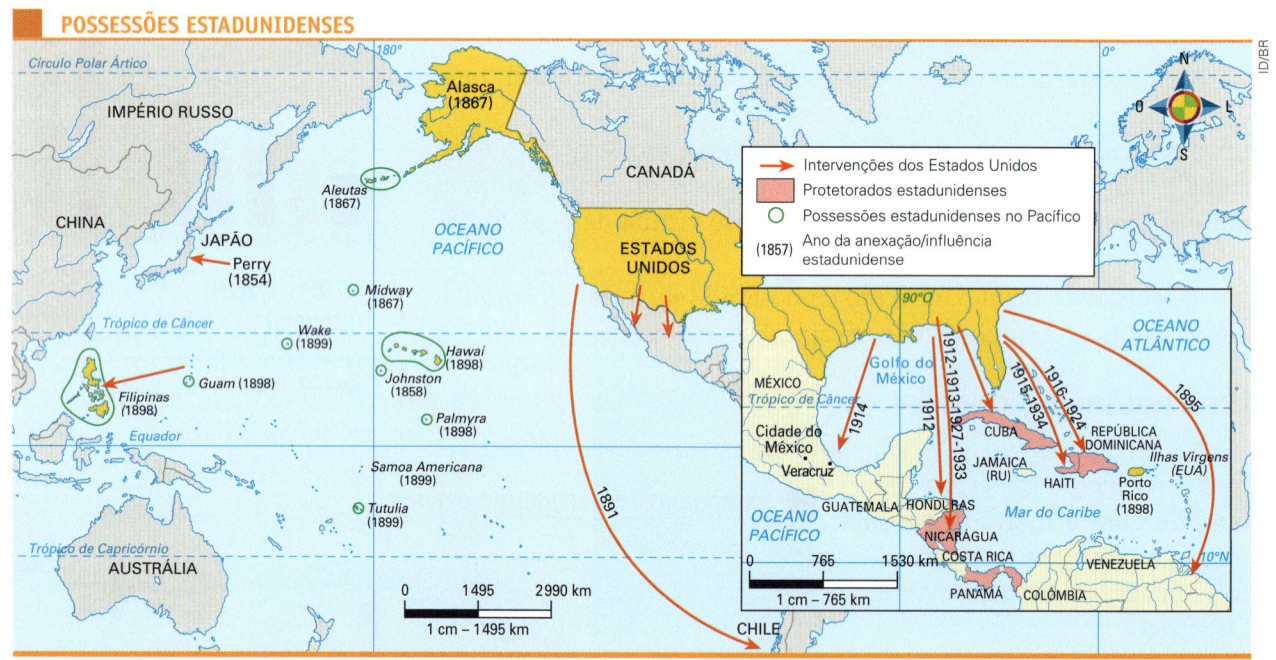

POSSESSÕES ESTADUNIDENSES

Fonte de pesquisa: *Atlas histórico*. Madrid: SM, 2005. p. 116.

Os Estados Unidos no Pacífico

O Havaí é um arquipélago isolado no Pacífico, distante 4 mil quilômetros de qualquer continente. Durante o século XIX, era uma monarquia governada pela rainha Liliíuokalani. Sua economia era dominada por fazendeiros dos Estados Unidos, que ali cultivavam cana-de-açúcar e abacaxi. Havia também grupos franceses, alemães, ingleses, chineses e japoneses.

Em 1894, os fuzileiros navais e marinheiros, com o apoio dos fazendeiros estadunidenses favoráveis à anexação do Havaí, depuseram a rainha, e o país foi incorporado aos Estados Unidos como protetorado. Em 1959, o Havaí tornou-se o 50º estado dos EUA.

> **GLOSSÁRIO**
>
> **Protetorado:** forma de sujeição colonial em que o território ou país dominado mantém algumas estruturas governamentais, assim como sua nacionalidade. À potência a que estiver subordinado cabe decidir sua política externa e garantir sua proteção.

ATIVIDADES

1. Em 1793, uma missão comercial britânica chegou à China e conseguiu ser recebida pelo próprio imperador. Os ingleses solicitavam, principalmente, autorização para abrir uma representação diplomática em Pequim, a abertura de mais portos chineses ao comércio internacional e a redução de tarifas alfandegárias. Em sua resposta ao rei da Inglaterra o imperador chinês escreveu o texto a seguir.

> [...] Nunca demos valor a artigos engenhosos, nem temos a menor necessidade das manufaturas de seu país. Portanto, ó rei, no tocante à tua solicitação de enviar alguém para permanecer na capital, ao mesmo tempo que não está em harmonia com os regulamentos do Império Celestial, sentimos também muito que isso não trará nenhuma vantagem para o teu país.
>
> Jonathan D. Spence. *Em busca da China moderna*: quatro séculos de história. São Paulo: Companhia das Letras, 1995. p. 134.

a) Quais foram as solicitações da missão comercial britânica ao imperador chinês?

b) Que sentimento o imperador chinês demonstra na resposta ao rei inglês?

2. Resolva as seguintes questões sobre o Japão.
    a) Faça um breve panorama da economia e da sociedade japonesas até o início do século XIX.
    b) Qual foi a atitude dos japoneses diante da chegada das potências ocidentais?
    c) Explique o que foi a Era Meiji e quais foram suas características.

3. Para alguns historiadores, a expansão imperialista dos Estados Unidos é continuação da expansão territorial estadunidense e da ideologia do Destino Manifesto, que preconizava que o país estava predestinado a conquistar todas as terras entre o Atlântico e o Pacífico e a dominar os povos indígenas e hispânicos. Relacione a Marcha para o Oeste e o Destino Manifesto com o imperialismo dos Estados Unidos.

4. Observe a imagem com atenção.

Botes salva-vidas resgatam sobreviventes do encouraçado *USS Maine*, bombardeado em Havana, Cuba, em 1898. Foi o início da Guerra Hispano-americana.

a) Descreva a imagem.

b) Relacione a imagem e sua legenda com a frase: "Inicialmente, o governo dos Estados Unidos apoiou o fim da dominação espanhola em Cuba".

c) O que você sabe sobre o relacionamento entre Cuba e Estados Unidos hoje? Troque ideias com os colegas.

DOSSIÊ

Os samurais

Após a renúncia do último xógum, o antigo chefe militar japonês, o imperador Meiji, nascido príncipe Mutsuhito, deu início à Era Meiji. Em menos de trinta anos, o Japão passou de sociedade agrária a um país capitalista e industrializado.

O imperador Meiji (1852-1912) investiu na formação de um Exército moderno, nos moldes das potências ocidentais, composto de ex-camponeses que aprenderam a manobrar fuzis e canhões. Para os samurais, guerreiros subordinados aos senhores proprietários de terras (daimiôs), um exército formado por pessoas do povo e sem nenhuma tradição de guerreiros era uma afronta à longa tradição cultural e militar japonesa, ao código de honra, o *bushido*, e aos seus privilégios como casta guerreira.

O imperador ainda destruiu mais de mil castelos e expropriou as terras dos daimiôs. Sem recursos, estes dispensaram os serviços dos samurais que, empobrecidos, migraram para os subúrbios de grandes cidades.

Escola de samurais

O então ministro da guerra, Saigo Takamori, descendia de uma antiga e tradicional família de samurais. Ele discordou das medidas tomadas pelo imperador, deixou o governo e fundou uma escola de samurais em Kagoshima, na ilha de Kyushu, tradicional reduto desses guerreiros.

Em Kagoshima, Saigo Takamori e seu grupo passaram a ensinar e a reafirmar as tradições culturais da nobreza japonesa: as técnicas de luta com catana, a espada com 15 camadas de aço; o uso do arco e flecha; a arte de cavalgar; as refinadas artes da caligrafia com pincel e papel de arroz, do iquebana – arranjo de flores, galhos e folhas –, da cerimônia do chá e do teatro nô, no qual os atores representam por meio de pequenos gestos e olhares. Os samurais aprendizes ainda seguiam os preceitos do budismo e do xintoísmo, a filosofia zen e cultuavam o *bushido*, que pregava a prática da lealdade, da coragem, da honra, da benevolência, da tolerância e do *seppuku*, o suicídio ritual que consiste em enfiar a catana na barriga e cortá-la. O *seppuku* era cometido quando o samurai queria evitar a desonra da derrota e do aprisionamento. Após essa demonstração de coragem, outro samurai lhe cortava a cabeça.

A escola de Kagoshima chegou a ter 20 mil alunos e, aos olhos do governo japonês, era um núcleo de rebeldes. Em 1876, como resposta às revoltas de samurais que eclodiam em todo o país, o imperador restringiu o porte de espadas aos oficiais do Exército. Os samurais revoltaram-se, pois, sem espada, tornavam-se pessoas comuns, grande humilhação para esses guerreiros orgulhosos. A situação piorou ainda mais quando o gover-

Estátua do samurai Saigo Takamori no parque Ueno, em Tóquio, no Japão.

no japonês reduziu a pensão dada a eles – sua única fonte de renda.

O fim dos samurais

Em 1877, um grupo de discípulos de Saigo impediu a transferência das armas do arsenal de Kagoshima para Osaka. Saigo liderou o movimento, e os confrontos foram desiguais: de um lado, espadas, arcos e flechas, técnica e tradição. De outro, soldados munidos de modernas armas.

Apesar do respeito e da honra que os samurais impunham, o moderno Exército japonês os venceu. Em setembro daquele ano, Saigo Takamori foi derrotado na batalha do monte Shiroyama. Takamori realizou então o *seppuku*, como mandava a tradição.

Anos depois, Takamori foi perdoado pelo governo japonês, e seu filho, Torataro, elevado à condição de nobre. Para os japoneses, Takamori foi um herói que defendeu a honra e a tradição japonesa até as últimas consequências. A história dos samurais ficou internacionalmente conhecida por meio do filme *O último samurai*, inspirado na vida de Saigo Takamori.

Cena do filme *O último samurai*, de Edward Zwick. Estados Unidos, 2003.

■ Discussão sobre o texto

1. Por que os samurais não conseguiram se adaptar ao Japão moderno?
2. Quais os princípios do *bushido*, o código de honra dos samurais?
3. Além das artes marciais, o que o samurai devia saber?
4. Quais fatos levaram os samurais a se revoltar contra o governo do Japão?
5. O que pensam os japoneses da atualidade a respeito de Saigo Takamori?

FAZENDO HISTÓRIA

O imperialismo dos Estados Unidos

O texto abaixo é um depoimento do general Smedley D. Butler, do Corpo de Fuzileiros Navais dos Estados Unidos, sobre a prática do imperialismo estadunidense. O Corpo de Fuzileiros Navais é um ramo das Forças Armadas dos EUA, diretamente subordinado ao presidente, que atua no Exército, na Marinha e na Aeronáutica. As principais características dos fuzileiros navais são a agilidade e o forte espírito combativo durante as ações. Por causa disso, eles são o símbolo da agressividade do imperialismo estadunidense.

[...] "Passei 33 anos e 4 meses no serviço ativo, como membro da mais ágil força militar do meu País – o Corpo de Fuzileiros Navais. Servi em todos os postos, desde segundo-tenente a general. E, durante tal período, passei a maior parte de meu tempo como guarda-costas de alta classe, para os homens de negócios, para Wall Street e para os banqueiros. Em resumo, fui um quadrilheiro para o capitalismo...

Foi assim que ajudei a transformar o México, especialmente Tampico, em lugar seguro para os interesses petrolíferos americanos, em 1914. Ajudei a fazer de Cuba e Haiti lugares decentes para que os rapazes do National City Bank pudessem recolher os lucros. [...] Ajudei a purificar a Nicarágua para os interesses de uma casa bancária internacional dos Irmãos Brown, em 1909-1912. Trouxe a luz à República Dominicana para os interesses açucareiros norte-americanos em 1916. Ajudei a fazer de Honduras um lugar "adequado" às companhias frutíferas americanas, em 1903. Na China, em 1927, ajudei a fazer com que a Standard Oil continuasse a agir sem ser molestada.

Durante todos esses anos eu tinha, como diriam os rapazes do gatilho, uma boa quadrilha. Fui recompensado com honrarias, medalhas, promoções. Voltando os olhos ao passado, acho que poderia dar a Al Capone algumas sugestões. O melhor que ele podia fazer era operar em três distritos urbanos. Nós, os fuzileiros, operávamos em três continentes."

[...]

Common Sense, novembro, 1935. Em: Leo Huberman. *História da riqueza do homem*. 14. ed. Rio de Janeiro: Zahar Editores, 1985. p. 266-267.

GLOSSÁRIO

Al Capone: um dos maiores criminosos da história dos Estados Unidos; atuava em contrabando de bebidas alcoólicas, jogos de azar e extorsão.

Marinheiros estadunidenses prontos para desembarcar em Xangai, na China, c. 1927.

1. Identifique o autor do depoimento acima, o período da História que ele descreveu e a sua profissão.
2. Faça uma lista dos países nos quais o general atuou como fuzileiro naval.
3. Qual é a função do Corpo de Fuzileiros Navais para o narrador do documento?
4. Quais eram os interesses das empresas estadunidenses no México, em Cuba, no Haiti, na Nicarágua, na República Dominicana, em Honduras e na China?

LENDO HISTÓRIA

Antes de ler

- O texto a seguir analisa um fenômeno político e econômico ocorrido a partir do final do século XIX. Leia o título, observe a imagem e a legenda e tente identificar que fenômeno é esse.
- De acordo com o que você estudou no capítulo, que países europeus se sobressaíram nesse período?

Apogeu e colapso do sistema internacional europeu

O período entre 1871 e 1914-1918 caracteriza-se pelo apogeu da hegemonia global do sistema europeu. O novo imperialismo forçou a entrada no sistema internacional europeu daquelas regiões do mundo que ainda se encontravam fora. Com isso, o imperialismo completou a construção da rede global de relações econômicas, estratégicas e políticas, que foram dominadas pelos principais Estados da Europa. Isso ocorreu de forma violenta, principalmente no contexto da partilha da África, da ocupação territorial de grande parte da Ásia e da abertura da China. Após essa segunda onda de expansão colonial, não havia mais no mundo qualquer vácuo de poder. Com exceção da Áustria-Hungria, todas as grandes potências europeias, bem como os Estados Unidos e o Japão, entraram no círculo das potências coloniais. Durante o período de 1871 a 1914, as potências principais alcançaram a sua hegemonia, direta ou indireta, com relativa facilidade. [...] Essa supremacia uniu-se, no final do século XIX, com uma decidida vontade europeia de dominar o mundo.

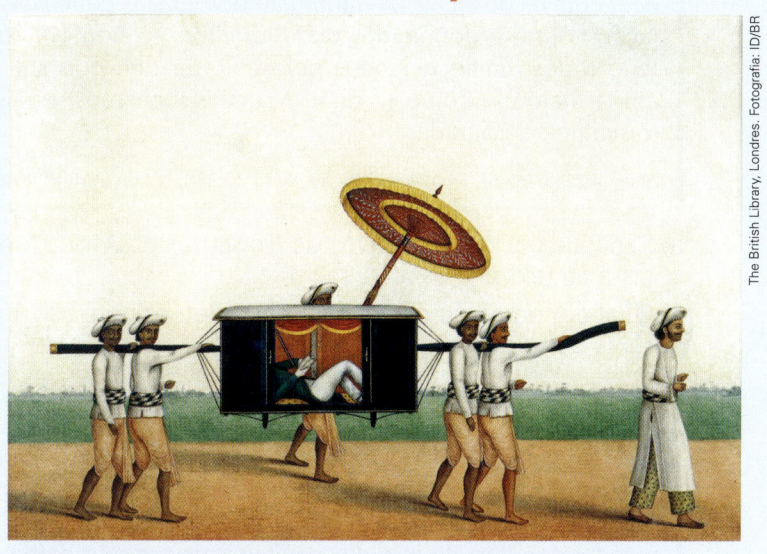

Enquanto é transportado por indianos, europeu lê reclinado em sua liteira. Aquarela sobre papel, 1835, Calcutá, Índia.

Mas os limites do poder europeu na escala mundial já eram perceptíveis durante a mesma época. Em primeiro lugar, os Estados Unidos alçaram-se, em poucos anos, [...] à condição de primeira potência industrial do mundo. [...] Em segundo lugar, o Japão começou, a partir da década de 1860, sua determinada transformação de um país agrofeudal em uma potência industrializada. [...]

Em terceiro lugar, a esmagadora supremacia europeia em termos militares sobre os países não industrializados não significava que o sul do planeta se tivesse tornado mero objeto dos desenhos colonialistas europeus, sem nenhuma capacidade de defesa ou iniciativa própria. A África e a Ásia resistiram, às vezes veementemente, à conquista europeia.

W. Dopcke. Apogeu e colapso do sistema internacional europeu (1871-1918). Em: J. F. Saraiva. *Relações internacionais*: dois séculos de História. Brasília: IBRI, 2001, v. 1. p. 106-107.

De olho no texto

1. Como o autor definiu os anos entre 1871 e 1918?
2. O que ocorreu com as grandes potências a partir de 1871?
3. Com base nas informações do texto, comente a seguinte frase: "O imperialismo marcou o apogeu e o início do declínio das potências europeias".
4. A dominação europeia foi totalmente eficaz no "sul do planeta"? Justifique.

QUESTÕES GLOBAIS

1. Leia o texto a seguir e resolva às questões.

> [...] O "poder branco", além de solidamente apoiado economicamente pela Europa e Estados Unidos, conta a seu favor com a fragmentação política e ideológica presente em toda a África Negra, bem como as rivalidades tribais, notadamente entre os shosas e os zulus.
>
> Como resultado de todo esse processo de estilhaçamento, o continente africano em seu conjunto apresenta 44% de suas fronteiras apoiadas em meridianos e paralelos; 30% por linhas retas e arqueadas, e apenas 26% se referem a limites naturais que geralmente coincidem com os de locais de habitação dos grupos étnicos. Contraditoriamente, a luta pela libertação contra o dominador extra-africano acabou por reconhecer a necessidade de manutenção dos limites deixados pelo colonizador, pois sua modificação implicaria transtornos ainda maiores. Como já disse Marcel Duchamps, essas fronteiras, ainda que "artificiais", tornaram-se "sagradas".
>
> André Roberto Martin. *Fronteiras e nações*. 4. ed. São Paulo: Contexto, 1998. p. 80-82 (Repensando a Geografia).

   a) Explique por quais motivos as fronteiras da África foram determinadas da maneira descrita no texto.
   b) Qual é o nome da conferência que deu origem às fronteiras africanas mencionadas no texto e por que ela foi realizada?

2. Leia este depoimento e responda às questões a seguir.

> Não é natural, nem justo, que os países civilizados ocidentais se amontoem indefinidamente e se asfixiem nos espaços restritos que foram suas primeiras moradas, que neles acumulem as maravilhas das ciências, das artes, da civilização, que eles vejam, por falta de aplicações remuneradoras, a taxa do juro dos capitais cair, em seus países, cada dia mais, e que deixem talvez a metade do mundo a pequenos grupos de homens ignorantes, impotentes, verdadeiras crianças débeis, dispersos em superfícies incomensuráveis, ou então, a populações decrépitas, sem energia, sem direção, verdadeiros velhinhos incapazes de qualquer esforço, de qualquer ação ordenada [...].
>
> Paul Leroy-Beaulieu. De la colonization chez les peuples modernes. Guillaumin, 1891. Em: Michel Beaud. *História do capitalismo*: de 1500 aos nossos dias. São Paulo: Brasiliense, 1989. p. 231-232.

   a) Identifique o principal argumento do autor do depoimento citado.
   b) Em sua opinião, a quem eram dirigidos depoimentos como esse?
   c) Relacione o texto acima aos conteúdos que você estudou neste capítulo.

PARA SABER MAIS

Livros

A África explicada aos meus filhos, de Alberto da Costa e Silva. São Paulo: Agir.
Com linguagem acessível, o livro apresenta a África em seus contrastes, e procura desmistificar os estereótipos cristalizados sobre esse continente, que é parte essencial da história brasileira. A obra é composta por dez conversas que tratam desde a maneira como os meios de comunicação mostram a África, até as lutas pela reconquista da independência.

A espada do samurai, de Thomas Brezina. São Paulo: Ática.
O livro conta a história de Gigi, Lu e Patrick, da turma dos Tigres, que presenciam o roubo da espada samurai e precisam desvendar por que a espada *wakizashi* é tão desejada.

Oliver Twist, de Charles Dickens. São Paulo: Companhia das Letrinhas.
Famosa obra de Charles Dickens, conta a história de Oliver Twist, órfão que foge para Londres e acaba se envolvendo com o marginal Fagin e seu bando. O livro mostra a Inglaterra do século XIX.

••• Síntese

O Neocolonialismo europeu
- Os interesses capitalistas
- A corrida colonial
- As missões civilizadoras
- A partilha da África e a Conferência de Berlim

O imperialismo inglês
- A formação do Império colonial inglês
- O domínio da Índia
- A conquista das colônias africanas
- A Guerra dos Bôeres

Outras potências coloniais na África
- As conquistas da França na África
- Portugal na corrida colonial
- O rei Leopoldo II da Bélgica e o domínio do Congo

A expansão imperialista
- A conquista da China
- O expansionismo japonês
- A Era Meiji
- O início do imperialismo dos EUA

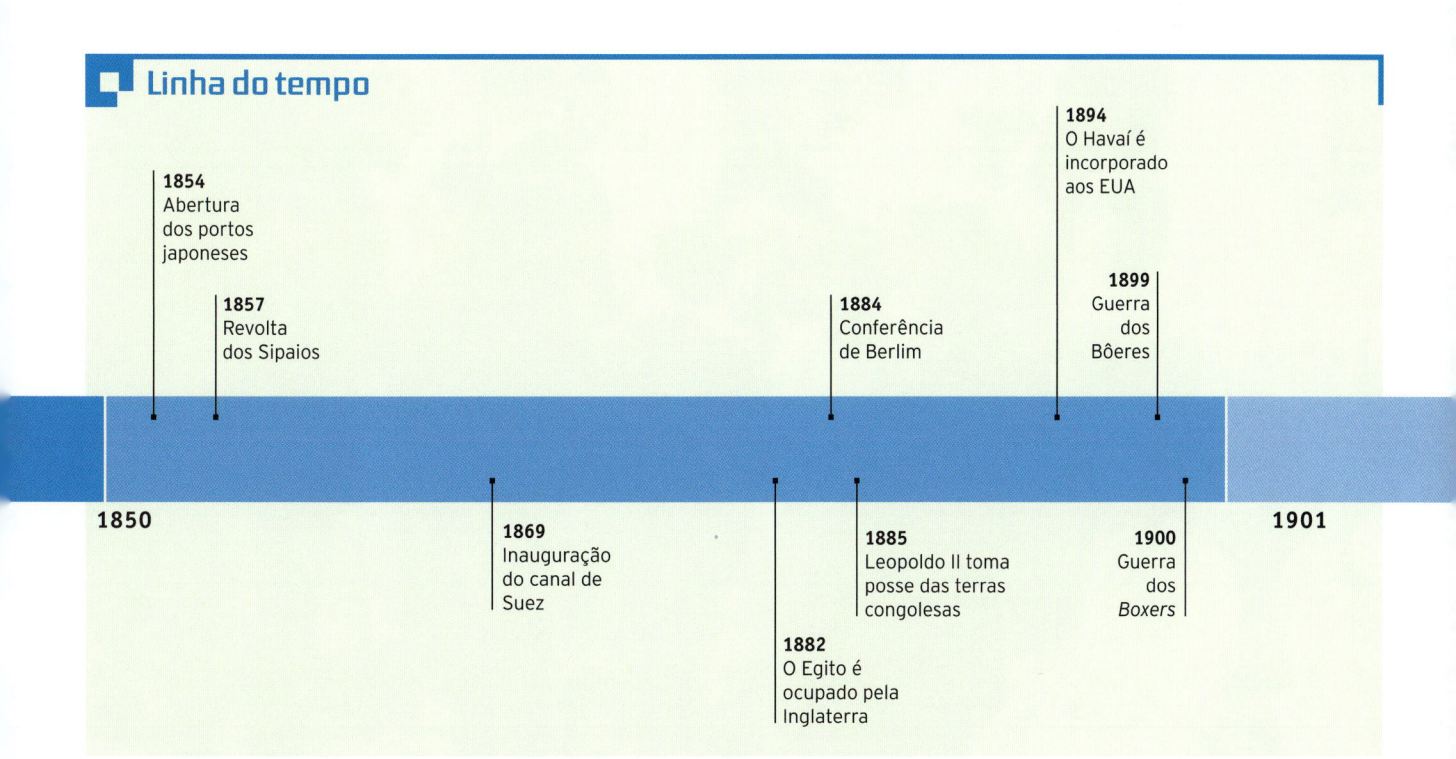

Linha do tempo

- 1850
- 1854 Abertura dos portos japoneses
- 1857 Revolta dos Sipaios
- 1869 Inauguração do canal de Suez
- 1882 O Egito é ocupado pela Inglaterra
- 1884 Conferência de Berlim
- 1885 Leopoldo II toma posse das terras congolesas
- 1894 O Havaí é incorporado aos EUA
- 1899 Guerra dos Bôeres
- 1900 Guerra dos Boxers
- 1901

Durante o período da Primeira República (1889-1930), o Brasil teve um significativo crescimento urbano. Em algumas cidades, principalmente do sudeste e do sul do país, a industrialização e o processo de urbanização alteraram a paisagem e a cultura desses lugares. Rio de Janeiro, São Paulo, Recife, Salvador e Porto Alegre eram as cidades mais populosas, porém a maioria das regiões do país permanecia predominantemente rural.

As cidades e as fábricas

CAPÍTULO 9

O QUE VOCÊ VAI APRENDER

- O crescimento urbano no Brasil
- As reformas urbanas e sanitárias no Rio de Janeiro
- A organização dos operários
- A Revolução de 1930 e o fim da República Velha

CONVERSE COM OS COLEGAS

1. Os primeiros vinte anos do século XX no Brasil foram marcados por diversas transformações econômicas e sociais. Alguns dos fenômenos mais importantes foram a ampliação da urbanização e da industrialização e a mobilização dos trabalhadores em busca de melhores condições de trabalho e vida. A fotografia ao lado representa uma dessas manifestações de trabalhadores, ocorrida no ano de 1917 no Largo do Palácio, atual Pátio do Colégio, em São Paulo, SP. Por que podemos afirmar que a cena representada está situada em uma cidade? Por que a ampliação da urbanização foi um dos fatores que propiciou o crescimento das manifestações de trabalhadores?

2. Como você descreveria a manifestação representada na fotografia?

3. A fotografia ao lado foi feita durante a greve geral de 1917. Os trabalhadores daquela época lutavam por melhores salários e jornada de 8 horas de trabalho. Atualmente quais seriam as melhorias necessárias na vida dos trabalhadores? Você conhece algum movimento de trabalhadores, como greves, passeatas e assembleias, que tenha ocorrido em sua cidade ou região?

Trabalhadores tomam o Largo do Palácio (atual Pátio do Colégio) em São Paulo, SP, durante a greve geral de 1917.

MÓDULO 1

O crescimento urbano

O crescimento da população brasileira, no século XIX e nas primeiras décadas do século XX, foi impulsionado pela chegada dos imigrantes europeus e asiáticos. Parte deles migrou para as cidades, e outra, para o campo.

●●● A chegada dos imigrantes

Famílias inteiras de italianos, espanhóis, portugueses, alemães, japoneses, entre outros, atravessaram o oceano Atlântico para trabalhar nas lavouras de café da região Sudeste. Com o passar do tempo, muitos desses imigrantes dirigiram-se aos centros urbanos, especialmente às capitais e cidades dos chamados "corredores de exportação". Esses centros dispunham de portos, estações ferroviárias, estabelecimentos de comércio e fábricas, portanto, ofereciam mais oportunidades de trabalho.

Alguns fatores ajudam a entender o **êxodo rural** dos estrangeiros:

- a insatisfação com as precárias condições de trabalho nas fazendas e as dificuldades para a aquisição de terras;
- os desentendimentos com os fazendeiros, que estavam acostumados com o trabalho escravo e não respeitavam os acordos com os colonos;
- as oportunidades de trabalho que as cidades ofereciam, como o comércio de rua, as profissões liberais, as pequenas fábricas, a construção civil, os portos, os bancos e os serviços burocráticos.

A tabela abaixo informa a população de algumas cidades brasileiras no ano de 1920. Observe a grande presença de imigrantes nas principais cidades do sul e do sudeste do país.

Sírios e libaneses dedicaram-se sobretudo ao comércio. A rua 25 de março, em São Paulo (SP), tornou-se um importante centro atacadista com predominância desses imigrantes. Fotografia de Aurélio Becherini, c. 1914.

Brasileiros e estrangeiros (1920)		
Cidades	Brasileiros	Estrangeiros
São Paulo	64%	36%
Porto Alegre	88%	12%
Curitiba	85%	15%
Rio de Janeiro	79%	21%

Fonte de pesquisa: IBGE. *Anuário estatístico de 1936*. Rio de Janeiro: IBGE, 1936. v. 2.

Família de imigrantes suíços reunidos na Hospedaria de Imigrantes, São Paulo (SP), década de 1930.

••• A urbanização e as indústrias

Entre os anos 1900 e 1930, desenvolveram-se centros industriais em cidades como São Paulo, Porto Alegre e Rio de Janeiro, então a capital do país. Entretanto, não há relação necessária entre industrialização e urbanização. Em importantes centros urbanos do nordeste do país, como Recife e Salvador, as atividades econômicas estavam basicamente relacionadas ao comércio de produtos agrícolas.

No sudeste e no sul, entretanto, urbanização e industrialização caminhavam juntas. Conforme surgiam as indústrias, apareciam mais oportunidades para que migrantes e imigrantes se estabelecessem nas cidades. Com esse afluxo em direção às zonas urbanas, criava-se também um mercado consumidor para os produtos confeccionados nas fábricas, o que intensificou o comércio daquelas regiões.

Observe o número de indústrias estabelecidas nas atuais regiões do país em 1920 e 1940.

As indústrias

As indústrias que se estabeleceram no início do século XX no Brasil eram responsáveis pela produção de bens de consumo não duráveis: tecidos, alimentos (macarrão, cerveja, etc.), sapatos. Elas requeriam mão de obra pouco qualificada e maquinário menos sofisticado que indústrias pesadas, como as siderúrgicas.

Na década de 1910, mais de 80% dos tecidos consumidos no Brasil eram produzidos internamente.

Estabelecimentos industriais por região		
Região	1920	1940
Norte	247	912
Nordeste	2 408	8 059
Sudeste	7 458	28 007
Sul	3 187	11 668
Centro-Oeste	36	772

Fonte de pesquisa: José Francisco Camargo. *Êxodo rural no Brasil*. Rio de Janeiro: Conquista, 1960. p. 104-105.

Rio de Janeiro e São Paulo

O maior desenvolvimento industrial ocorreu nas cidades de São Paulo e Rio de Janeiro. As indústrias paulistanas estabeleceram-se em áreas menos valorizadas da cidade, como os bairros da Mooca, Brás e Ipiranga.

Nas fábricas do Rio de Janeiro, a introdução da máquina a vapor, movida a carvão importado, substituía os motores movidos a água. Isso foi importante para o desenvolvimento da indústria carioca, pois o abastecimento de água na cidade era irregular, o que dificultava a produção. A energia elétrica foi implantada em fins do século XIX.

A industrialização brasileira desenvolveu-se com pouco apoio do Estado, pois este centrava seu interesse na atividade agroexportadora. Em alguns momentos, foram reduzidas as tarifas alfandegárias para a importação de maquinários industriais.

Vista de uma fábrica das Indústrias Matarazzo, nos anos 1920, em São Paulo (SP).

Lucros agrícolas investidos na cidade

O sucesso da agricultura gerou acúmulo de capital. Muitos cafeicultores passaram a investir os lucros obtidos na lavoura em atividades industriais. O desenvolvimento industrial ganhou, então, grande impulso. Apesar disso, a agroexportação, principalmente do café, continuava a figurar como a atividade econômica de maior relevância no Brasil.

A modernização das cidades

O aumento populacional e industrial foi acompanhado por uma série de mudanças na paisagem das cidades. O traçado das ruas foi alterado, pontes e viadutos foram construídos e novos serviços, como iluminação pública, transportes coletivos e saneamento básico, foram criados.

As novidades da Europa e dos Estados Unidos, como a energia elétrica, o telégrafo e as descobertas na área da medicina, chegaram lentamente aos centros urbanos brasileiros.

Já no final do século XIX, os bondes elétricos substituíram os de tração animal e, junto com os primeiros automóveis, no começo do século XX, possibilitaram que as pessoas se locomovessem mais e em menor tempo.

> **As maiores cidades do país**
>
> Até os anos 1930, o Rio de Janeiro foi a principal cidade brasileira. Sua importância estava no fato de ser a capital do Brasil desde o final do século XVIII, além de centro cultural do país.
>
> Entretanto, a partir dos anos 1920, o intenso crescimento populacional e econômico pelo qual passou São Paulo transformou-a no maior centro urbano-industrial brasileiro na segunda metade do século XX.

Obras na ladeira São João, em São Paulo (SP). Fotografia de G. Gaensly, fevereiro de 1900.

Novas formas de lazer

Muitas das alterações infraestruturais proporcionaram o surgimento de novas formas de lazer. A construção de parques e calçamentos e o alargamento de ruas e avenidas favoreciam a circulação dos pedestres. O advento da luz elétrica aumentou os espaços iluminados das cidades, ampliando as atividades noturnas.

Para as elites e os profissionais liberais, os teatros, bares e cafés eram os locais preferidos para o lazer. Para os mais pobres, sem condições de frequentar aqueles ambientes, o espaço público era uma opção para a realização de atividades musicais, festas religiosas e prática de esportes.

> **Verifique o que aprendeu**
>
> 1. O que trouxe os imigrantes para as cidades?
> 2. O que eram os "corredores de exportação"?
> 3. Por que não se pode vincular necessariamente a urbanização à industrialização?
> 4. Identifique três mudanças surgidas nas cidades a partir do crescimento da população urbana.

ATIVIDADES

1. Explique a relação entre as atividades agrícolas e o crescimento da produção industrial no Brasil.

2. Na primeira metade do século XX, a população brasileira não era predominantemente urbana. Identifique as regiões onde houve maior concentração urbana e explique as razões desse processo.

3. Observe esta imagem e responda às questões a seguir.

Rua 15 de Novembro, São Paulo (SP), cartão-postal de 1925.

a) Descreva a imagem.
b) Identifique na fotografia os elementos que podem ser associados ao processo de urbanização e modernização das cidades.

4. O anúncio abaixo foi publicado em um jornal do ano de 1929. Na primeira parte, lê-se: "As rudes exigências da vida moderna em pouco tempo acarretam aos rapazes e, sobretudo, às moças a perda de esforços. É o que se dá, com uns e outros, nas intermináveis horas de trabalho em escritórios ou estabelecimentos comerciais nem sempre suficientemente arejados, em oficinas ou usinas onde quase sempre se respire uma atmosfera carregada de poeira contaminada. Também vemos a anemia causar nas cidades grandes danos porque os pais em sua maioria ignoram ainda que ela é a porta aberta de moléstias graves. Não deveis, portanto, descuidar de um estado de fadiga ou de fraqueza que se prolonga demasiadamente. Fortificai-vos. Recorrei ao Proton, cuja recomendação nunca será demasiada".

a) Como o anúncio descreve a vida nas grandes cidades? Trata-se apenas de um apelo publicitário ou corresponde de fato à realidade da época?
b) Naquele contexto, os fortificantes e energéticos eram vistos como um auxílio valioso para as pessoas modernas. E hoje, esses produtos ainda existem? Como são anunciados?

MÓDULO 2

A capital federal

O Rio de Janeiro tornou-se capital do Brasil em 1763. Durante o século XIX transformou-se no principal centro político e social do Império. Com a proclamação da República, a cidade passou por importantes transformações urbanas, realizadas em meio a tensões e conflitos.

●●● A reurbanização

A modernização das cidades brasileiras era feita a partir dos modelos de urbanização europeus, principalmente o francês. Assim, os projetos urbanísticos e arquitetônicos para a remodelação urbana copiavam as experiências europeias, sem levar em consideração as necessidades brasileiras.

A aplicação do modelo europeu evidenciava as contradições das cidades brasileiras. Um exemplo são os tipos de moradia da cidade do Rio de Janeiro, onde se encontravam, espalhados na região central da cidade, os **palacetes**, habitações luxuosas das elites; e os **cortiços**, habitações coletivas ocupadas por trabalhadores, principalmente ex-escravos e seus descendentes.

> **GLOSSÁRIO**
>
> **Pé-direito:** altura entre o piso e o forro de um cômodo ou pavimento.

Palacetes e cortiços

Os palacetes tinham **pé-direito** alto, amplos jardins na frente, separando o espaço privado do espaço público; grandes janelas e portas, que permitiam a ventilação e a entrada de luz; e as divisões internas que demarcavam as áreas dos donos e as dos empregados.

Os cortiços eram, em parte, resultado da urbanização e do aumento desenfreado da população a partir do final do século XIX. Estabelecidos em galpões ou casarões abandonados, abrigavam várias famílias que, muitas vezes, ocupavam, cada uma, cômodos minúsculos. Contavam com pouca circulação de ar, pouca luz e precárias condições de higiene.

Esse tipo de moradia multiplicou-se principalmente por causa dos baixos salários dos trabalhadores, que não tinham condições de alugar ou comprar um imóvel adequado para sua família.

Palácio Rio Negro, Petrópolis (RJ), cartão-postal do início do século XX.

Cortiço na rua do Senado, Rio de Janeiro (RJ). Fotografia de 1906.

●●● A reforma urbana e sanitária

Durante o governo do prefeito e engenheiro Francisco Pereira Passos (1902-1906), a capital federal passou por uma série de reformas urbanas e sanitárias.

As reformas, que depois se espalharam por outras capitais do país, tinham como objetivo "higienizar o espaço público". Essa ideia de "sanear a cidade" estivera no centro das discussões na Europa no século XIX, principalmente na França, onde o Barão de Haussmann havia remodelado Paris.

Até então, o Rio de Janeiro sofria cada vez mais com a infraestrutura precária: cortiços lotados, rede de água e esgoto e coleta de lixo insuficientes.

A higienização compreendia desde a construção de sistemas de águas e esgotos eficientes até a restrição à presença de habitações populares em determinadas áreas da cidade. O objetivo de sanear a cidade implicava também eliminar as epidemias e doenças, como tuberculose, sarampo e tifo, que se alastravam pelos espaços urbanos insalubres.

Os procedimentos para realizar as reformas ligadas à saúde ficaram a cargo do Departamento de Saúde Pública, subordinado diretamente ao presidente da República, Rodrigues Alves, e dirigido pelo médico e sanitarista Oswaldo Cruz.

Charge publicada na revista *O Malho*, de 1905. O homem que está sendo enforcado é Oswaldo Cruz; sua reforma sanitária era duramente criticada pela população.

O "bota-abaixo" no Rio de Janeiro

De um modo geral, as reformas no Rio de Janeiro tiveram as seguintes características:
- abertura de avenidas e alargamento de ruas;
- destruição de prédios antigos e construção de novos, com projetos arquitetônicos modernos, como a Escola Nacional de Belas-Artes (1908) e o Teatro Municipal (1909);
- embelezamento da região central, com a extinção de becos e vielas, considerados focos de doenças e de criminalidade;
- destruição de cortiços e casebres.

A política de reformulação incluiu também a proibição de urinar e escarrar em locais públicos e a perseguição a prostitutas e mendigos.

A destruição dos cortiços e a expulsão dos "indesejáveis" do centro da cidade forçaram a mudança dos populares para as zonas periféricas. Boa parte dos habitantes dos cortiços carregou os destroços que sobraram do "bota-abaixo", nome pelo qual as reformas ficaram conhecidas, e construiu barracos nas encostas dos morros, já habitados desde 1890. Era o surgimento das favelas.

O palácio Monroe foi construído na época das reformas na cidade do Rio de Janeiro. Em 1976, porém, foi demolido. Nesta fotografia, de Augusto Malta, o palácio está sendo erguido, em 1904.

••• A Revolta da Vacina

Em 1904, houve um surto de varíola na cidade diante do qual o presidente Rodrigues Alves determinou que se fizesse uma vacinação obrigatória. Assim, em 9 de novembro, foi publicada a regulamentação para a vacinação. Considerado bastante autoritário, o documento tornava obrigatória a vacinação para todos os indivíduos, dos recém-nascidos aos idosos. Quem se opusesse seria multado ou até demitido de seu emprego.

No dia seguinte à publicação, várias manifestações ocorreram no Rio de Janeiro. Em 11 de novembro foi criada a **Liga Contra a Vacina Obrigatória**, que reunia diferentes setores da sociedade. Entre os dias 10 e 16 de novembro, a cidade se tornou palco de manifestações violentas entre populares e autoridades policiais. A revolta foi um dos mais rápidos e tensos levantes populares ocorridos até então no Distrito Federal.

No dia 16, as manifestações foram sufocadas, alguns dos envolvidos foram deportados para o Acre, e o presidente Rodrigues Alves revogou a obrigatoriedade da vacina.

Bonde virado na praça da República durante as manifestações da Revolta da Vacina, Rio de Janeiro (RJ), 1904.

A fúria contra a vacinação

A população, insatisfeita com a obrigatoriedade da vacina, produzia e distribuía panfletos e jornais acusando Oswaldo Cruz de ser um homem despótico e um cientista sem vínculos com a realidade brasileira.

A revolta contra a vacinação obrigatória se deu porque o governo não se preocupou em realizar uma campanha de esclarecimento sobre a vacina e a aplicava com violência e descaso. Além disso, a situação já estava tensa na cidade devido ao "bota-abaixo" dos cortiços.

"O espeto obrigatório", charge publicada na revista *A Avenida*, em outubro de 1904, denunciando a violência da campanha de vacinação.

> **Verifique o que aprendeu** •••
> 1. Explique como se deu a modernização das cidades brasileiras no início do século XIX.
> 2. O que foi a reforma urbana e sanitária?
> 3. Que medidas foram tomadas para a realização da reforma proposta?
> 4. Explique os fatores que levaram à Revolta da Vacina.

ATIVIDADES

1. Este é um fragmento do romance *O cortiço*, escrito por Aluísio Azevedo e publicado em 1890. Depois de ler o texto, responda às questões.

> Não obstante, as casinhas do cortiço, à proporção que se atamancavam, enchiam-se logo sem mesmo dar tempo a que as tintas se secassem. Havia grande avidez em alugá-las; aquele era o melhor ponto do bairro para a gente do trabalho. Os empregados da pedreira preferiam todos morar lá, porque ficavam a dois passos da obrigação. [...]
>
> E naquela terra encharcada e fumegante, naquela umidade quente e lodosa, começou a minhocar, a esfervilhar, a crescer, um mundo, uma coisa viva, uma geração, que parecia brotar espontânea, ali mesmo, daquele lameiro, e multiplicar-se como larvas no esterco.
>
> Aluísio Azevedo. *O cortiço*. Rio de Janeiro: Tecnoprint, s. d. p. 33-34.

a) Por que os empregados da pedreira preferiam morar nos cortiços?

b) Como o autor descreveu o local onde se instalaram os cortiços?

c) Com base no texto de Aluísio Azevedo e no que você estudou até agora, discuta com os colegas: morar em cortiços era uma escolha ou uma necessidade? Por quê?

2. Observe esta imagem e responda às questões a seguir.

Desenho de Leônidas, publicado na *Revista da Semana*, em 2 de outubro de 1904. Na legenda da publicação original aparece escrito: "Espetáculo para breve nas ruas desta cidade. Oswaldo Cruz, o Napoleão da seringa e lanceta [bisturi], à frente de suas forças obrigatórias, será recebido e *manifestado* com denodo [bravura] pela população".

a) Identifique que situação aparece representada na imagem.

b) Caracterize os dois grupos que estão se enfrentando.

c) Por qual motivo o médico Oswaldo Cruz foi chamado de "Napoleão da seringa"?

3. Relacione o surgimento das favelas às reformas urbanas do Rio de Janeiro.

MÓDULO 3
A difícil vida dos trabalhadores

O crescimento da produção industrial brasileira nas três primeiras décadas do século XX foi acompanhado pelo afluxo de pessoas do campo para as cidades. Os migrantes eram trabalhadores que sonhavam com uma vida melhor, mas enfrentaram duras condições de trabalho nas metrópoles.

O trabalho nas fábricas

Nas fábricas, os trabalhadores se defrontaram com situações bastante adversas. As jornadas de trabalho podiam chegar a 16 horas diárias, em ambientes bastante insalubres e propensos a acidentes. Mulheres e crianças recebiam os salários mais baixos.

Os trabalhadores não tinham direito a férias, descanso semanal, aposentadoria ou remuneração em caso de demissão. Nas fábricas cujas atividades não exigiam qualificação, havia grande rotatividade de mão de obra, o que evitava a formação de grupos organizados de trabalhadores nas indústrias. Não havia legislação trabalhista.

A negação do trabalho: os malandros cariocas

Enquanto as indústrias exploravam a mão de obra dos trabalhadores, a figura do "malandro" era exaltada pelos compositores de sambas e choros. O malandro foi estereotipado como o homem elegante, boêmio, que escapa à ordem social estabelecida, não se sujeitando a trabalhos formais e regras sociais.

Entre as décadas de 1910 e 1930, foram gravadas diversas canções sobre a malandragem, entre elas *O que será de mim*, de Ismael Silva (1905-1978):

Se eu precisar algum dia / De ir pro batente / Não sei o que será / Pois vivo na malandragem / E vida melhor não há [...] O trabalho não é bom / Ninguém pode duvidar / Oi, trabalhar só obrigado / Por gosto ninguém vai lá.

Disponível em: <http://ismael-silva.musicas.mus.br/letras/389205/>. Acesso em: 22 set. 2014.

O lazer dos trabalhadores

Nas horas de folga, os trabalhadores buscavam diversão nos clubes recreativos e dançantes, nos botequins ou praticando os chamados jogos de azar. Os esportes, principalmente o futebol, eram uma das preferidas e mais baratas opções de lazer. Muitos clubes esportivos foram fundados por trabalhadores em São Paulo, como o Sport Club Corinthians Paulista, criado em 1910 no bairro do Bom Retiro.

Ismael Silva, cantor e compositor de samba, durante apresentação em março de 1978, no Rio de Janeiro (RJ).

Linha de montagem de indústria automobilística na rua Sólon, São Paulo (SP), 1923.

Os bairros operários

Com as indústrias surgiram os **bairros operários**, onde residiam os trabalhadores. Geralmente eram situados em regiões menos nobres e afastadas das zonas centrais da cidade. Em São Paulo, ficaram famosos os bairros Brás, Mooca, Belenzinho, Barra Funda, Bexiga, Lapa, Bom Retiro, entre outros, onde se fixou grande parte dos imigrantes que trabalhavam nas fábricas da região.

As condições de habitação não eram muito melhores que as do Rio de Janeiro. Na cidade de São Paulo também se formaram cortiços, e a infraestrutura urbana era precária.

Apesar das longas jornadas de trabalho e das habitações precárias, os bairros operários se tornaram locais privilegiados para a sociabilidade e o lazer dos trabalhadores.

> **Memórias**
>
> Antigos moradores lembram com entusiasmo os bairros operários:
>
> "A rua era o centro de tudo. As pessoas promoviam festas, passeavam durante as noites de verão ou colocavam cadeiras na calçada para prolongadas conversas".
>
> Projeto *Memória Urbana*. A Grande São Paulo até 1940. São Paulo: Arquivo do Estado-Imprensa Oficial, 2001. p. 65.

As vilas operárias

Alguns empresários optaram por construir vilas operárias para abrigar seus empregados. Assim ficavam próximos do local de trabalho evitando, por exemplo, faltas e atrasos. Esses conjuntos habitacionais eram também um meio de controlar a vida dos funcionários que, morando nessas vilas com a família, viviam praticamente em função da fábrica.

A Vila Maria Zélia, no bairro do Belenzinho, em São Paulo (SP), foi uma das mais significativas experiências desse tipo de habitação para operários. Construída em 1916, a vila chegou a abrigar 2,1 mil trabalhadores da Companhia Nacional de Tecidos de Juta, de propriedade da família Street.

Algumas vilas operárias, inspiradas em modelos ingleses de habitação para trabalhadores, tinham infraestrutura completa: escolas, igrejas e armazéns. Alguns empresários chegavam a promover eventos sociais para seus funcionários. No complexo fabril da Companhia Brasil Industrial, no Rio de Janeiro, por exemplo, a Companhia Têxtil patrocinava uma festa dedicada à santa padroeira do empreendimento fabril, Nossa Senhora da Conceição, que contava com grande participação do operariado local.

A vila Maria Zélia teve várias edificações demolidas antes de ser tombada como patrimônio histórico em 1992. Ainda hoje sofre com a deterioração causada pelo tempo. São Paulo (SP), 2011.

A Vila dos Ingleses foi construída no final da década de 1910, e serviu de residência a engenheiros ingleses que trabalharam na Estação da Luz. São Paulo (SP), 2011.

A organização do operariado

As duras condições de trabalho nas fábricas e a ausência de leis trabalhistas tornavam difícil a vida dos operários. Diante dessa situação, surgiram, desde o final do século XIX, as primeiras manifestações e organizações de operários para reivindicar direitos trabalhistas, como a jornada de trabalho de oito horas e salários mais justos.

A presença maciça de imigrantes na mão de obra nas fábricas é um fator importante para compreender o aparecimento das organizações trabalhistas, sobretudo no Rio de Janeiro e em São Paulo. Os italianos, por exemplo, tinham experiência em associações sindicais e impulsionaram os movimentos operários no Brasil. Além disso, muitas das ideias que circulavam entre os trabalhadores brasileiros, associadas ao Socialismo e ao Anarquismo, haviam sido trazidas pelos imigrantes.

Apesar de sua importância histórica, o movimento trabalhista nesse primeiro momento limitou-se a alguns grupos e não alcançou muitos êxitos.

Trabalhadores durante a greve geral de 1917, ladeira do Carmo, São Paulo (SP). A morte do sapateiro Martinez, em julho, aumentou o clima de tensão entre operários e forças policiais.

A greve geral de 1917

Um dos movimentos mais expressivos da organização dos trabalhadores foi a greve geral de 1917, em São Paulo. O movimento teve início com a paralisação dos operários de duas fábricas têxteis. Rapidamente se espalhou para outras indústrias e cidades, mobilizando mais de 50 mil pessoas, incluindo funcionários públicos.

A paralisação estendeu-se por alguns dias. Depois de diversos conflitos entre os grevistas e a polícia, a greve terminou quando os empregadores concederam 20% de aumento aos operários e prometeram não demitir os grevistas e melhorar as condições de trabalho e moradia dos trabalhadores.

Durante a greve foi formado o Comitê de Defesa Proletária, que reivindicava melhores salários, a proibição do trabalho para menores de 14 anos, a garantia de emprego e a proibição do trabalho noturno para mulheres e menores de 18 anos.

O direito de greve

O artigo 9º da Constituição brasileira de 1988 assegura aos trabalhadores o direito à greve. A paralisação das atividades tem sido uma forma de os trabalhadores lutarem por melhores condições de trabalho e pela garantia de seus direitos. Entretanto, alguns serviços, como saúde, educação, transportes, policiamento e recolhimento de lixo, são essenciais. Nesses casos, a paralisação dos trabalhadores traz prejuízos para a população, podendo, inclusive, colocá-la em risco.

I. Que alternativas os trabalhadores desses setores têm para manifestar seus interesses e descontentamentos sem prejudicar a população? Discuta com os colegas.

Verifique o que aprendeu

1. Quais eram as condições de trabalho nas fábricas no início do século XX?
2. Descreva o estereótipo do malandro.
3. O que eram os bairros e as vilas operárias?
4. Sintetize a greve geral de 1917.

ATIVIDADES

1. Leia os dois fragmentos abaixo e responda às questões.

   > Eu vou bebê / Eu vou me embriagá / Eu vou fazê baruio / Prá puliça me pegá. / A puliça não qué / Que eu dance aqui, / Eu danço aqui / Danço acolá.
   > Versinhos carnavalescos. Em: Sidney Chalhoub. *Trabalho, lar, botequim*: o cotidiano dos trabalhadores no Rio de Janeiro da *Belle Époque*. São Paulo: Brasiliense, 1986. p. 217.

   > Pela Polícia de Costumes foram fechadas 40 sociedades dançantes julgadas perigosas para a sociedade, como meios de corrupção e desordem.
   > Notícia publicada no jornal paulistano *A Capital*, em 29 jan. 1925.

   a) Escreva corretamente no caderno os versos carnavalescos e responda: o que o sujeito da ação pretende?

   b) Quem é o sujeito da ação da notícia publicada pelo jornal *A Capital*?

   c) Relacione os dois textos com os assuntos estudados neste capítulo, procurando justificar a ação de cada um dos sujeitos.

2. A figura abaixo mostra um homem cortando uma árvore de muitos galhos com um machado. Analise a imagem e responda às questões.

   a) O que está escrito ao longo dos galhos da árvore? Escreva no caderno.

   b) O homem que corta a árvore representa algum grupo social? Qual?

   c) Identifique a data da publicação do desenho e relacione-a ao que você estudou.

   d) Procure em um dicionário o significado da palavra "anarquia" e discuta esse sistema político com os colegas.

   "Derradeiras machadadas", ilustração publicada no jornal *A plebe*, em 11 de agosto de 1917.

3. Leia este trecho e responda às questões a seguir.

   > [...] [Havia] uma elevada capacidade de exploração da força de trabalho, cujo alcance se refletia em jornadas de trabalho próximas às 16 horas diárias e na utilização brutal do trabalho da mulher e da criança. Ademais, a dependência transformava em um problema grave a sobrevivência daqueles que não mais possuíam condições de participar do mercado de trabalho.
   > Claudio Salvadori Dedecca. *Política social e política econômica*. Disponível em: <http://csbh.fpabramo.org.br/o-que-fazemos/teoria-e-debate/edicoes-anteriores/ensaio-politica-social-e-politica-economica>. Acesso em: 22 set. 2014.

   a) Levante hipóteses que expliquem por que havia intensa utilização do trabalho de mulheres e crianças.

   b) A que tipo de dependência o autor se refere?

MÓDULO 4

A oligarquia contestada

A década de 1920 foi marcada por mudanças na economia nacional, pelo crescimento da produção industrial, pelo fortalecimento das classes médias urbanas e por revoltas militares. Esses são alguns dos fatores decisivos para a compreensão da história brasileira desse período.

O desgaste da elite cafeeira

As elites cafeeiras, ligadas ao eixo São Paulo-Minas Gerais, começaram a perder força. Os primeiros sinais desse enfraquecimento apareceram nas eleições de 1919 para presidente da República.

Apesar de o paraibano Epitácio Pessoa, ligado às oligarquias paulistas e mineiras, ter sido eleito presidente, seu adversário, Rui Barbosa, conseguiu quase um terço dos votos e foi o candidato mais votado no Rio de Janeiro, capital do país e importante centro político.

Em linhas gerais, o governo de Epitácio Pessoa (1919-1922) manteve os privilégios das elites paulistas e mineiras, assegurando os lucros nas exportações de café e dando continuidade à política do café com leite, característica da Primeira República.

Charge de José Carlos de Brito e Cunha criticando os cafeicultores. Publicada na revista *Careta*, Rio de Janeiro (RJ), junho de 1912.

A sucessão de Epitácio Pessoa

Durante o último ano do governo de Epitácio Pessoa, alguns fatores mostravam que a oligarquia cafeeira vinha sofrendo desgaste político e sendo questionada por diversos setores da sociedade:

- as classes médias urbanas exigiam "eleições limpas" e o cumprimento das leis;
- foi fundado o Partido Comunista do Brasil (PCB), em 1922, para representar os operários brasileiros e reivindicar direitos trabalhistas;
- os militares estavam insatisfeitos com a nomeação de um civil, Pandiá Calógeras, para o cargo de ministro da Guerra.

As elites cafeeiras indicaram Arthur Bernardes para a sucessão de Epitácio Pessoa. A oposição fundou o **Movimento Reação Republicana**, que reuniu as elites políticas do Rio Grande do Sul, Bahia, Pernambuco e Rio de Janeiro e apresentou Nilo Peçanha como candidato.

As intrigas políticas

Muitas foram as tramas durante a Primeira República, tanto para a manutenção da política do café com leite, como na tentativa de derrotar as oligarquias cafeeiras. Em 1921, por exemplo, foram publicadas no jornal *Correio da Manhã* duas cartas falsas atribuídas ao então candidato à presidência Arthur Bernardes, em que constavam críticas aos militares. Os autores das cartas pretendiam criar atritos entre o candidato, que representava a elite cafeeira, e os grupos militares.

●●● O Tenentismo

Ainda nos últimos meses do governo de Epitácio Pessoa surgiu o Movimento Tenentista ou **Tenentismo**. Nascido entre os setores intermediários do Exército, foi protagonizado principalmente por tenentes e capitães.

Esse movimento foi marcado por uma dupla contestação: de um lado, as críticas às oligarquias que se perpetuavam no poder; de outro, a desconfiança em relação às alianças entre o alto escalão do Exército e as elites cafeeiras.

Os principais objetivos do movimento eram: centralizar e moralizar o Estado; uniformizar as leis; estabelecer o voto secreto e extinguir a corrupção; opor-se às oligarquias cafeeiras e definir um projeto de industrialização do país.

> **GLOSSÁRIO**
>
> **Estado de sítio:** medida provisória tomada por um governo que, ao se sentir ameaçado por perigo interno ou externo, como agressão de forças estrangeiras, grave ameaça da ordem, calamidade pública, suspende os direitos e garantias dos cidadãos e assume todo o poder do Estado.
>
> **Tropas legalistas:** forças que apoiavam e defendiam o governo.

Revolta dos 18 do Forte

Em 2 de julho de 1922, Epitácio Pessoa ordenou o fechamento do Clube Militar e a prisão do marechal Hermes da Fonseca, depois que este criticou duramente o governo, aumentando as tensões entre os militares e o presidente.

O ato do presidente desencadeou a chamada **Revolta dos 18 do Forte**, iniciada em 5 de julho, quando um grupo de tenentes se rebelou no Forte de Copacabana contra o governo federal.

Os momentos que antecederam o trágico desfecho que pôs fim à Revolta dos 18 do Forte, em 5 de julho de 1922.

No dia seguinte, entretanto, diversos tenentes desistiram do movimento após as trocas de tiros com as tropas legalistas e as negociações com o governo. Somente 17 tenentes e um civil que também aderiu à causa militar, os "18 do Forte", seguiram pela praia de Copacabana a fim de chegar ao palácio do Catete, sede do Governo federal. Antes disso, tiveram de enfrentar as forças do Governo. A luta foi desigual, e somente dois rebeldes sobreviveram.

Arthur Bernardes e a Revolução de 1924

Arthur Bernardes iniciou seu governo (1922-1926) sob estado de sítio. Depois do movimento no Forte de Copacabana, outro conflito oporia militares e governo dois anos mais tarde: a **Revolução de 1924**.

Os militares tomaram alguns quartéis e se estabeleceram em pontos estratégicos de São Paulo para exigir a renúncia do presidente. Após conflitos com as forças legalistas, os tenentes deixaram a cidade de São Paulo e se dirigiram para o interior, onde se juntaram a outros grupos de rebelados.

A Coluna Prestes

Militares que haviam lutado na revolta tenentista em diversas cidades do interior de São Paulo formaram a Coluna Paulista, que pretendia enfrentar as forças legalistas e derrubar o presidente Arthur Bernardes. Juntou-se aos paulistas outra coluna, formada no Rio Grande do Sul e liderada pelo tenente João Alberto e pelo capitão Luís Carlos Prestes.

Combatentes da Coluna Prestes no sertão nordestino, c. 1925.

O encontro das colunas e o início da marcha

Em abril de 1925, as duas colunas se encontraram em Foz do Iguaçu, no Paraná, e decidiram percorrer o país para divulgar as ideias da revolução tenentista e conseguir apoio popular. Surgia assim a **Coluna Prestes**, ou Coluna Prestes-Miguel Costa, referência aos comandantes da Primeira Divisão Revolucionária. Entre 1925 e 1927, a Coluna percorreu 24 mil quilômetros, passando por 12 estados.

A MARCHA DA COLUNA PRESTES

Marcha da Coluna Prestes (dez. de 1924 a fev. de 1927)

Fonte de pesquisa: *O Exército na História do Brasil*: mapas, esquemas e esboços. Rio de Janeiro-Salvador: Biblioteca do Exército-Odebrecht, 1998. p. 115.

Quem foi Luís Carlos Prestes

Nascido em Porto Alegre (RS) em 1898, Prestes teve participação decisiva na história política do Brasil do século XX. Liderou a Coluna Prestes e, após 1930, tornou-se um dos personagens centrais do comunismo no Brasil, ligando-se ao PCB e fazendo oposição ao governo de Getúlio Vargas. O "Cavaleiro da Esperança", como foi apelidado por Jorge Amado, morreu em 1990.

O fim da Coluna

O presidente Arthur Bernardes mobilizou tropas para lutar contra a Coluna, que ia perdendo adeptos com o desgaste da marcha pelo interior do país.

O cansaço e a pouca adesão popular, além das perdas nos conflitos com as forças legalistas, minaram o vigor da Coluna. Em 1927, os que ainda resistiam decidiram pôr fim ao movimento e se exilaram em países vizinhos.

Apesar de não alcançar o objetivo imaginado por seus líderes, a Coluna Prestes teve ao menos dois efeitos: no plano simbólico, evidenciou o descontentamento de setores urbanos da sociedade com os líderes políticos da década de 1920; no plano prático, corroeu a ordem política baseada nos interesses da oligarquia cafeeira.

Verifique o que aprendeu

1. Quais foram os sinais do desgaste das oligarquias cafeeiras durante o governo de Epitácio Pessoa?
2. Explique o que foi a reação republicana.
3. O que foi o Tenentismo e quais eram seus objetivos?
4. Sintetize o que foi a Coluna Prestes.

ATIVIDADES

1. Explique a frase: "Durante a década de 1920, as elites cafeeiras sofreram grande desgaste".

2. Parte das reivindicações dos grupos que se opuseram às oligarquias ligadas ao café se referia à questão do voto. Analise a imagem a seguir e responda às questões.

    a) Que estados estão representados na caricatura e como estão dispostos?

    b) O que é criticado?

    c) Na publicação original, a charge vinha acompanhada da seguinte inscrição: "A fórmula democrática. Os detentores – tenham paciência, mas aqui não sobe mais ninguém!". Essa fórmula era realmente democrática? Elabore um texto discutindo a oração.

    Charge de Storni publicada na revista *Careta*, Rio de Janeiro, agosto de 1925.

3. Leia o fragmento de texto abaixo.

    > É muito comum ouvir-se a afirmação de que os "tenentes" foram os representantes da classe média urbana. Ela é explicável pela aparente analogia [comparação] entre setores intermediários da sociedade e do Exército e pelo inegável prestígio do "tenentismo" na população urbana até o fim da década de [19]20. Entretanto, considerar o "tenentismo" um movimento representativo de classe seria uma simplificação de sua natureza. Do ponto de vista da origem social, os "tenentes" provinham em sua maioria de famílias militares ou de ramos empobrecidos de famílias de elite do Nordeste.
    >
    > Boris Fausto. *História do Brasil*. São Paulo: Edusp, 2006. p. 314-315.

    a) Segundo o autor, por que é comum associar o Tenentismo às classes médias urbanas?

    b) Identifique o argumento do autor que nega a associação simplista entre as revoltas dos tenentes e os grupos médios.

4. Faça um quadro para comparar as revoltas militares que ocorreram no Brasil na primeira metade do século XX: Revolta de 1924, Revolta dos 18 do Forte e Coluna Prestes. O quadro deve contemplar:

    - pessoas envolvidas,
    - o que exigiam.

MÓDULO 5
O fim da República oligárquica

A grave crise financeira que atingiu o mundo em 1929 e o fortalecimento das oposições à política do café com leite compuseram o cenário que marcou o fim da Primeira República no Brasil.

O fortalecimento da oposição

A chegada do ex-presidente do estado de São Paulo, Washington Luís, à presidência da República, em 1926, demonstrava que a força política dos fazendeiros paulistas e mineiros permanecia.

Mesmo após as repetidas manifestações das oposições durante o governo de Arthur Bernardes, principalmente nas revoltas tenentistas, as elites cafeeiras conseguiram eleger um candidato que continuaria com a política de privilégios dos cafeicultores. A oposição à política do café com leite, porém, fortalecia-se cada vez mais.

Em 1926, foi criado em São Paulo o **Partido Democrático**, resultado da aliança entre a classe média paulista e os setores rurais descontentes com as oligarquias. Dois anos mais tarde, foi fundado no Rio Grande do Sul o **Partido Libertador**, que fez parte da **Frente Única Gaúcha**, que lançaria o candidato Getúlio Vargas às eleições de 1930.

Washington Luís, ao centro, com a faixa presidencial, e seus ministros. Na segunda fileira, à esquerda, o ministro da Fazenda, Getúlio Vargas. Acervo Museu da Imagem e do Som, Rio de Janeiro (RJ). Fotografia de 1926.

Além dos grupos organizados, outros setores manifestavam descontentamento, como a oligarquia do Rio de Janeiro e mesmo de Minas Gerais, que tinha certa desconfiança das elites paulistas.

O impacto da crise de 1929

Nos três primeiros anos de seu governo, Washington Luís conseguiu manter estável a economia do país, com medidas que mantinham artificialmente altos os preços do café. Em 1929, porém, uma grande crise afetou a economia mundial. A Bolsa de Valores de Nova York quebrou e derrubou as finanças dos Estados Unidos e da Europa, os grandes consumidores do café brasileiro.

O preço do café despencou junto com as exportações, o que atingiu a economia nacional. Os estoques de café aumentaram muito, pois a oferta do produto era alta, mas os compradores eram poucos. Muitos fazendeiros foram à falência.

A crise mundial aumentava as tensões políticas quando já se preparava a sucessão de Washington Luís.

Contra o "perigo vermelho"

Em julho de 1927 foi aprovada a Lei Celerada, que censurava a imprensa, restringia a liberdade de expressão e limitava o direito de reunião. O governo de Washington Luís, ao confirmar a lei, tinha como objetivo reprimir a oposição feita pelos operários por meio de jornais ligados ao Partido Comunista do Brasil (PCB).

●●●● A vitória de Júlio Prestes

A crise política evidenciada nas revoltas tenentistas era também resultado da divergência de interesses das elites que governavam o país. Além da oposição, que crescia entre as classes médias urbanas e entre os militares, havia discordâncias entre os próprios políticos coligados ao eixo do café com leite.

Um exemplo das dissidências entre as elites dirigentes é a sucessão à presidência da República, em 1929. Washington Luís, nascido no Rio de Janeiro, mas ligado à política paulista, quebrou a política do café com leite ao indicar Júlio Prestes, então presidente do estado de São Paulo, e não um representante do estado de Minas Gerais.

Partidários de Júlio Prestes, São Paulo (SP), 1929.

O presidente de Minas Gerais, Antonio Carlos Ribeiro de Andrada, não concordou com a indicação, pois os políticos mineiros começavam a perder espaço na política do café com leite. Os mineiros resolveram, então, formar uma aliança com as oligarquias gaúchas, provocando uma ruptura decisiva no núcleo São Paulo-Minas Gerais.

A Aliança Liberal

Em 1929, as elites de Minas Gerais, Rio Grande do Sul e Paraíba formaram a Aliança Liberal, grupo político que reunia as oligarquias de oposição a Washington Luís e aos cafeicultores de São Paulo.

A Aliança Liberal lançou a candidatura de Getúlio Vargas, então presidente do Rio Grande do Sul, à presidência da República, com João Pessoa como vice-presidente. As principais propostas do grupo eram: estabelecer o voto secreto, realizar as reformas trabalhistas e incentivar outros produtos nacionais além do café.

O cenário político de 1930 estava assim organizado: de um lado, o paulista Júlio Prestes, que tinha o apoio dos cafeicultores, sobretudo de setores ligados aos partidos republicanos, paulista (PRP) e mineiro (PRM), e ao governo de Washington Luís; de outro, o gaúcho Getúlio Vargas, apoiado pelos estados que formavam a Aliança Liberal, pelos militares e pelo Partido Democrático de São Paulo.

> **Fraude na vitória de Júlio Prestes?**
>
> Mesmo enfrentando a oposição da Aliança Liberal e as crises econômicas derivadas da quebra da Bolsa de Nova York, o candidato do governo, Júlio Prestes, venceu as eleições ocorridas em 1º de março de 1930. Alguns grupos políticos que formavam a Aliança Liberal, porém, não aceitaram o resultado e alegaram ter ocorrido fraude eleitoral.

Comício pró-Aliança Liberal, no Rio de Janeiro (RJ), 1923.

●●● A Revolução de 1930

Júlio Prestes venceu as eleições com 57% dos votos, mas não chegou a ser empossado. A partir do mês de março, o clima político ficou ainda mais tenso. O governo federal começou a praticar a chamada "degola", processo que anulava a vitória de deputados ligados à Aliança Liberal e impedia sua posse.

Outro fato aumentou as tensões: o candidato à vice-presidência da República, João Pessoa, derrotado nas eleições de março, foi assassinado em 26 de julho, em Recife, por seu adversário político João Dantas. Por conta das disputas e dos conflitos políticos, a morte de João Pessoa foi atribuída ao governo de Washington Luís, aumentando o clima de insatisfação contra o governo federal.

Getúlio Vargas (ao centro, de cachecol) é recepcionado por populares, em Ponta Grossa (PR), 1930.

O início do movimento

Os grupos oposicionistas se organizaram para depor Washington Luís da presidência e impedir a posse de Júlio Prestes. Comandados por Góis Monteiro e Getúlio Vargas, decidiram iniciar uma revolução simultânea em Minas Gerais, no Rio Grande do Sul e na Paraíba.

Em 3 de outubro de 1930, as ações revolucionárias se espalharam pelo país até que, em 24 daquele mesmo mês, alcançaram seu primeiro objetivo: o presidente Washington Luís foi deposto.

Getúlio Vargas no poder

Após a deposição de Washington Luís foi formada uma junta provisória de governo, constituída por integrantes das Forças Armadas. A junta governou até o começo de novembro, quando Getúlio Vargas chegou ao Rio de Janeiro contando com forte apoio da população em favor da revolução.

Em 3 de novembro de 1930, Getúlio Vargas se tornou chefe do Governo Provisório do Brasil. Os revolucionários haviam alcançado seu segundo objetivo: impedir a posse de Júlio Prestes e chegar ao poder. Esse processo histórico marcou o fim da Primeira República no Brasil.

> **A Revolução de 1930**
>
> Segundo o historiador Boris Fausto,
>
> "O episódio revolucionário [de 1930] expressa a necessidade de reajustar a estrutura do país, cujo funcionamento, voltado para um único gênero de exportação, se torna cada vez mais precário".
>
> Em: *A Revolução de 1930*. São Paulo: Brasiliense, 1972. p. 112.

> **Verifique o que aprendeu** ●●●
>
> 1. Quais partidos políticos faziam oposição às oligarquias cafeeiras?
> 2. O que foi a Lei Celerada?
> 3. Explique o que foi a Aliança Liberal.
> 4. Quais eventos ocorridos em 1930, após as eleições, aumentaram as tensões políticas no Brasil?

Getúlio Vargas (ao centro) ao tomar posse, Rio de Janeiro (RJ), 1930.

ATIVIDADES

1. Relacione a quebra da Bolsa de Nova York à crise política brasileira no final dos anos 1920.

2. O que foi a Revolução de 1930?

3. A Revolução de 1930 abriu a possibilidade de participação política a segmentos sociais como a classe média, a burguesia industrial e, principalmente, elementos das oligarquias agrárias alijadas do poder. Junte-se a um colega.

    a) Com base no que vocês estudaram, discutam a importância da Revolução de 1930 para a história do Brasil. Em sua discussão, considerem os seguintes aspectos:
    - quais foram as causas e os fatores que favoreceram a ocorrência desse movimento político-militar;
    - quem foram os principais atores que levaram à deposição do presidente Washington Luís.

    b) Ao final da discussão, elaborem um texto com suas conclusões.

4. Observe esta fotografia e responda às questões a seguir.

    Getúlio Vargas no Palácio do Catete, Rio de Janeiro, em 31 de outubro de 1930.

    a) Que momento da nossa história ela representa?
    b) Quem é a personagem central?
    c) Quais são os dizeres da bandeira?
    d) O que esses dizeres nos levam a acreditar?

5. Leia o fragmento abaixo.

    > O Movimento de 1930 não pode ser entendido sem a intervenção das classes médias, mas não é uma revolução destas classes, nem no sentido de que elas sejam o setor dominante no curso da revolução, nem de que sejam seus principais beneficiários. [...]
    > A pequena burguesia [classe média] brasileira da década de 20 é uma força subordinada. Seu inconformismo para com a prática oligárquica se adapta às cisões da classe dominante [...], funcionando como "base de massa" de tais cisões.
    >
    > Boris Fausto. *A Revolução de 1930:* historiografia e História. São Paulo: Companhia das Letras, 1997. p. 109-110.

    a) A partir do texto, justifique por que o autor afirma que a Revolução de 1930 não foi uma revolução das classes médias.
    b) Como o autor caracteriza a classe média do período?

ARTE e CULTURA

Expoentes do Modernismo no Brasil

A urbanização do Brasil teve reflexos intensos na população das cidades, em especial São Paulo e Rio de Janeiro. A nova organização social, os avanços tecnológicos e a modernização da paisagem urbana e das relações sociais das cidades contribuíram para que intelectuais discutissem a identidade nacional, as mudanças pelas quais passava o Brasil e o futuro da nação em transformação.

Nascia, assim, o movimento modernista. Seus principais expoentes foram Mário de Andrade, Oswald de Andrade e Tarsila do Amaral.

Na década de 1920, o escultor Victor Brecheret fez um estudo para o Monumento às Bandeiras, que se tornaria sua obra mais famosa. A escultura só foi inaugurada nos anos 1950 e está instalada em frente ao parque do Ibirapuera, em São Paulo (SP). Fotografia de 2011.

O homem amarelo (1915-1916), óleo sobre tela de Anita Malfatti, foi uma das obras que marcaram o início do Modernismo brasileiro nas artes plásticas. Apresentada ao público na exposição de 1917, em São Paulo, a tela explorava a força das cores, tão apreciada pela artista.

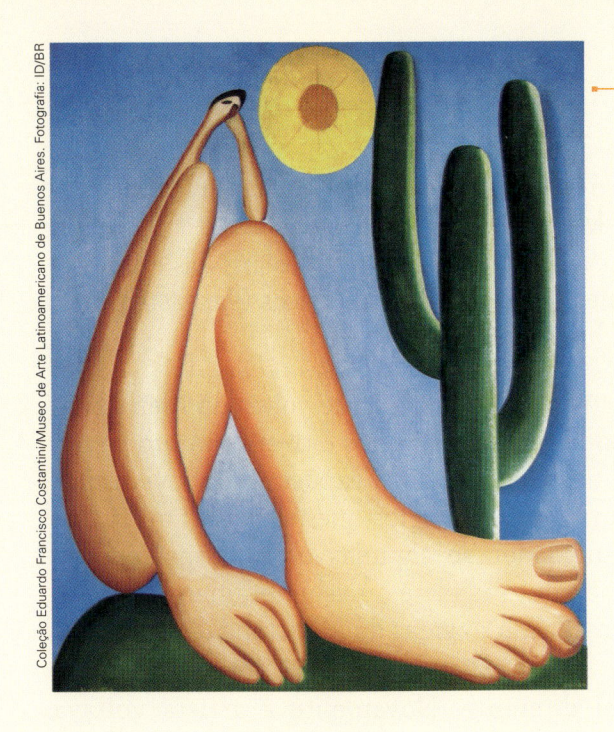

Abaporu, óleo sobre tela de Tarsila do Amaral, 1928. Esta obra foi muito importante para a criação do movimento antropofágico, desenvolvido pelo escritor Oswald de Andrade.

Mulher sentada, óleo sobre tela de Vicente do Rego Monteiro, 1924. Coleção particular. Nascido em Pernambuco, Monteiro logo juntou em sua obra traços da cultura indígena aos da vanguarda europeia. Estudou e viveu na França durante muitos anos. Participou da Semana de Arte Moderna com dez trabalhos.

Os modernistas preocuparam-se em retratar os brasileiros e sua realidade, negando os padrões artísticos estrangeiros. *O mestiço*, óleo sobre tela de Candido Portinari, 1934.

■ Atividades

1. O que levou alguns artistas a elaborar obras com temas e estilos tão inovadores para a época?
2. Pesquise o significado da palavra "abaporu", título do quadro de Tarsila do Amaral. Na sua opinião, por que a artista deu este nome à obra?

277

O Modernismo no Brasil

Em 1922, ano em que se comemorou o centenário da Independência política do Brasil, aconteceu a Semana de Arte Moderna, realizada no Teatro Municipal da capital paulista.

Mas o que foi a Semana de Arte Moderna? Um evento que reuniu diversos artistas e intelectuais que propunham o rompimento com os movimentos artísticos acadêmicos (Parnasianismo, Simbolismo) e, portanto, a "independência cultural" brasileira.

Os modernistas pretendiam atualizar culturalmente o Brasil, torná-lo independente também no plano das artes plásticas, da literatura, da música e do pensamento. Ao mesmo tempo em que os modernistas queriam uma ruptura com os movimentos artísticos tradicionais, desejavam preservar as raízes nacionais. Prova disso é o fato de nas obras de arte modernistas ser comum a combinação da *forma* adotada pelas vanguardas artísticas europeias (Cubismo, Futurismo, entre outras) com a *temática* nacional.

A Semana de Arte Moderna

O lançamento oficial do movimento aconteceu durante um evento cultural realizado no Teatro Municipal de São Paulo. Apesar de ter acontecido em apenas três dias – 13, 15 e 17 de fevereiro –, o evento ficou conhecido como Semana de Arte Moderna de 1922.

Naqueles dias, trabalhos foram expostos e discutidos; leituras e palestras foram realizadas. Na literatura destacaram-se Mário de Andrade e Oswald de Andrade. Na pintura sobressaíram-se Anita Malfatti, Tarsila do Amaral, Di Cavalcanti e Zina Aita; na escultura, Victor Brecheret, e, na música, Guiomar Novaes e Heitor Villa-Lobos. A Semana de Arte Moderna foi um marco a partir do qual muito se discutiu sobre a cultura brasileira.

Anita Malfatti antes de 1922

Porém, há manifestações anteriores a 1922 que já indicavam os caminhos tomados pela histórica semana. Uma das manifestações que esboçavam os novos rumos da arte e da cultura brasileiras foi a exposição realizada por Anita Malfatti em 1914, em São Paulo. A artista havia acabado de voltar da Alemanha, onde realizara estudos e tivera contato com a pintura moderna. A exposição da jovem pintora recebeu elogios que relevavam a "espontaneidade" de algumas obras, considerando sua pouca idade e o deslumbramento com as novidades trazidas da Alemanha.

Em 1917, a recepção à obra de Malfatti foi diferente. Novamente a artista voltava de uma viagem – agora regressava dos Estados Unidos – trazendo na bagagem algumas telas que, segundo ela própria, foram consideradas por amigos e familiares "feias, dantescas". Outros amigos, Di Cavalcanti entre eles, insistiram para que Anita Malfatti as expusesse. "Falaram e falaram até que fiz a primeira Exposição de Arte Moderna", lembrou a artista em depoimento posterior.

Apesar do bom início, logo a exposição e o trabalho de Anita Malfatti receberam duras críticas, feitas por Monteiro Lobato na edição da noite do jornal *O Estado de S. Paulo*, em 20 de dezembro de 1917. No artigo "A propósito da Exposição Malfatti", Lobato criticava duramente as obras da pintora, considerando-as uma "nova espécie de caricatura". As consequências das críticas foram ruins para a artista: muitos dos quadros comprados durante a exposição foram devolvidos, acompanhados de gestos hostis e insultos. Por outro lado, as críticas a Malfatti também aproximaram alguns artistas, intelectuais e jornalistas que se colocaram a favor da jovem pintora, entre eles Oswald de Andrade, Mário de Andrade, Di Cavalcanti e Guilherme de Almeida, que depois promoveram a Semana de Arte Moderna.

Antropofagia

Em 1928, foi publicado o "Manifesto Antropófago", na recém-fundada *Revista de Antropofagia*. Era uma resposta às questões levantadas na Semana de 1922. Redigido por Oswald de Andrade, o manifesto insistia na ideia de que a cultura brasileira deveria resultar de um ato antropofágico: deveríamos "devorar" as ideias e modelos vindos da Europa e assimilar apenas o que servisse para criar a arte brasileira.

Com frases diretas, curtas e incisivas, Oswald apresentava no manifesto sua proposta cultural, aprofundando as tensões vivenciadas desde o começo daquela década:

"Queremos a Revolução Caraíba. Maior que a Revolução Francesa. A unificação de todas as revoltas eficazes na direção do homem. [...]"
"Já tínhamos o comunismo. Já tínhamos a língua surrealista. A idade de ouro."

A ideia da Antropofagia surgiu quando Oswald de Andrade ganhou de Tarsila do Amaral, sua esposa na época, o quadro chamado *Abaporu*, que em tupi-guarani significa antropófago. A tela de Tarsila do Amaral tornou-se, então, um dos símbolos da Antropofagia, junto com o poema *Cobra Norato*, de Raul Bopp. Esses artistas foram fundamentais para a primeira fase do Modernismo.

Antropofagia, 1929, de Tarsila do Amaral. Óleo sobre tela.

■ Discussão sobre o texto

1. Explique o que foi a Semana de Arte Moderna de 1922.

2. É possível afirmar que o ano de 1917 é considerado decisivo para a compreensão do Modernismo no Brasil? Por quê?

3. O trecho abaixo é parte da conferência feita por Graça Aranha por ocasião da abertura da Semana de Arte Moderna, em 13 de fevereiro de 1922. Leia-o com atenção e faça os exercícios propostos.

   > A remodelação estética do Brasil, iniciada na música de Villa-Lobos, na escultura de Brecheret, na pintura de Di Cavalcanti, Anita Malfatti, Vicente do Rego Monteiro, Zina Aita, e na jovem e ousada poesia, será a libertação da arte dos perigos que a ameaçam do inoportuno arcadismo, do academismo e do provincialismo.
   >
   > Graça Aranha. A emoção estética na arte moderna. Em: Gilberto Mendonça Teles. *Vanguarda europeia e modernismo brasileiro*: apresentação dos principais poemas, manifestos, prefácios e conferências vanguardistas de 1857 até hoje. 10. ed. Rio de Janeiro: Record, 1987.

   a) Identifique em que parte do texto o autor explicita a proposta da Semana de Arte Moderna.

   b) Converse com um colega sobre os possíveis significados das palavras *arcadismo*, *academismo* e *provincialismo*.

4. Pesquise no dicionário o significado e os sinônimos da palavra *antropofagia*. Relacione ao que você estudou sobre o Modernismo no Brasil.

FAZENDO HISTÓRIA

Música e sociedade

Vamos conhecer trechos de dois sambas: *A Favela vai abaixo*, do carioca José Barbosa da Silva, o Sinhô, gravada em 1927, e *Despejo na favela*, do paulista Adoniran Barbosa, composta em 1969. Os dois compositores, em tempos e lugares diferentes, expressaram em suas canções o sentimento daqueles que tiveram de abandonar suas casas em virtude de reformas urbanas implementadas pelo poder público no Rio de Janeiro e em São Paulo.

Leia as letras das canções e responda às questões.

Documento A – *A Favela vai abaixo* (1927)

Minha cabocla, a Favela vai abaixo
Quanta saudade tu terás deste torrão
Da casinha pequenina de madeira
que nos enche de carinho o coração
[...]
Pra que Deus nunca deixe de olhar
por nós da malandragem e pelo morro da Favela
[...]
Minha cabocla, a Favela vai abaixo

Ajunta os *troço*, *vamo* embora pro Bangu
Buraco Quente, adeus pra sempre
meu Buraco
Eu só te esqueço no buraco do Caju
[...]
Porque lá o luar é diferente
Não é como o luar que se vê desta Favela
No Estácio, Querosene ou no Salgueiro
meu mulato não te espero na janela
Vou morar na Cidade Nova
pra voltar meu coração para o morro da Favela

Sinhô. Domínio público.

Documento B – *Despejo na favela* (1969)

Quando o oficial de justiça chegou
Lá na favela
E contra o seu desejo
Entregou pra seu Narciso
Um aviso, uma ordem de despejo
Assinada "Seu Doutor"
Assim dizia a petição:
Dentro de dez dias quero a favela vazia
E os barracos todos no chão

É uma ordem superior
Ô, ô, ô, ô, meu senhor
É uma ordem superior
Não tem nada, não, seu doutor
Não tem nada, não
Amanhã mesmo vou deixar meu barracão
Não tem nada, não
Vou sair daqui
Pra não ouvir o ronco do trator

Adoniran Barbosa (João Rubinato). *Despejo na favela*. © 1969 by Irmãos Vitale S.A. Indústria e Comércio

Favela paulistana, em fotografia de 1964.

1. Sintetize a história narrada em cada uma das letras das canções.
2. Relacione os temas das canções aos assuntos estudados neste capítulo.
3. Que medida foi tomada pelos moradores nas duas narrativas? Isso pode acontecer nos dias de hoje? Explique.

LENDO HISTÓRIA

Antes de ler

- O título deste documento é "O conceito de oligarquia". A partir do que você estudou no capítulo, o que você já sabe sobre o assunto?
- Observe a data em que o documento foi escrito. Ela corresponde ao período em que dominou no Brasil o fenômeno referido no título? Comente.

O conceito de oligarquia

Antes de outubro de [19]30, os oponentes ao sistema de poder existente, ou aqueles que somente disputavam o poder sem querer mudar o sistema, atribuíam ao velho termo de origem grega o seguinte sentido: todo grupo no poder era uma "oligarquia", e o emprego do termo trazia sempre uma conotação negativa. A oligarquia pode ser vista como o inimigo comum que unia as diversas "falas revolucionárias" dos militares rebelados e da oposição política, pois as "oligarquias" eram sempre os grupos no poder; há por vezes a conotação de grupos familiares. Estudiosos da vida republicana brasileira como Alberto Torres veem, desde sua proclamação, a pretensão de se instalar no Brasil uma "oligarquia timocrática" – baseada no patrimônio, na honra e na riqueza –, e não uma democracia.

Até outubro de [19]30, de um modo geral, os poderes políticos apontados como fundamentais são as "oligarquias estaduais". Há uma bibliografia que trata especificamente da chamada "República Velha" (conforme designação do período pelo governo vitorioso em outubro de [19]30) ou da chamada Primeira República (conforme categoria criada nos anos [19]70 por Edgar Carone, inspirado na periodização francesa); praticamente toda ela vê o período que vai de 1889 a 1930 como uma unidade, formando um todo articulado e coerente expresso por suas características sobretudo políticas, econômicas e sociais. Nessa visão, o movimento de outubro de [19]30, a "Revolução de [19]30", e o governo dele decorrente encerram uma etapa e começam outra. Essa ruptura, criada pela memória e história oficiais – ao exorcizar uma "República Velha" e louvar uma "República Nova" –, é assumida pela historiografia das mais diversas tendências até metade dos anos [19]70.

Vavy Pacheco Borges. *Tenentismo e revolução brasileira*. São Paulo: Brasiliense, 1992. p. 140-141.

Arthur Bernardes, penúltimo presidente da República oligárquica, com políticos que apoiavam sua plataforma política para as eleições de 1922.

De olho no texto

1. Identifique quais conotações são associadas ao termo *oligarquia* durante a Primeira República.
2. De acordo com o texto, explique o significado de oligarquia timocrática.
3. Leia a frase a seguir e relacione-a com um dos temas estudados neste capítulo: "Até outubro de [19]30, de um modo geral, os poderes políticos apontados como fundamentais são as 'oligarquias estaduais'".
4. Explique qual a diferença entre os termos *República Velha* e *Primeira República*.

QUESTÕES GLOBAIS

1. Explique quais foram as dificuldades enfrentadas pelos trabalhadores empregados nas fábricas durante as primeiras décadas da República.

2. Junte-se a um colega. Leiam o texto abaixo e resolvam as questões seguintes.

> A conspiração foi-se alastrando pelas unidades militares. Ao Forte de Copacabana, pela sua projeção, como também pelo fato de estar em seu comando o capitão Euclides da Fonseca, filho do Marechal Hermes da Fonseca, caberia a ação inicial de rebeldia da mocidade militar brasileira. Como escreveu Osvaldo Torres Galvão:
>
> "Dos revoltosos de 1922 em diante – sejam eles os sobreviventes dos legendários 18 do Forte, que, na realidade, eram apenas onze, sejam os jovens cadetes desligados da Escola Militar que percorreram como Nelson de Melo e outros, os sertões do Brasil, na marcha da Coluna Invicta, sejam os velhos revolucionários combatentes de outras batalhas como o General Isidoro Lopes e o Coronel João Francisco, todos eles lutaram ao seu modo e pela forma que julgavam melhor, para exterminar a raiz do despotismo político dos obsoletos e anacrônicos partidos republicanos, eternamente situacionistas, e impor o voto secreto e as leis sociais de que o Brasil tanto necessitava. Essa a razão por que, em 1930, irmanados nos mesmos ideais e sob a mesma bandeira, os chefes e soldados eram [...] unidos para fazer a Revolução, antes que o povo a faça. Porque sempre foi obra de sabedoria política prevenir antes que remediar!"
>
> Deste modo, aparentemente movido por causas que um observador apressado definiria como meramente corporativas, o Exército começava a grande luta pela restauração republicana e o troar dos canhões do Forte de Copacabana anunciaria a grande revolução brasileira.
>
> *O Exército na História do Brasil*. Rio de Janeiro-Salvador: Biblioteca do Exército-Odebrecht, 1998. v. 3. p. 87.

a) Há palavras no texto que vocês desconhecem? Se houver, troquem ideias sobre seus possíveis significados e, se necessário, consultem o dicionário.

b) A que movimento o texto se refere?

c) Identifique e nomeie os eventos citados no texto.

d) Esse movimento foi homogêneo? Justifique.

e) Com base no que você estudou neste capítulo, relacione as revoltas citadas no texto com o momento político brasileiro daquele período.

PARA SABER MAIS

Livros

Clube dos contrários, de Silvia Zatz. São Paulo: Companhia das Letras.
A personagem principal deste livro quer provar que as coisas podem ser diferentes. Assim, toma providências para lutar contra o que está estabelecido.

Diário da guerra de São Paulo, de Fernando Bonassi. São Paulo: Publifolha.
O livro mostra a história de uma cidade devastada pela guerra e que é comandada por crianças. A narração se dá por meio do diário de um jovem. Essa cidade pode ter sido São Paulo em outros tempos.

Oswald de Andrade, de Carla Caruso. São Paulo: Callis.
O livro conta a história de Oswald de Andrade, sua força diante da sociedade conservadora da primeira metade do século XX no Brasil e a inovação da concepção artística do escritor.

***Tarsila do Amaral*: a primeira dama da arte brasileira**, de Heloiza de Aquino Azevedo. Jundiaí: Árvore do Saber.
O livro apresenta as principais obras da artista. Narra a sua vida, o contexto de sua formação, atuação e as dificuldades enfrentadas em uma sociedade de elite conservadora.

Site

<http://www.mam.org.br>. *Site* do Museu de Arte Moderna de São Paulo.
Traz um rico acervo de diversos artistas modernistas brasileiros. Acesso em: 22 set. 2014.

Síntese

O crescimento urbano
- O êxodo dos imigrantes
- A urbanização e as indústrias
- Lucros agrícolas investidos nas cidades
- A modernização das cidades

A capital federal
- Reurbanização
- Reforma urbana e sanitária
- A Revolta da Vacina

A difícil vida dos trabalhadores
- O trabalho nas fábricas
- Os bairros operários
- A organização do operariado
- A greve geral de 1917

A oligarquia contestada
- O desgaste da elite cafeeira
- O Tenentismo
- A Revolta dos 18 do Forte
- A Revolução de 1924 e o governo de Arthur Bernardes
- A Coluna Prestes

O fim da República oligárquica
- O fortalecimento da oposição
- O impacto da crise de 1929 no Brasil
- A Aliança Liberal e a vitória de Júlio Prestes
- A Revolução de 1930
- Getúlio no poder

Linha do tempo

1901

1904 — Revolta da Vacina

1909 — Inauguração do Teatro Municipal do Rio de Janeiro

1922 — Revolta dos 18 do Forte; Semana de Arte Moderna

1922 — Fundação do Partido Comunista do Brasil (PCB)

1930 — Assassinato de João Pessoa; Revolução de 1930

1930 — Deposição de Washington Luís; Getúlio Vargas se torna chefe do Governo Provisório do Brasil

1930

PROJETO

Exposição fotográfica: paisagens urbanas no passado e no presente

Objetivo

Neste projeto, você organizará uma exposição que exibirá imagens de algumas das principais cidades brasileiras no passado e no presente. O material será exposto para a comunidade escolar em um evento da escola ou durante um período considerado ideal pela turma da sua classe. O público que irá à exposição deverá perceber as transformações sofridas no tempo por esses espaços e obter algumas informações que o ajudem a compreender o porquê dessas mudanças.

Organização

- A classe deverá ser organizada em grupos, que serão formados de acordo com a orientação do professor.
- As imagens abaixo serão sorteadas entre os grupos. Elas indicarão os locais a serem pesquisados.

Avenida Paulista, cidade de São Paulo (SP), 1902.

Antigo porto em Boa Viagem, Recife (PE), 1906.

Praça da Matriz, na cidade de Cuiabá (MT), 1915.

Avenida Eduardo Ribeiro, Manaus (AM), 1907.

- Depois de saber o local que seu grupo irá estudar, efetuem os seguintes procedimentos.

Levantamento de informações

Cada grupo realizará uma pesquisa em diversas fontes para levantar informações sobre o local retratado.

O levantamento deverá ser feito em duas etapas.

1ª etapa do levantamento

- Você e seu grupo levantarão dados do local escolhido para estudar. Para identificar de que época deverão ser as informações buscadas, leia a legenda da fotografia. (Exemplo: Avenida Paulista, cidade de São Paulo [SP], 1902.)
- Poderão ser coletados dados sobre a construção do(s) edifício(s) que aparece(m) na fotografia ou sobre a ocupação da região.
- São importantes também informações sobre a classe social a que pertenciam as pessoas que moravam na região (ricos, classe média, pobres) ou sobre a atividade econômica predominante.

2ª etapa do levantamento

- Será necessário também o recolhimento de informações sobre o mesmo lugar nos dias de hoje.
- Os dados a serem levantados são: população da cidade na época da fotografia e hoje; principais atividades econômicas da cidade na data da fotografia e hoje; caso seja possível, investigar em que período/data os prédios que aparecem na foto foram construídos.

O grupo deverá buscar em *sites* imagens recentes do local pesquisado.

As informações deverão ser registradas de maneira organizada, agrupando-se os dados em folhas independentes (para cada lugar, uma folha diferente).

Os membros do grupo deverão se reunir e dividir as tarefas de maneira que todos trabalhem igualmente.

Reunião com o grupo

- Depois do levantamento, o grupo deverá realizar uma reunião para organizar os dados e imagens coletados.
- No dia marcado para a reunião da equipe, cada componente do grupo trará os registros que realizou.
- O grupo deverá decidir que informações serão aproveitadas no trabalho. Para isso, será preciso associar as informações às imagens.
- Para explicar ao público o contexto das imagens, o grupo elaborará um texto de apresentação.
- Uma pessoa poderá ser escolhida para escrever o texto e, depois, apresentá-lo ao grupo para revisão.

Montagem da exposição

Para montar a exposição, você precisará produzir legendas para as imagens e um texto de apresentação.

Legendas

- Sobre o local retratado nas fotografias – como nome, bairro onde está localizado, data em que foi fotografado, quem o fotografou e, se possível, por que fotografou o local.
- Apontar para o leitor as principais transformações ocorridas no local que podem ser percebidas na observação das imagens.

Exposição das fotografias

- As fotografias de todos os grupos deverão ser organizadas em painéis. A classe poderá decidir os critérios para essa organização.

O texto de apresentação aparecerá no início e, em seguida, virão as imagens.

Referências bibliográficas

100 anos de República: um retrato ilustrado da História do Brasil (1889-1903). São Paulo: Nova Cultural, 1989.

AGULHON, Maurice. *1848*: o aprendizado da República. Rio de Janeiro: Paz e Terra, 1991.

ALBUQUERQUE, M. M. de. *Atlas histórico escolar*. Rio de Janeiro: FAE, 1991.

ALENCASTRO, Luiz Felipe de (Org.). *História da vida privada no Brasil*. v. 2: *Império*: a Corte e a modernidade nacional. v. 2. São Paulo: Companhia das Letras, 2004.

ARENDT, Hannah. *Origens do totalitarismo*. São Paulo: Companhia das Letras, 1999.

ARMITAGE, João. *História do Brasil*. Belo Horizonte-São Paulo: Itatiaia-Edusp, 1981.

Atlas de L'Histoire du Monde. Bagneux: Reader´s Digest, 2005.

Atlas geográfico escolar. 6. ed. Rio de Janeiro: IBGE, 2012.

BARRACLOUGH, Geoffrey; PARKER, Geoffrey. *Atlas da história do mundo*. 4. ed. São Paulo: Folha da Manhã S.A., 1995.

BETHELL, Leslie (Org.). *História da América Latina*: da independência a 1870. São Paulo: Edusp, 2001. v. 3.

BOAHEN, Albert Adu. *História geral da África*: a África sob dominação colonial, 1880-1935. São Paulo: Ática-Unesco, 1991. v. 7.

BOJADSEN, Angel (Coord.). *Dona Leopoldina*: cartas de uma imperatriz. São Paulo: Estação Liberdade, 2006.

BOLÍVAR, Simón. *Escritos políticos*. Campinas: Ed. da Unicamp, 1992.

BORGES, Vavy P. *Tenentismo e revolução brasileira*. São Paulo: Brasiliense, 1992.

BOSI, Ecléa. *Memória e sociedade*: lembranças de velhos. São Paulo: Companhia das Letras, 2004.

BOYLE, David. *O manifesto comunista*. Rio de Janeiro: Jorge Zahar Editor, 2006.

BRANDÃO, Helena Nagamine. *Gêneros do discurso na escola*: mito, conto, cordel, discurso político, divulgação científica. São Paulo: Cortez, 2000.

BRASIL. Ministério da Educação. Instituto Nacional de Estudos e Pesquisas Educacionais. *Matrizes curriculares de referência para o Saeb*. Brasília: MEC/SEF, 1999.

_____. Ministério da Educação. Instituto Nacional de Estudos e Pesquisas Educacionais Anísio Teixeira. *Enem*: documento básico. Brasília: MEC/SEF, 2002.

_____. Ministério da Educação. Secretaria de Educação Básica. *Orientações curriculares para o Ensino Médio*. Ciências Humanas e suas Tecnologias. Brasília: MEC/SEF, 2006.

_____. Ministério da Educação e Cultura. Secretaria de Educação Básica. Departamento de Políticas de Educação Infantil e Ensino Fundamental. *Ensino Fundamental de nove anos*: orientações gerais. Brasília: MEC/SEF, 2004.

_____. Ministério da Educação e do Desporto. Secretaria de Educação Fundamental. *Parâmetros curriculares nacionais*: 5ª a 8ª séries do Ensino Fundamental. Brasília: MEC/SEF, 1998.

BRESCIANI, Maria Stella M. *Londres e Paris no século XIX*: o espetáculo da pobreza. São Paulo: Brasiliense, 1996.

CARVALHO, José Murilo de. *D. Pedro II*: ser ou não ser. São Paulo: Companhia das Letras, 2007.

_____. *Os bestializados*. São Paulo: Companhia das Letras, 1996.

CHALHOUB, Sidney. *Trabalho, lar, botequim*: o cotidiano dos trabalhadores no Rio de Janeiro da *belle époque*. São Paulo: Unicamp, 2001.

COSTA, Emília Viotti da. *Da monarquia à República*: momentos decisivos. 9. ed. São Paulo: Unesp, 2011.

COSTA E SILVA, Alberto. *A enxada e a lança*. A África antes dos portugueses. Rio de Janeiro: Nova Fronteira, 2011.

_____. *A manilha e o libambo*. A África e a escravidão de 1500 a 1700. Rio de Janeiro: Nova Fronteira, 2011.

DELORS, J. *Educação*: um tesouro a descobrir. São Paulo: Cortez/Unesco, 2003.

Doratioto, Francisco. *Maldita guerra*: nova história da Guerra do Paraguai. São Paulo: Companhia das Letras, 2003.

Fausto, Boris. *A Revolução de 1930*: historiografia e História. São Paulo: Companhia das Letras, 2000.

_____. *História do Brasil*. 13. ed. São Paulo: Edusp, 2008.

Ferreira, Jorge; Delgado, Lucília de Almeida Neves (Org.). *O Brasil republicano*: o tempo do liberalismo excludente – da Proclamação da República à Revolução de 30. Rio de Janeiro: Civilização Brasileira, 2003. v. 1.

Ferro, Marc (Org.). *O livro negro do colonialismo*. Rio de Janeiro: Ediouro, 2004.

Florescano, Enrique. *Espejo mexicano*. México: FCE, 2002.

Fuentes, Carlos. *O espelho enterrado*. Rio de Janeiro: Rocco, 2001.

Goldman, Noemi; Salvatore, Ricardo (Coord.) *Caudillismos rioplatenses*: nuevas miradas a um viejo problema. Buenos Aires: Eudeba, 1998.

Guerra, François-Xavier; Annino, Antonio. *Inventando la nación*: Iberoamerica en el siglo XIX. México: FCE, 2003.

Guran, Milton. *Agudás*. Os "brasileiros" do Benin. Rio de Janeiro: Nova Fronteira/Gama Filho, 2000.

Hernandez, Leila Maria Gonçalves Leite. *A África na sala de aula*. 3. ed. São Paulo: Selo Negro, 2008.

Hobsbawm, Eric. *A era das revoluções*. 1789-1848. 25. ed. Rio de Janeiro: Paz e Terra, 2009.

_____. *A era dos impérios*. 1875-1914. Rio de Janeiro: 13. ed. Paz e Terra, 2009.

_____. *Mundos do trabalho*: novos estudos sobre história operária. 3. ed. Rio de Janeiro: Paz e Terra, 2000.

_____. *Nações e nacionalismo desde 1780*: programa, mito e realidade. 5. ed. Rio de Janeiro: Paz e Terra, 2008.

Humboldt, Alexander von. *Ensayo político sobre el reino de la nueva España*. 6. ed. México: Espanhola, 1941. v. 2.

Jasmin, Élise. *Cangaceiros*. São Paulo: Terceiro Nome, 2006.

Junqueira, Mary Anne. *Estados Unidos*: consolidação da Nação. Campinas: Contexto, 2001.

Kapuscinski, Ryszard. *Ébano – Minha vida na África*. São Paulo: Companhia das Letras, 2003.

_____. *O Imperador*. Os bastidores do palácio de Hailé Selassié I, o tirano que governou a Etiópia por 44 anos. São Paulo: Companhia das Letras, 2005.

Karnal, Leandro et al. *História dos Estados Unidos*: das origens ao século XXI. São Paulo: Contexto, 2007.

Kok, Glória. *Rio de Janeiro na época da Av. Central*. São Paulo: Beï Comunicação, 2005.

Lebrun, François (Dir.). *Atlas historique*. Paris: Hachette, 2000.

Lênin, Vladimir. I. *O imperialismo*: fase superior do capitalismo. São Paulo: Centauro, 2008.

Linhares, Maria Yeda (Org.). *História geral do Brasil*. 9. ed. Rio de Janeiro: Elsevier, 2000.

Magalhães, Gonçalves. *Suspiros poéticos e saudades*. Alicante: Biblioteca Virtual Miguel de Cervantes, 2003.

Marins, Paulo César Garcez. *Através da rótula*: sociedade e arquitetura urbana no Brasil, séculos XVII a XX. São Paulo: Humanitas, 2002.

Mawe, John. *Viagens ao interior do Brasil*. Belo Horizonte-São Paulo: Itatiaia-Edusp, 1978.

Mayer, Arno J. *A força da tradição*: a persistência do antigo regime (1848-1914). São Paulo: Companhia das Letras, 1987.

Mesgravis, Laima. *A colonização da África*. São Paulo: Atual, 1994.

Moraes, José G. V. de. *Cidade e cultura urbana na Primeira República*. 6. ed. São Paulo: Atual, 2008.

Referências bibliográficas

MOREIRA, Silvia. *São Paulo na Primeira República*. São Paulo: Brasiliense, 1988. (Col. Tudo é História).

MORRIS, Richard B. (Org.). *Documentos básicos da história dos Estados Unidos*. Rio de Janeiro-São Paulo: Fundo de Cultura, 1964.

NÓVOA, A. (Coord.). *Os professores e sua formação*. Lisboa: Dom Quixote, 1992.

PAZ, Octavio. *O labirinto da solidão*. 4. ed. São Paulo: Paz e Terra, 2006.

PERRENOUD, P. *Construir as competências desde a escola*. Porto Alegre: Artmed, 1999.

_____ et al. *As competências para ensinar no século XXI*. Porto Alegre: Artmed, 2002.

PRADO JÚNIOR, Caio. *História econômica do Brasil*. São Paulo: Brasiliense, 2006.

PRADO, Maria Lígia C. *América Latina no século XIX*: tramas, telas e textos. São Paulo: Edusp, 2004.

PRIORE, Mary Del et al. *Documentos de História do Brasil*. São Paulo: Scipione, 1997.

Projeto memória urbana: a Grande São Paulo até 1940. São Paulo: Arquivo do Estado/Imprensa Oficial, 2001.

ROMERO, José Luis. *América Latina*: as cidades e as ideias. Rio de Janeiro: Ed. da UFRJ, 2004.

SAID, Edward. *Cultura e imperialismo*. São Paulo: Companhia de Bolso, 2011.

SALIBA, Elias Thomé. *As utopias românticas*. 2. ed. São Paulo: Estação Liberdade, 2003.

SAN MARTIN, José. *Escritos políticos*. Petrópolis: Vozes, 1990.

SANTOS, Carlos José F. *Nem tudo era italiano*: São Paulo e pobreza (1890-1915). São Paulo: Annablume, 2008.

SERRA et al. *Atlas histórico*. Madrid: SM, 2005.

SEVCENKO, Nicolau (Org.). *História da vida privada no Brasil*. v. 3: República: da *belle époque* à era do rádio. São Paulo: Companhia das Letras, 1998.

_____. *Literatura como missão*: tensões sociais e criação cultural na Primeira República. São Paulo: Companhia das Letras, 2003.

_____. *Revolta da vacina*: mentes insanas em corpos rebeldes. São Paulo: Scipione, 1993.

SODRÉ, Nelson Werneck. *História da literatura brasileira*. 10. ed. Rio de Janeiro: Graphia, 2002.

SOUZA, Marina de Mello e. *África e Brasil africano*. São Paulo: Ática, 2007.

TAVARES, Luis Henrique Dias. *A conjuração baiana*. São Paulo: Ática, 1998.

TEIXEIRA, Aloísio (Org.). *Utópicos, heréticos e malditos*: os precursores do pensamento social de nossa época. Rio de Janeiro: Record, 2002.

TRONCA, Ítalo. *Revolução de 1930*: a dominação oculta. 10. ed. São Paulo: Brasiliense, 2004. (Col. Tudo é História).

VAINFAS, Ronaldo (Dir.). *Dicionário do Brasil imperial* (1822-1889). Rio de Janeiro: Objetiva, 2008.

VYGOTSKY, L. S. *A formação social da mente*. São Paulo: Martins Fontes, 2007.

_____. *Pensamento e linguagem*. São Paulo: Martins Fontes, 2008.

WESSELING, Henk L. *Dividir para dominar. A partilha da África, 1880-1914*. Rio de Janeiro: Revan/UFRJ, 1998.

Para Viver Juntos

Anderson Roberti dos Reis
Débora Yumi Motooka

O Largo do Paço,
atual Praça XV de novembro

HISTÓRIA

ENSINO FUNDAMENTAL 8º ANO

8

sm

O Largo do Paço, atual Praça XV de novembro

O **Convento do Carmo** abrigou a rainha Dona Maria I, mãe de Dom João VI, então Príncipe Regente.

O **Arco do Teles** foi const[ruído] do Comércio. Serviu de re[...] Em 1790, um incêndio des[...]

Vista do Largo do Paço, no Rio de Janeiro. Gravura de Debret, 1818.

O **Paço Imperial** foi construído em 1743. Inicialmente, ele seria usado como casa dos Vice-Reis do Brasil, mas, com a chegada da corte portuguesa ao Rio de Janeiro, tornou-se sede dos governos do Reinado e do Império. Atualmente, funciona como Centro de Exposições e Eventos. Foto de 2011.

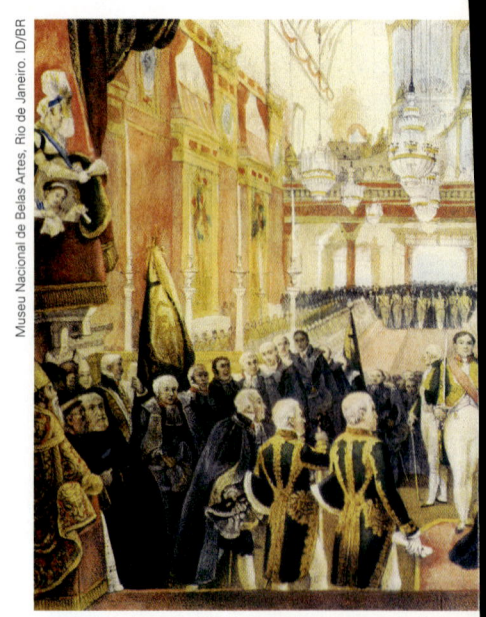

Em dezembro de 1822, aconteceu a cerimônia de [...] imperador do Brasil. Esta gravura de Debret rep[resenta...] na **Igreja de Nossa Senhora do Carmo**, hoje co[...]

Para **Viver Juntos**

ruído no século XVIII e dá acesso à Travessa
esidência para a família Teles de Meneses.
struiu grande parte dessa construção colonial.

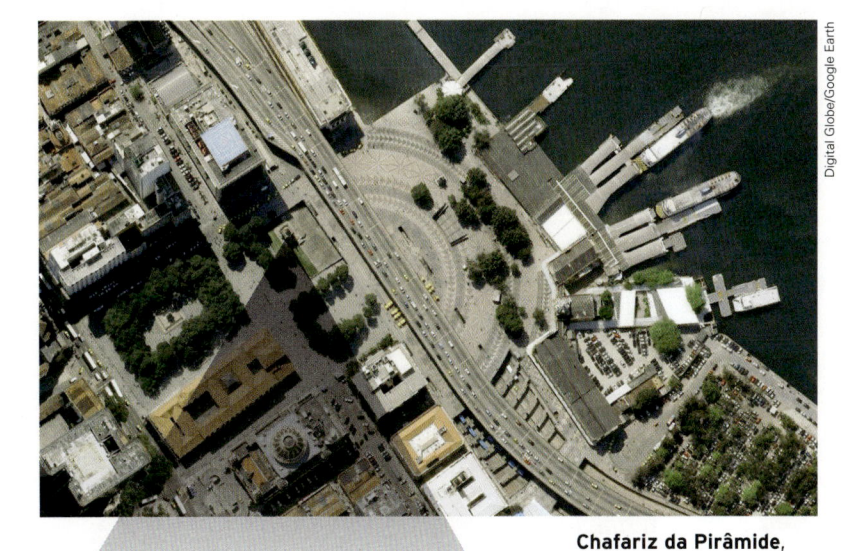

Chafariz da Pirâmide, de Mestre Valentim. No início do século XIX, este chafariz ficava bem próximo ao mar, como mostra a gravura de Debret. Os degraus que aparecem na gravura eram usados como acesso aos barcos que ancoravam no porto. Os aterros começaram a ser feitos no século XVII e, atualmente, a paisagem do local está bem diferente.
Na imagem de satélite, de 2014, ainda existia o Elevado da Perimetral, que foi demolido em abril desse mesmo ano.

e coroação de Dom Pedro I como
resenta essa cerimônia, ocorrida
nhecida como **Antiga Sé**.

Chafariz da Pirâmide, em foto de 2010.

Para Viver Juntos

HISTÓRIA
ENSINO FUNDAMENTAL 8º ANO

8

O Largo do Paço,
atual Praça XV de novembro

Este suplemento é parte integrante da obra História – Para Viver Juntos – 3ª edição. Não pode ser vendido separadamente.

sm